中国铁建股份有限公司企业标准

城市轨道交通信息模型施工应用指南
（土建部分）

Information Model Construction Application Guide of Urban Rail Transit

（For the Civil Engineering）

Q/CRCC 32301—2023

主编单位：中铁十八局集团有限公司
批准单位：中国铁建股份有限公司
施行日期：2024 年 5 月 1 日

人民交通出版社股份有限公司
2024 · 北京

图书在版编目（CIP）数据

城市轨道交通信息模型施工应用指南：土建部分 / 中铁十八局集团有限公司主编. — 北京：人民交通出版社股份有限公司，2024. 2

ISBN 978-7-114-19330-9

Ⅰ. ①城… Ⅱ. ①中… Ⅲ. ①城市铁路—轨道交通—交通运输管理—信息管理—指南 Ⅳ. ①U239. 5-62

中国国家版本馆 CIP 数据核字（2024）第 027459 号

标准类型： 中国铁建股份有限公司企业标准
标准名称： 城市轨道交通信息模型施工应用指南（土建部分）
标准编号： Q/CRCC 32301—2023
主编单位： 中铁十八局集团有限公司
责任编辑： 曲 乐 李学会
责任校对： 赵媛媛
责任印制： 刘高彤
出版发行： 人民交通出版社股份有限公司
地 址：（100011）北京市朝阳区安定门外外馆斜街 3 号
网 址： http：//www. ccpcl. com. cn
销售电话：（010） 85285857
总 经 销： 人民交通出版社股份有限公司发行部
经 销： 各地新华书店
印 刷： 北京虎彩文化传播有限公司
开 本： 880 × 1230 1/16
印 张： 14. 25
字 数： 338 千
版 次： 2024 年 2 月 第 1 版
印 次： 2024 年12月 第 2 次印刷
书 号： ISBN 978-7-114-19330-9
定 价： 82. 00 元

中国铁建股份有限公司文件

中国铁建科创〔2023〕99 号

关于发布《高速铁路轨道及线下结构服役状态监测技术规程》等 12 项中国铁建企业技术标准的通知

各区域总部，所属各单位、各直管项目部：

现批准发布《高速铁路轨道及线下结构服役状态监测技术规程》（Q/CRCC 12501—2023）、《铁路工程布袋注浆桩技术规程》（Q/CRCC 13101—2023）、《城市轨道交通信息模型施工应用指南（土建部分）》（Q/CRCC 32301—2023）、《河道生态治理技术规程》（Q/CRCC 33701—2023）、《铁路物联网信息通信总体框架》（Q/CRCC 13801—2023）、《轨道交通接触网大数据基本要求》（Q/CRCC 13701—2023）、《接触网在线监测信息感知装置》（Q/CRCC 13702—2023）、《桥梁转体技术规程》（Q/CRCC 23202—2023）、《铁路隧道机械化施工技术指南》（Q/CRCC 13301—2023）、《装配式挡土墙技术规程》（Q/CRCC 23303—2023）、《农村公路桥梁技术指南》（Q/CRCC 23203—2023）和《工程施工废弃物再生集料应用技术标准》（Q/CRCC 23304—2023），自 2024 年 5 月 1 日起实施。

以上标准由人民交通出版社股份有限公司出版发行。

中国铁建股份有限公司

2023 年 11 月 10 日

中国铁建股份有限公司办公室（党委办公室）　　2023 年 11 月 10 日印发

前　言

本指南是根据中国铁建股份有限公司《关于印发2021年中国铁建企业技术标准编制计划的通知》（中国铁建科创函〔2021〕80号）的要求，由中铁十八局集团有限公司编制完成。

本指南编制过程中，编制组进行了深入调查研究，系统地总结工程实践经验，广泛征求有关单位和专家意见，并与相关标准进行了协调，经反复讨论、修改，由中国铁建股份有限公司科技创新部审查定稿。

本指南共分10章和7个附录，主要技术内容包括：1 总则；2 术语和缩略语；3 基本规定；4 应用准备；5 项目组织；6 工程准备阶段BIM应用；7 工程实施阶段BIM应用；8 BIM综合管理应用；9 BIM拓展应用；10 归档管理；附录A 城市轨道交通信息模型施工应用常用软件；附录B 城市轨道交通信息模型施工应用硬件环境设置；附录C 城市轨道交通信息模型建模对象及模型细度；附录D BIM平台软硬件资源配置；附录E 工程周边环境调查表；附录F 城市轨道交通工程位移监测表；附录G 应用案例。

本指南由中铁十八局集团有限公司负责具体技术内容的解释，由中国铁建股份有限公司科技创新部负责管理。执行过程中如有意见或者建议，请寄送中铁十八局集团有限公司（地址：天津市河西区大沽南路1519号；邮编：300222；电子邮箱：cr18gbim@163.com），以供今后修订时参考。

主 编 单 位：中铁十八局集团有限公司

参 编 单 位：中铁十八局集团第一工程有限公司
中铁十八局集团市政工程有限公司

主要起草人员：黄　欣　袁　帅　许时颖　刘位辉　常浩宇　张瑞申
李海松　李庆斌　甄孟芹　韩继爽　张洪凯　李士辉
彭　波　张艺缤　张俊诚　陈应举　张英杰　刘松涛
李海周　李为为　杨学成　许长羽　邓志豪

主要审查人员：盛黎明　张社荣　代敬辉　许和平　贾志武　刘彦明
仲志武　李庆民　张立青　张一鸣　高福军　于长彬
史鹏飞　岳长城　李　彬　梁尔斌　许　丹　俞尚宇
宋树峰

目　次

Contents

1　总则

1.0.1　为贯彻执行国家建筑业数字化发展政策，推动城市轨道交通信息化实施，引导和规范施工阶段城市轨道交通信息模型的应用和管理，提升施工数字化应用及管理水平，提高信息应用效率和效益，制定本指南。

1.0.2　本指南适用于新建、改建、扩建等城市轨道交通工程项目土建部分施工过程中，信息模型的创建、使用和管理。

1.0.3　城市轨道交通信息模型施工应用应采取保证数据和网络信息安全的措施。

1.0.4　城市轨道交通信息模型施工应用除应符合本指南外，尚应符合国家现行有关标准和中国铁建股份有限公司现行有关企业技术标准之规定。

2 术语和缩略语

2.1 术语

2.1.1 城市轨道交通 urban rail transit

采用专用轨道导向运行的城市公共客运交通系统，包括地铁、轻轨、单轨、有轨电车、磁悬浮、自动导向轨道、市域快速轨道系统。

2.1.2 城市轨道交通信息模型（BIM） urban rail transit information modeling

以三维图形和数据库信息集成技术为基础，创建并利用几何与非几何数据对城市轨道交通项目进行设计、建造及运营维保管理全寿命期的数据模型。

2.1.3 城市轨道交通信息模型（BIM）应用 BIM application of urban rail transit

在城市轨道交通建设过程中，基于项目各阶段完成的 BIM 模型进行数据分析、价值挖掘的过程。

2.1.4 建模对象 modeling object

需要建模的目标物。包括城市轨道交通需要建模的各种专业和系统。

2.1.5 模型单元 model unit

模型中承载建筑信息的实体及其相关属性的集合，是工程对象的数字化表述。

2.1.6 模型细度 level of development

各 BIM 元素的组织及其几何信息和非几何信息的详细程度，简称 LOD。

2.1.7 几何信息 geometric information

模型元素尺寸、定位以及相互关系的信息。

2.1.8 非几何信息 non-geometric information

除几何信息以外的所有信息。

2.1.9 数据集成与管理平台 data integration and managements platform

利用GIS、物联网、移动互联、大数据、云计算和人工智能等技术，实现建设工程及设施全寿命期内信息数据集成、传递、共享和应用的软硬件环境。

2.1.10 协同 collaboration

基于建筑信息模型进行数据共享及相互操作的过程。

2.1.11 BIM拓展应用 extended application of BIM

通过BIM与GIS、3D扫描、物联网、虚拟现实、数字化加工等技术结合的方式，实现建设工程及设施全寿命期的数据展示、分析、评估与管理。

2.1.12 数字化交付 digital delivery

以工程对象为核心，对工程项目建设各阶段至运营期产生的信息进行数字化创建直至移交的工作过程。

2.2 缩略语

3D扫描——三维激光扫描技术；
4D——三维模型+时间进度；
5D——三维模型+时间进度+成本管理；
AI——人工智能；
AR——增强现实技术；
BIM——建筑信息模型；
CPU——中央处理器；
DEM——数字高程模型；
DOM——数字正射影像图；
GIS——地理信息系统；
HDR——高动态范围图像；
ID——唯一编码；
IFC——工业基础类；
LOD——模型细度；
MES——制造执行系统；
MR——混合现实技术；
PDCA——计划（plan）、执行（do）、检查（check）、处理（action）；
RFID——射频识别技术；
VR——虚拟现实技术；
WBS——工作分解结构。

3 基本规定

3.0.1 城市轨道交通信息模型施工应用宜贯穿工程准备阶段、工程实施阶段、竣工验收阶段等施工全过程，也可根据工程实际情况创建施工某阶段的 BIM 模型用于某些特定应用情况。

3.0.2 城市轨道交通信息模型施工应用可在本指南框架下开展项目组织，建立施工各阶段 BIM 技术应用和归档的技术标准和管理体系。

3.0.3 城市轨道交通施工过程中的信息模型应根据工程内容、建设规模、施工方案、施工工艺、周围环境、实施过程、管理方式等进行模型创建与使用。

3.0.4 城市轨道交通施工过程中的信息模型应满足施工模拟、施工交底、深化设计、BIM 综合管理应用、BIM 拓展应用、归档管理等要求，并确保模型的创建、使用和管理及模型数据的传递和共享满足 BIM 应用，且应符合工程建设要求。

3.0.5 城市轨道交通信息模型施工应用的目标与范围应根据项目特点、合约要求，各参与方的技术、管理现状等确定，其软硬件设置及平台建设等通用数据环境应满足项目实施要求。

3.0.6 城市轨道交通信息模型施工全阶段应用典型流程可按图 3.0.6 执行。

3.0.7 城市轨道交通信息模型施工应用前，宜对整个施工阶段各专业或任务的工作流程进行调整和优化，并应事先制定 BIM 施工应用策划方案，遵照方案进行 BIM 应用过程管理。

3.0.8 城市轨道交通施工信息模型施工应用应选用具有通用性、易用性、稳定性、数据共享兼容性、可扩展性等特性的 BIM 软件。

3.0.9 城市轨道交通施工过程中的模型信息应具有开放性，模型信息可录入、提取、修改，并可进行扩展。

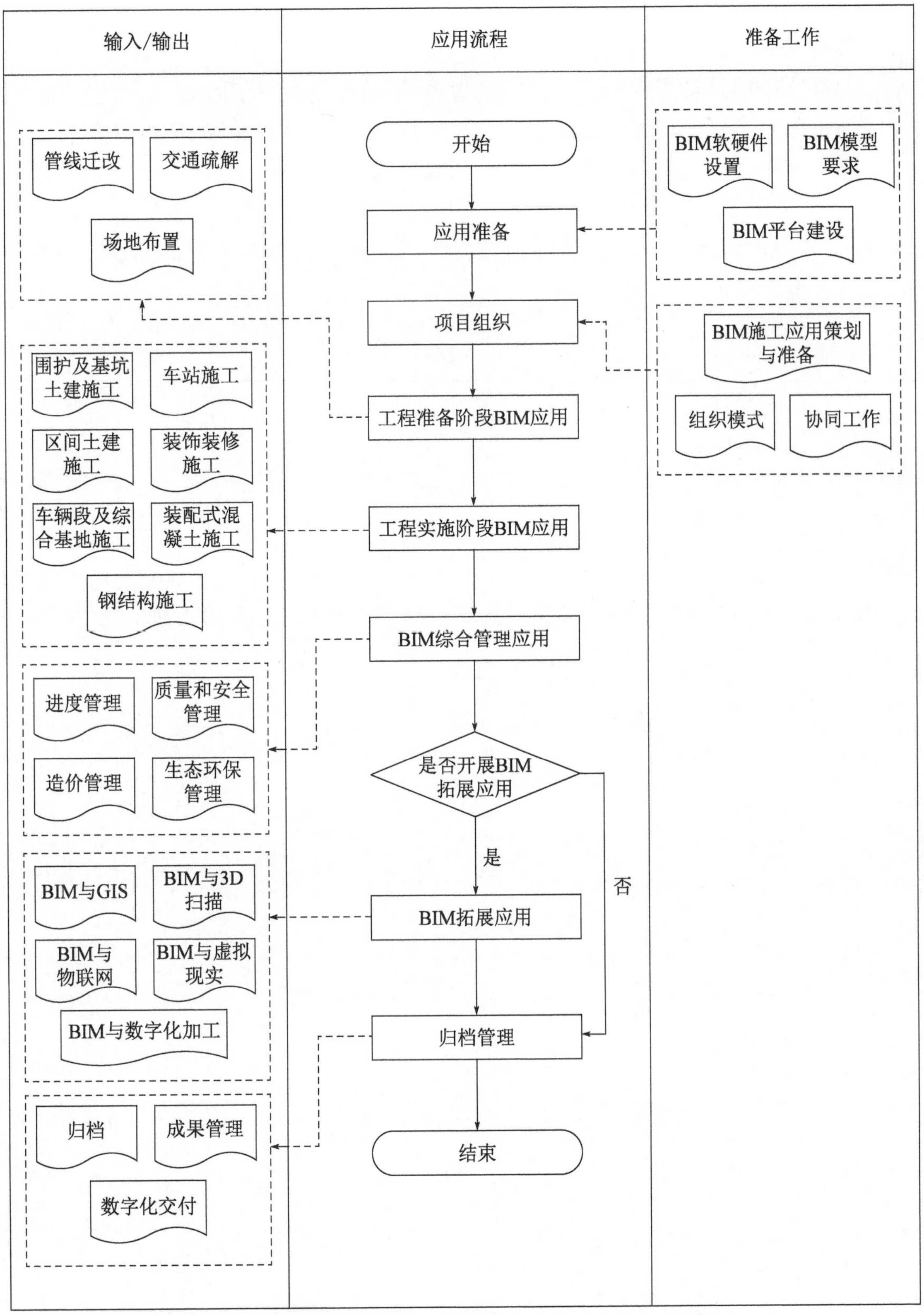

图 3.0.6　城市轨道交通信息模型施工全阶段应用典型流程

3.0.10　城市轨道交通信息模型施工应用过程中，各参与方宜在协同环境下开展工作，共享信息，保障相关数据在施工各环节间交互和应用。

3.0.11　城市轨道交通信息模型创建和使用过程中应采取保证数据安全的措施，并应符合下列要求：

1 具有完善的数据存储与维护机制。

2 对涉密的信息模型应用应按规定在保密的工作环境中进行。

3 对信息安全有要求的模型应在具有相应网络安全等级保护的环境中应用。

4 在公共网络中应用信息模型时宜采用加密的通信技术。

3.0.12 对城市轨道交通信息模型创建、使用、管理过程中产生的知识产权应进行保护。

4 应用准备

4.1 一般规定

4.1.1 城市轨道交通施工过程中的信息模型可在设计阶段交付成果的基础上，随施工过程逐步丰富，也可在施工阶段先规定建模要求，再进行模型创建，并宜为后续运维提供数据接口。

条文说明

当项目在设计阶段有模型成果时，可根据资产需求和项目信息需求，进行设计阶段模型采购。

为后续运维提供数据接口，是为了保障模型信息的连续性。

4.1.2 城市轨道交通工程宜根据项目特点、类别等开展项目的BIM应用准备工作。

4.1.3 城市轨道交通BIM应用准备工作宜包含软硬件配置、模型要求、工作平台等，其相关参数应与项目相匹配。

4.1.4 城市轨道交通BIM应用软硬件、平台建设等所涉及的部署、应用、存储等，应根据网络安全、数据安全、数据存储、数据备份等确定。

4.2 BIM软硬件设置

4.2.1 城市轨道交通信息模型施工应用应根据工程特点和实际需求选择一种或多种BIM软件，当选择使用多种BIM软件时，不同软件之间宜具有信息共享和数据交换的能力，并宜优先采用有自主知识产权的国产化软件。城市轨道交通信息模型施工应用常用软件可按本指南附录A的规定配置。

4.2.2 城市轨道交通信息模型施工应用应根据工程特点和实际需求，选择一种或多种BIM硬件环境，城市轨道交通信息模型施工应用硬件环境可按本指南附录B的规定设置。

4.2.3 城市轨道交通信息模型施工应用应视项目需求确定是否采用云存储的存储方式，云储存的存储方式应包括公有云与私有云。国内公有云宜优先选用中国电信天翼云等，私有云宜优先选用中国铁建股份有限公司统建的私有云。

4.3 BIM模型要求

4.3.1 城市轨道交通信息模型的坐标及高程应符合下列要求：

1 项目模型创建宜采用项目统一的坐标系，且建模坐标应与真实工程坐标一致或具备映射关系。

2 各工程部位、各专业、局部模型和构件可根据需要建立各自局部坐标系，并在模型创建过程中不得变动。局部坐标系的基点宜符合下列要求：

1）车站模型宜以 *A* 轴和 1 轴交点为基点，或以右线中心里程为基点。

2）车辆段、综合基地、主变电所等宜以 *A* 轴和 1 轴交点为基点。

3）其他工程项目宜以实际坐标系的原点为基点。

3 项目模型创建时应分别设置绝对高程和相对高程，绝对高程为模型在全局坐标系中的 z 坐标值，应与工程实体实际高程一致，项目模型层高应以建筑相对高程进行设置，各工程部位、专业可根据需要自行添加高程。

条文说明

各专业可根据需要自行添加高程。例如，建筑专业相对高程宜以站台层公共区装修完成面作为本项目 ±0.000，其他楼层、构件以相应 ±0.000 作为参照。

4.3.2 城市轨道交通信息模型的度量单位应符合下列要求：

1 模型创建宜采用统一的度量单位。

2 当有专业设计要求时，应以专业设计要求为准。

3 模型创建过程中，当构件绘图单位以“毫米”为长度计量单位时，应精确至个位；以“度”为角度计量单位时，应精确至小数点后两位。

4.3.3 模型创建前，应根据项目的专业、任务需要，对模型的种类和数量进行总体规划。建模范围宜主要包含项目影响范围内的建（构）筑物、管线、道路、地表及地质、临建场地布置、围护及基坑、车站结构及建筑、区间土建、装饰装修、车辆段及综合基地（含停车场、主变电所、控制中心等）、特殊装配式混凝土及钢结构等。具体各单位工程、分部工程、分项工程的建模对象宜符合本指南附录 C 的规定。

4.3.4 城市轨道交通信息模型宜按工程部位、标段、BIM 应用点、专业等拆分模型创建工作，当单个应用点或专业内包含模型较复杂时，可再进行模型详细拆分。拆分后的模型应保持相对的独立和完整，并应满足应用需求。模型拆分原则应符合下列要求：

1　地质模型宜按工程部位、标段划分等进行拆分。

2　管线迁改模型宜按分期迁改方式、专业等进行拆分。

3　交通疏解模型宜按导行时间等进行拆分。

4　场地布置模型宜按施工分期阶段、场地布置分区、单体建（构）筑物等进行拆分。

5　车站土建及装饰装修模型宜按专业、子工程部位、楼层、构件类型等进行拆分。

6　区间土建及装饰装修模型宜按标段、子工程部位、专业、构件类型等进行拆分。

7　含停车场、主变电所的车辆段土建及装饰装修模型宜按单体建（构）筑物、专业、功能分区等进行拆分。

8　含控制中心、办公楼的综合基地等大型单体建筑土建及装饰装修模型宜按专业及楼层等进行拆分。

9　结构模型创建时，构件扣减规则宜按柱切梁板墙、梁切板墙、顶底板切墙、墙切中板进行。

条文说明

5　车站土建子工程部位是指出入口、风亭等。

6　区间土建子工程部位是指区间主体、联络通道、区间风井等。

4.3.5　城市轨道交通工程项目全线、各专业模型宜采用统一的建模环境与项目模板文件，并应符合下列要求：

1　不同类型或内容的模型创建宜采用数据格式相同或兼容的软件。

2　当采用数据格式不兼容的软件时，宜通过数据转换工具实现数据互用，并应确保采用不同方式创建的模型之间具有协调一致性。

3　不同工程部位模型可采用不同软件进行创建，相同工程部位模型宜采用软件的相同版本进行创建。

4　模型创建宜符合建模环境与项目模板文件中的标准设置，并宜包括图元分类及属性参数、图层、颜色等。

5　项目建模环境与模板文件应由专人统一管理，并应定期维护更新。

4.3.6　城市轨道交通信息模型施工应用的模型细度应根据工程性质、规模、特征、应用复杂程度等因素，及项目不同实施阶段和任务要求，在基本等级之间扩充模型细度等级，模型细度等级划分应符合现行国家标准《建筑信息模型施工应用标准》（GB/T 51235）的规定，并应符合下列要求：

1　模型细度宜符合本指南附录C的规定。

2　每个模型细度等级宜由几何和非几何两个信息维度组成。

3　模型元素信息宜包括下列内容：

1）规格尺寸、定位等几何信息。

2）名称、规格型号、材质、生产信息（如生产厂商、出厂日期、验收人、采购价格等）、施工信息（如施工时间、施工影像、施工单位、验收单位、验收人）等非几何信息。

4　明确模型元素信息录入方法，并应符合下列要求：

1）需要进行统计、分析的非几何信息，宜录入模型或利用数据集成与管理平台关联至模型。

2）只需满足查询需求的非几何信息，可采用数据集成与管理平台建立模型和信息来源（图纸、文档、表格等）的关联关系。

4.3.7　城市轨道交通信息模型的模型单元颜色宜采用 RGB 颜色，宜根据项目实际需求和各专业经验习惯设定，并应符合下列要求：

1　地质模型的材质宜体现地质分层、不良地质、岩土特性。

2　地上环境建（构）筑物模型的颜色宜接近实物效果。

3　市政管线模型的颜色宜便于区分不同管道系统，并宜与二维图纸的管线颜色保持一致。

4　工程本体模型的材质宜满足美观和同类材质一致的要求。

5　当项目制定统一材质库时，宜按实际将构件连接至材质库。

4.3.8　城市轨道交通项目的模型文件目录宜采用目录树结构，文件夹结构与命名宜符合表 4.3.8 的规定，各级字段及字段内部词组宜以英文半角连接符“-”隔开。

表 4.3.8　文件夹结构与命名

文件夹层级	命名方式	说明
第一级	城市轨道交通工程项目简称＋（标段）	项目简称宜采用可识别项目或单位工程的简要称号，可采用中文、英文或拼音首字母，项目简称不应空缺。 标段名称宜采用可识别项目标段信息的英文字符与数字组合，也可忽略
第二级	文件夹类型	描述文件主要适用范围，如“施工阶段”（仍在设计中的文件）、“存档”（交付完成后的文件）、“外部参考”（来源于工程参与方外部的参考下文件）、“资源”（应用在项目中的资源库中的文件）等
第三级	公共位置	可划分为车站、区间、车辆段、控制中心等
第四级	工程阶段	可划分为施工图设计、深化设计、施工过程、竣工验收
第五级	专业代码＋描述	专业代码宜符合本指南表 4.3.9 的规定，涉及多专业时可并列所涉及的专业或加以描述
第六级	交付物类别	包括 BIM 模型、属性信息表、工程图纸、项目需求书/BIM 实施方案、BIM 执行计划、模型工程量清单、交付说明书等

4.3.9 城市轨道交通工程各专业代码宜符合表4.3.9的规定。

表4.3.9 城市轨道交通工程各专业代码

专业	代码	系统/子系统	代码
土建结构	TJ	结构	JG
		围护	WH
		建筑	JZ
装饰装修	ZZ	房建	FZ
		装修	ZX
勘察测绘	CH	—	—
线路	XL	—	—
人防	RF	—	—
轨道	GD	—	—
限界	XJ	—	—
站场	ZC	—	—
车辆	CL	—	—
桥梁	QL	—	—
路基	LJ	—	—
隧道	SD	—	—
地质	DG	—	—
管线迁改	GX	给水	GS
		再生水	ZS
		雨水	YS
		污水	WS
		雨污合流	YW
		供电	GD
		路灯	LD
		燃气	RQ
		热力	RL
		通信	TX
交通疏解	JT	—	—
场地布置	CB	—	—

4.3.10 城市轨道交通信息模型的模型编码，模型文件、构件文件及元素文件命名应符合下列要求：

1 模型文件及构件命名原则上宜简单易记、方便判断文件内容。

2 模型文件及构件命名各字段之间宜以半角下划线“_”隔开，字段内部的词组宜以半角连接符“-”隔开。

3　模型文件命名，宜按照“项目简称_ 公共位置_ 工程阶段_ 专业代码_ 部位（或子专业代码）_ 描述_ 版本日期”的形式编写，也可按照项目需要适当增加描述说明字段。

4　模型构件及元素文件命名，宜按照“专业代码_ 类型_ 特征/功能”的形式编写，也可按照项目需要适当增加描述说明字段。

5　项目简称、公共位置、工程阶段应符合本指南表4.3.8的规定，专业代码应符合本指南表4.3.9的规定，类型和特征/功能可根据构件的特征参数进行自定义描述。

4.3.11　城市轨道交通信息模型的模型变更应符合下列要求：

1　当工程发生变更时，应更新施工模型、模型元素及相关信息，并应记录工程及模型的变更。

2　模型或模型元素的增加、细化、拆分、合并、集成等操作后应进行模型的正确性和完整性检查并确认。

4.3.12　城市轨道交通信息模型创建完成后，应从模型完整性、图模一致性、构件信息准确性等方面进行检查，当模型单元的几何信息与属性信息不一致时，应优先采用属性信息。

4.4　BIM 平台建设

4.4.1　BIM 平台建设目标应符合下列要求：

1　满足建设单位及自身建设过程管理需求。

2　满足现场管理信息的集成、可视化，辅助现场管理。

3　存储建设过程的信息化、数字化资料，应形成项目数字资产。

4.4.2　BIM 平台建设应具备下列条件：

1　企业及项目具有一定的常规 BIM 应用基础与标准、统一的模型转换标准和处理流程、BIM 平台管理制度及管理流程。

2　配备相应的模型处理软件、数据转换软件。

4.4.3　BIM 平台的安全应符合下列要求：

1　当 BIM 平台的建设与部署涉及企业及项目的管理数据、企业网站安全时，应有专业的信息化管理部门对平台建设、部署、环境的网络安全性进行检测及运维，负责保密软硬件设施、设备的采购及部署。

2　具有对集中存储的信息模型的备份机制、访问权限控制和访问记录追溯机制。

3　定期开展等级保护测评。

4.4.4 BIM平台软硬件资源配置应基于项目自身需求以及平台功能架构等，并根据互联网技术的发展情况，在操作系统、数据库、CPU、内存、显卡及存储量等方面，进行性能参数匹配，并应满足平台运行及网络安全要求。常见的BIM平台软硬件环境资源配置宜符合本指南附录D的规定。

4.4.5 BIM平台应用点及功能概述宜符合表4.4.5的规定。

表4.4.5 BIM平台应用点及功能概述

序号	应用点	功能概述
1	驾驶舱及电子沙盘	集中融合全类别模型，模型可分层显示，构建数字孪生驾驶舱及电子沙盘，将施工数据、监测数据、视频数据等集成可视化展示，实时动态掌控工程建设阶段的基本信息
2	进度管理	将进度与模型挂接，实现进度模拟、进度对比、形象进度展示及提醒功能
3	质量、安全管理	对日常巡检发现的质量、安全问题，实现整改前后的审批记录，并在模型中标注位置、挂接相应问题照片
4	成本管理	基于模型及进度管理，对项目合同清单、建设产值、成本投入、资金计划、工程款的支付等数据实现可视化管控
5	监控监测	基于集成现场视频监控、环境监测、风险监测点的实时画面及数据，实现数据的可视化、记录、分析、预警
6	模型管理	实现对模型的版本管理和轻量化展示，可查询模型信息，剖切、隐藏、隔离相应构件，实现模型分层管理
7	变更设计	根据现场实施过程中的变更，对计划、进度、质量等进行相应的调整、对比
8	可视化管理	基于模型，实现关键方案、工艺的可视化交底
9	资料管理	实现施工过程全类别文档、资料的数字化和文档多维度查询为一体
10	协同管理	实现项目日常工作中工作联系单、会议纪要、项目紧急消息通知、项目周报等沟通管理
11	智慧工地	平台各功能点宜支撑智慧工地建设

5　项目组织

5.1　一般规定

5.1.1　开展BIM应用策划应梳理合同履约内容、各方要求及项目重难点，并应明确BIM应用的目标、路径、计划节点、交付内容等。

5.1.2　BIM应用策划宜对技术文档资料、图纸、BIM需求、BIM软件类型、版本、BIM项目模板、模型传递格式、模型审核、校核等进行统筹规划。

5.1.3　项目所属单位BIM中心宜对项目的策划、人才培养、实施提供必要的支持。

5.2　BIM施工应用策划与准备

5.2.1　城市轨道交通BIM施工应用应编制策划方案，并应包括下列内容：

1　编制依据及范围。

2　工程概况。

3　BIM应用实施总体部署，宜包括下列内容：

1）预期应用目标，如BIM应用落地实施目标、项目管理目标、合同履约目标、人才培养目标、创新应用目标、BIM成果推广目标等。

2）组织安排。

3）进度计划。

4）资源配置。

4　BIM模型搭建及质量控制。

5　BIM施工应用点实施策划。

6　BIM应用成果输出，宜包括竣工模型交付、BIM应用成果、科技成果。

7　成本预算。

8　保障措施。

5.2.2　BIM施工应用准备，应包括下列内容：

1　模型创建与审核的规定，宜包括下列内容：

1）模型创建基本原则。

2）模型精度划分。

3）模型创建流程确定。

4）模型审核的原则，包含合规性、一致性、完整性、适用性等。

5）模型审核的方法，包含碰撞检查、图模对比、漫游观察等。

2 技术文档资料、图纸收集整理。

3 BIM 应用需求分析。

4 BIM 项目模板文件准备。

5 BIM 应用软件版本、文件传递格式确定。

5.3 组织模式

5.3.1 项目 BIM 应用组织架构（图 5.3.1）应根据项目的性质、规模、特点等进行设置，并宜符合下列要求：

1 项目经理应为 BIM 项目实施第一责任人。

2 项目应设 BIM 工作室，BIM 分管领导宜任 BIM 工作室负责人，辅助协调各部门、各专业 BIM 应用。

3 工作室各专业 BIM 专员应专人专岗，其专业技能应与 BIM 策划方案相匹配。

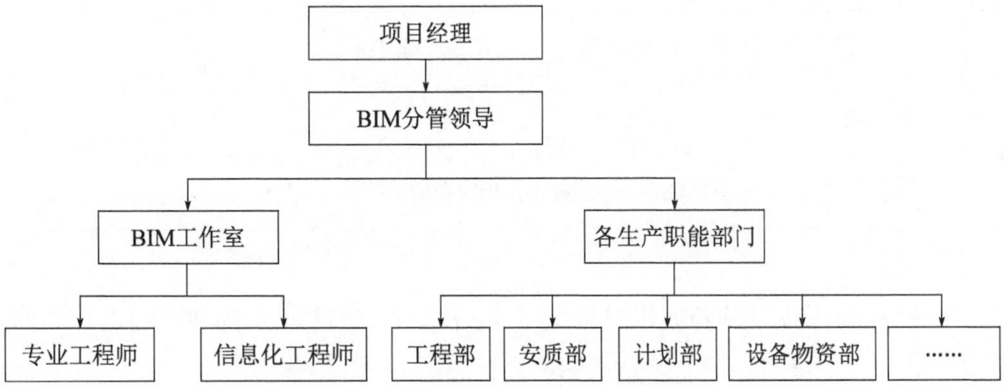

图 5.3.1 项目 BIM 应用组织架构图

5.3.2 BIM 工作室的人员、岗位设置，应根据项目性质、规模、特点、建设单位或政府要求、自身需求等因素确定，宜包含各 BIM 专业工程师、信息化工程师等。

5.3.3 项目 BIM 应用组织架构人员职责宜符合表 5.3.3 的规定。

表 5.3.3 项目 BIM 应用组织架构人员职责

序号	岗位	职责
1	项目经理	负责 BIM 应用的总协调、监督与考核
2	BIM 分管领导	①负责项目 BIM 体系运用、管理、技术体系建设； ②负责项目平台的策划、建设；

表 5.3.3（续）

序号	岗位	职责
2	BIM 分管领导	③负责人员分工、工作安排； ④负责组织编制 BIM 策划方案； ⑤负责 BIM 各项应用标准、目标落地； ⑥负责组织项目 BIM 实施过程中相关培训； ⑦负责项目与 BIM 相关的其他多专业或部门沟通（如商务、专业分包）； ⑧协调组织外部专业团队服务项目过程中相关投标策划、成本管控、进度管控、新技术等应用； ⑨负责各专业综合协调工作（如阶段性管线综合控制、专业协调等）
3	BIM 工作室	①负责 BIM 策划方案内容编制； ②运用 BIM 技术展开各专业深化设计，进行碰撞检测并充分沟通、解决、记录； ③利用 BIM 模型优化资源配置组织； ④负责 BIM 交付成果的质量管理，包括阶段性检查及交付检查等，组织解决存在的问题； ⑤负责项目实施方案中 BIM 软硬件、网络、平台、智慧工地等相关参数配置、内容编制； ⑥负责项目平台的实施与管理； ⑦负责日常 BIM 软硬件、网络、平台、智慧工地等设施维护； ⑧负责项目网络安全的日常监督与管理
4	各生产职能部门	①负责辅助项目 BIM 实施方案的编制； ②负责项目 BIM 实施过程中进度、质量、安全、材料、设备物资等方面的技术、资料支持，现场配合； ③负责可视化类组织模拟、方案工艺模拟制作的审核及现场交底配合； ④负责现场实施问题的反馈与落实

5.3.4 项目所属单位宜通过集中策划、技术培训等方式，为项目 BIM 策划方案编制、组织管理、人才培养、落地实施等给予政策和技术支持。

5.3.5 项目 BIM 应用应编制配套管理制度，项目 BIM 应用配套管理制度宜符合表5.3.5的规定。

表 5.3.5 项目 BIM 应用配套管理制度

序号	制度类型	主要内容
1	BIM 工作室管理制度	建立项目 BIM 管理制度，包含人员管理机制、沟通机制、汇报机制、奖惩机制、软硬件维护机制、文件存档机制
2	质量管理	①遵循项目 BIM 实施方案中各项质量目标、质量规定和项目质量相关的各项技术、应用、分类编码和交付标准； ②加强与技术部门、现场沟通，保证图纸准确性； ③遵循模型审查机制，保障模型准确性； ④发生变更时，及时更新模型，建立模型档案，做好备份与归档工作

表 5.3.5（续）

序号	制度类型	主要内容
3	进度管理	①遵循项目 BIM 实施方案中进度管理要求，按时间节点提交 BIM 应用工作成果； ②建立问责制度及配套奖惩制度，对能按期、超前完成计划的给予奖励，对因主观原因而影响工作进度的予以处罚
4	保密管理	①保密工作要认真遵循“严格管理、严密防范、确保安全、方便工作”的原则； ②严格遵守保密法规制度，主动接受监督和检查； ③项目所完成的所有成果，不可私自传播，一经发现进行追责

5.4 协同工作

5.4.1 项目施工阶段 BIM 协同应将项目 BIM 信息进行集中、有效管理，协同工作应在统一的数据环境中实施。

5.4.2 BIM 团队内协同工作应包括专业内、专业间、数据传递及资料管理的协同。

5.4.3 BIM 团队专业内协同工作应符合下列要求：

1 协同工作开始前应根据项目情况对各专业使用软件及版本号进行统一要求。

2 明确划分团队内部各成员的工作范围。

3 对文件储存及命名、专业内坐标系统、专业内参考轴网、模型单位、模型分解原则、图层、构件材质、几何表达精度、模型附加信息等进行统一要求。

4 协调专业内设计意图表达的正确性、构件或设备的空间使用需求。

5 建立模型、数据、信息更新机制，实现模型文件同步更新、其他资料实时更新。

5.4.4 BIM 团队专业间协同工作应符合下列要求：

1 专业间统一坐标系统、参考轴网、模型单位、几何表达精度要求、模型附加信息等。

2 检查跨单体系统连接关系的正确性，完成项目级信息模型设计质量管控流程工作。

3 单体模型中的各专业模型，应协调专业间空间占用需求。

4 统一模型、数据、信息更新机制，实现专业间协调一致、准确有效。

5 明确不同专业软件的交互格式，确保交互文件信息无丢失。

5.4.5 数据传递协同工作应符合下列要求：

1 数据传递前应进行准确性、协调性和一致性检查，BIM 模型应经过审核、整理，模型版本、建模内容及格式符合数据交互要求。

2　线下数据传递应使用专用移动硬盘，传递的数据应进行备份，对各类文件进行分类整理，统一命名格式。

3　线上数据传递应采用 BIM 平台进行管理，相关人员上传、下载建立管理权限，过程记录满足痕迹可追溯。

4　实施项目宜根据进度计划进行定期数据核查，确保数据传递的时效性、准确性。

5.4.6　资料管理协同工作应符合下列要求：

1　实施项目的设计图纸资料应能及时整理更新，没有电子档图纸时宜采用扫描等方式进行存储、归档。

2　实施过程中的施工组织设计、施工方案、技术交底、施工影像、施工记录等资料应及时收集存储，建立相关资料台账。

3　应根据项目工期进展，及时收集、整理施工进度信息，并应满足 BIM 与现场同步更新要求。

4　工程变更资料应满足实时收集更新、BIM 验证优化、同步更新等相关要求。

5.4.7　BIM 协同工作应与 BIM 管理流程、项目管理流程相融合，并应实现数据和信息的有效共享、BIM 团队与项目管理层的协同。

6　工程准备阶段 BIM 应用

6.1　一般规定

6.1.1　城市轨道交通工程在工程准备阶段，宜基于城市轨道交通信息模型辅助开展管线迁改、交通疏解、场地布置、施工组织设计等工作，并宜优先引入 GIS、北斗等技术手段，辅助开展管线迁改、交通疏解、场地布置等 BIM 应用。

6.1.2　在工程准备阶段，当有设计单位提供的城市轨道交通信息模型时，可利用设计单位的城市轨道交通信息模型，并应在此基础上完善模型，满足各应用点相关工作的基本数据需求及信息统一和规范性要求。

6.1.3　在管线迁改、交通疏解、场地布置、施工组织设计 BIM 应用中，可基于施工图设计模型或施工深化设计模型、施工总平面图、施工场地规划、施工机械设备选型初步方案、进度计划等创建相应的模型。

6.1.4　管线迁改和交通疏解 BIM 应用应实现为管线建设单位、市（区）规划单位、产权单位等相关部门出具可视化方案的目的。

6.1.5　施工组织设计可基于城市轨道交通信息模型进行工作分解、资源配置、工序安排、进度计划的合理性验证。

6.2　管线迁改

6.2.1　管线迁改 BIM 应用目标应符合下列要求：

1　校核原状地下管线图纸的准确性。

2　验证产权单位或迁改单位编制的管线迁改方案，辅助方案优化。

3　可提供数字化交付资料，形成企业及城市数字资产。

6.2.2　管线迁改 BIM 应用点宜符合表 6.2.2 的规定。

表 6.2.2　管线迁改 BIM 应用点

序号	BIM 应用点	详情描述
1	碰撞检查	进行管线间（原状保留管线与迁改新增管线）、与车站围护结构模型间的碰撞检查
2	地下管线综合排布	管线迁改遵循“小让大、有压让无压、低压让高压、弱让强、软让硬、临时让永久”的原则，保证管线最小覆土厚度、管线之间及其与建（构）筑物之间的最小水平净距、最小垂直净距，其要求应符合现行国家标准《城市工程管线综合规划规范》（GB 50289）的规定
3	二维出图	利用三维模型出具多专业管综平面图、轴测图，复杂部位出具剖面图及三维节点详图等
4	三维技术交底	对管线迁改的复杂工艺开展施工技术交底（包含 VR、AR、MR 等方式），如供电、通信管道及埋深较深的各类管线的非开挖拉管施工技术等
5	工程量统计	统计各专业迁改、原位保护的管线长度及附属设施工程量
6	迁改过程记录	记录原状管线和新增管线位置、埋深，模型同步挂接关键部位的施工照片、施工时间、验收人、管线材质、型号等

6.2.3　管线迁改 BIM 应用典型流程可按图 6.2.3 执行，实施步骤应符合下列要求：

1　原状管线建模，应以产权单位或迁改单位提供的施工图为主，根据本指南第 4.3 节模型创建等相关要求，结合地下管线勘察报告，建立原状地下管线三维模型，并应按需进行不同专业地下管线模型整合与拆分。

2　迁改管线建模，应依据管线迁改方案，建立迁改管线三维模型。

3　管线迁改碰撞检查，应进行原状保留管线与迁改新增管线、迁改新增管线的专业内和专业间、含原状保留与迁改新增的迁改现状管线与地表和地下建（构）筑物、车站围护结构模型等的碰撞检查，分析碰撞空间位置关系，并应出具碰撞检查分析报告。

4　管线迁改方案优化与模型修改，应按照相关规范，在三维软件中进行管线迁改方法、路径、高程等优化，完成修改后模型的碰撞检测，并应提交审批，形成管线综合模型。

5　出具管线迁改施工可视化展示成果，应包括二维出图、三维技术交底、可视化展示管线迁改汇报方案等；并应统计管线迁改施工的管材、管道附件、构（配）件及管道附属构筑物等相关工程量。

6　按照优化调整后的管线路由进行管线迁改施工，并进行迁改过程记录。

7　管线迁改施工完成后，应在管线模型内添加必要的施工信息和模型属性信息，生成竣工模型。

8　整理地下管线三维模型，建立归档目录，进行模型和其他材料成果归档，并宜按需进行文件备份。

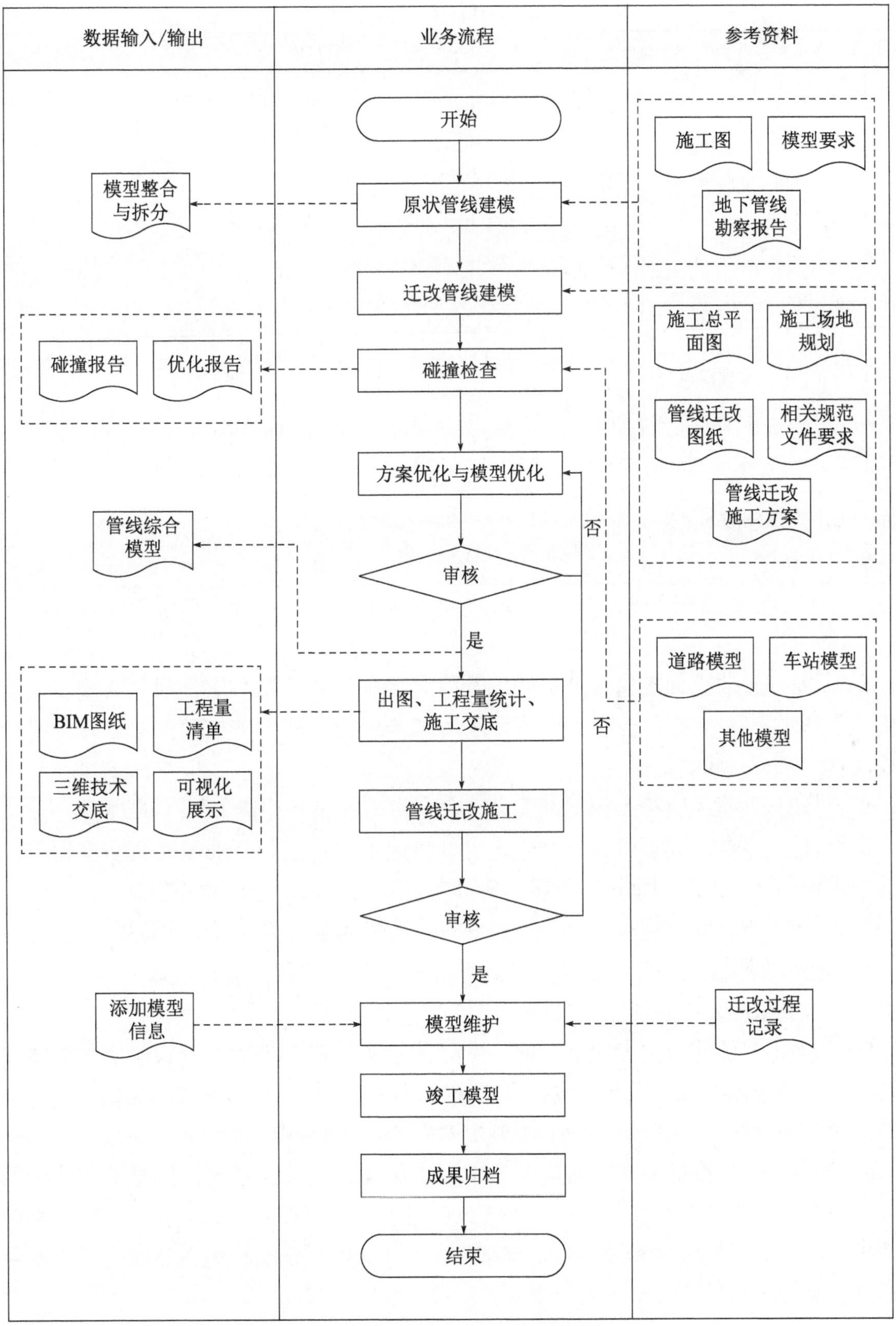

图 6.2.3　管线迁改 BIM 应用典型流程

6.2.4 管线迁改 BIM 应用工作准备宜符合表 6.2.4 的规定。

表 6.2.4 管线迁改 BIM 应用工作准备

序号	工作准备条目	具体内容
1	必要资料收集	①地铁车站施工图； ②地下管线原状图纸； ③管线迁改施工方案； ④管线迁改进度计划； ⑤既有地下结构物图纸； ⑥施工场地总平面布置图
2	工程周边环境调查	①工程周边环境调查表格式宜符合本指南附录 E 的规定； ②施工影响范围内的管线、建（构）筑物、既有轨道等城市轨道交通工程位移监测宜符合本指南附录 F 的规定； ③地下管线施工时用电条件、用水条件及排水条件
3	地下管线迁改基本方法	①永久迁改； ②临时迁改（临时截断/废除）； ③原位保护（原位支托/悬吊）

注：受现有或规划周边条件限制，不能进行管线迁改或迁改成本较高时宜采用原位保护的管线迁改方法。

6.2.5 管线迁改建模应包含地下管线及附属设施，在应用时宜创建包含施工影响范围内地表和地下建（构）筑物、车站和区间主体结构、围护结构模型等，并应符合下列要求：

1 管线迁改建模对象及模型细度宜符合本指南附录 C 中表 C.0.1 的规定。

2 创建地下管线模型时，宜优先通过管线建模软件进行管线批量化数据提取，包括管线定位信息、高程、埋深、管径、管井等配套设施的型号尺寸等信息。

3 创建地下管线模型时，宜采用提取的管线数据信息进行自动化建模。

4 建模过程中，宜基于管线建模软件完成地形、道路、管线、车站等模型总装，并宜通过总装模型复核管线定位坐标。

5 当地下管线建模按专业划分时，宜分为给水管线、再生水管线、雨水管线、污水管线、雨污合流管线、供电管线、照明管线、燃气管线、热力管线、通信管线；各类管道附件、构（配）件及管道附属构筑物应按专业与管线相对应。

6 地下管线模型拆分和总装应符合本指南第 4.3.4 条的规定，且模型宜按现场分期施工方式拆分为多个组成部分。每期迁改的各专业管线模型应独立存储，按分期施工方式拆分的管线迁改模型其拆分原则宜符合表 6.2.5 的规定。模型总装宜优先按专业和区域进行总装，通过开关不同图层查看各阶段、各专业模型。

表 6.2.5 按分期施工方式拆分的管线迁改模型的拆分原则

序号	分期施工模型类别		模型特征标注
1	原状管线	—	YZ
2	一期迁改管线	一期迁改新增	YIZ
3		一期迁改保留	YIB
4		一期迁改废除	YIF
5	二期迁改管线	二期迁改新增	ERZ
6		二期迁改保留	ERB
7		二期迁改废除	ERF
8	三期迁改管线	三期迁改新增	SAZ
9		三期迁改保留	SAB
10		三期迁改废除	SAF
……	……	……	……

条文说明

管线迁改工程受施工场地、周期影响，宜采用分期迁改方式。为此，在 BIM 模型的构建过程中，为了与现场保持一致，模型端应建立原状管线、迁改新增管线、迁改保留管线、迁改废除管线。

模型特征标注与管线类别相结合，将所有类型管线按照施工类别拆分。

为便于施工过程管理，管线总装宜优先按同期管线存在形式相同为原则进行模型总装。例如，一期迁改管线总装模型是将一期迁改的各专业管线总装到同一个文件中。

模型总装时应灵活调整嵌套层级数值以显示所有管线类型。

6.2.6 管线迁改的碰撞检查应符合下列要求：

1 管线碰撞检查按专业分类时应分为专业内自碰撞检查、专业间碰撞检查。

2 管线碰撞检查按管线状态类型分类时，应分为迁改新增与迁改保留管线间碰撞检查。

3 模型总装后管线碰撞检查时应检查管线间碰撞，并应对管线与地表和地下建(构)筑物、车站模型、围护结构模型间进行碰撞检查。

4 碰撞规则中应设置模型软碰撞、硬碰撞。

5 管线碰撞检查后应通过查找碰撞点位并进行标记，统计碰撞部位并逐一排查，排查时应结合点位定位坐标、埋深等位置信息，与产权单位进行现场复核。

6.2.7 管线迁改方案优化，应根据管线迁改施工的施工工序、施工工艺、施工安全性，管线迁改和整个项目施工工期等进行，并应符合下列要求：

1 给水、再生水管线宜迁改，不应悬吊；局部无条件时可明敷。

2 雨水、污水、雨污合流管线宜迁改，当仅有部分路面排水的雨水、污水管时可临时废除，完工后恢复。

3 供电管线可悬吊，通信管线不应悬吊，部分没有穿线的管道可临时废除，主体完工后恢复。

4 燃气管线不应悬吊、占压，应埋地敷设。

5 热力管线宜迁改，不应悬吊；局部无条件时可明敷。

6.2.8 管线迁改的可视化展示应用应符合下列要求：

1 根据管线迁改 BIM 模型，进行项目实施性施工组织设计可视化编制和施工过程中管线迁改及保护方案的可视化组织策划。

2 依据优化后管线迁改方案实时调整施工进度计划，对年度、季度、月度施工计划进行目标分解，将不同精度要求的进度计划结合管线迁改模型信息，实现施工进度计划可视化。

3 管线迁改可视化展示方法宜包含方案汇报和虚拟体验。方案汇报宜包含 BIM 模型、模拟视频等形式，虚拟体验宜采用 VR、AR、MR 等技术。

4 管线迁改可视化展示中的 BIM 模型宜采用轻量化模型，模型内容应包含管线路由、与管线模型相匹配的现场照片、管线迁改与废除的分阶段区分标注、迁改过程中高风险源标注、安全距离标注、原位保护管线与施工结构的空间位置关系、原位保护措施展示等。

6.2.9 管线迁改路由优化完成，审核确认后应按照出图要求，进行图纸交底，并应符合下列要求：

1 专业出图应包含分专业图、管线综合图，形式类别有平面图、剖面图、三维轴测图、局部详图。

2 BIM 二维图纸应由 BIM 模型生成，并应与 BIM 模型一致，附带建筑结构等其他模型统一保持半色调。

3 图纸中应标注管线系统类型、管径、埋深、材质、定位等信息。

4 图纸中管线翻弯前后应分别标注高程，变径前后应分别标注尺寸规格。

5 图纸中管线复杂处应采用局部三维辅助表达说明。

6 应将视图深度、可见性调整至合适范围，确保内容准确表达。

7 图纸中各类标注宜统一格式，管线标注从左到右应依次为管线系统类型、管径、材质、连接方式、管中心距地面高程，其中雨污水等重力管材应为管内底距地面高程。

6.2.10 管线迁改施工前应利用优化后管线迁改施工方案输出的二维、三维资料对现场施工人员进行施工交底，并应符合下列要求：

1 施工交底的种类、内容、形式等应符合下列要求：

1）施工交底种类宜包含施工技术交底、管线保护交底、施工安全交底。

2）施工交底内容宜包含管线迁改概况、主要风险危险源、安全保护措施、技术措施、施工工序及要点、管线监测要求等。

3）施工交底形式应采用常规二维图纸、文字叙述，并应综合利用三维图纸、图片、模型、动画视频、二维码等形式，复杂部位宜利用多种形式相结合。

4）施工交底应用软件宜根据需求采用多款软件配合使用，如建模软件、绘图软件、图片处理软件、视频剪辑软件等。

2 管线迁改施工阶段的施工模型应与现场同步更新，并宜按专业区分，以“日”为单位进行更新，更新方法宜符合下列要求：

1）如实记录现场开挖后所有管线的数量、类型、定位、埋深等信息，与方案模型进行比对，当与现场不一致时，进行管线迁改模型更新。

2）根据施工现场记录的每日工作量，在模型中进行管线标注。

3）管线迁改模型添加的施工信息宜包括施工照片、位置、施工时间、施工方式、施工单位、负责人、验收人等。

3 施工交底内容应为施工方案调整提供技术支持，并应符合下列要求：

1）施工中如遇障碍物或与实施方案不符时，宜优先采用 BIM 模型进行方案变更模拟及优化，优化方案明确后，重新提交审批，获批后方可施工。

2）方案调整内容应说明受影响建（构）筑物、原计划路由、调整后路由及与周边既有管线空间位置关系、工程量增减、工期调整等。

6.2.11 管线迁改施工完成后应将现场实际迁改情况与 BIM 模型进行复核，复核完成后应将施工全过程管线迁改 BIM 应用成果进行归档，归档应包括模型归档和其他资料归档，并应符合下列要求：

1 管线迁改模型复核检查应符合表 6.2.11-1 的规定。

表 6.2.11-1 管线迁改模型复核检查

序号	检查控制项	复核检查内容
1	项目信息	检查项目信息填写是否有遗漏或错误
2	模型基点	检查模型基点是否一致
3	轴网高程	检查轴网、高程是否有缺漏，序号是否正确，显示是否正确
4	模型	①检查模型整体及拆分是否正确，是否有缺漏，是否包含了项目所有的分区、专业； ②检查模型、构件、视图命名、颜色划分是否完整、正确； ③检查各专业模型创建方式、高程、类别、位置、安装方式是否规范、正确
5	信息录入	检查各构件的编码、施工信息等信息是否录入
6	明细表统计	依据 BIM 实施方案检查明细表类别、数量是否完整
7	图纸	依据管线迁改方案、现场实际照片、模型检查图纸类别、数量、序号、注释信息等是否完整

2 管线迁改模型归档目录宜符合表 6. 2. 11-2 的规定。

表 6. 2. 11-2 管线迁改模型归档目录

序号	模型名称	文件要求	备注
1	××项目地形实景模型	说明文件格式、文件打开方式	非必须
2	××项目原状地下管线总装模型		—
3	××项目管线模型-给水		管线迁改内容含本专业时需提供
4	××项目管线模型-再生水		
5	××项目管线模型-雨水		
6	××项目管线模型-污水		
7	××项目管线模型-雨污合流		
8	××项目管线模型-供电		
9	××项目管线模型-照明		
10	××项目管线模型-燃气		
11	××项目管线模型-热力		
12	××项目管线模型-通信		
13	××项目地下管线迁改总装模型		—
14	××项目管线迁改模型-给水		管线迁改内容含本专业时需提供
15	××项目管线迁改模型-再生水		
16	××项目管线迁改模型-雨水		
17	××项目管线迁改模型-污水		
18	××项目管线迁改模型-雨污合流		
19	××项目管线迁改模型-供电		
20	××项目管线迁改模型-照明		
21	××项目管线迁改模型-燃气		
22	××项目管线迁改模型-热力		
23	××项目管线迁改模型-通信		

3 管线迁改 BIM 应用其他归档资料目录及格式类型宜符合表 6. 2. 11-3 的规定。

表 6. 2. 11-3 管线迁改 BIM 应用其他归档资料目录及格式类型

序号	资料名称	格式类型	备注
1	管线现场勘察报告	Word 文档及现场图片	所有资料分批次、分阶段整理，统一交付
2	管线迁改及保护施工方案	方案文档、视频	
3	管线迁改碰撞检查报告	碰撞报告	
4	管线迁改变更方案	方案文档、变更节点图片	
5	管线迁改施工交底	交底文档、视频、现场施工照片	
6	管线迁改工程量清单	清单文档	
7	现场管线迁改施工记录	现场施工照片	

6.3 交通疏解

6.3.1 交通疏解 BIM 应用目标应符合下列要求：

1 为编制交通疏解导改方案提供三维可视化技术辅助。

2 动态模拟交通疏解导行方案，验证其可行性。

6.3.2 交通疏解 BIM 应用点宜符合表 6.3.2 的规定。

表 6.3.2 交通疏解 BIM 应用点

序号	BIM 应用点	详情描述
1	交通流量模拟分析	通过采集施工过程中车辆及行人的高峰期、低峰期、工作日、周末流量数据，模拟分析不同阶段的交通流量，预测施工过程中可能出现的问题，提前布置准备
2	交通疏解方案优化	通过 BIM 模型及动画演示对交通疏解方案进行动态模拟，通过不同时段交通流量的对比分析，对交通疏解方案进行优化

6.3.3 交通疏解 BIM 应用典型流程可按图 6.3.3 执行，实施步骤应符合下列要求：

1 场地及周边环境建模，应收集施工场地及周边环境数据、资料，创建施工场地及周边环境模型。

2 原状道路建模，应以施工图为主，根据本指南模型创建等相关要求，结合现场查勘情况，建立原状道路三维模型。

3 导行道路建模，应依据交通导行方案，建立导行道路三维模型。

4 车流量模拟分析，应通过建立的道路模型、周边环境模型及车辆模型在模拟软件上模拟车辆行驶轨迹及车流量峰值，分析道路交通疏解前后通行能力与施工环境因素的关系。

5 交通疏解方案优化，应按照相关规范，在三维软件中进行交通疏解导行道路、交通设施、道路宽度、转弯半径等优化，完成模拟分析，并提交审批。

6 制作交通疏解展示成果，应包括二维出图、三维技术交底、可视化展示交通疏解汇报方案等。

7 成果归档，应整理交通疏解三维模型，建立归档目录，进行模型归档和其他资料归档，并应按需进行文件备份。

6.3.4 交通疏解 BIM 应用工作准备宜符合表 6.3.4 的规定。

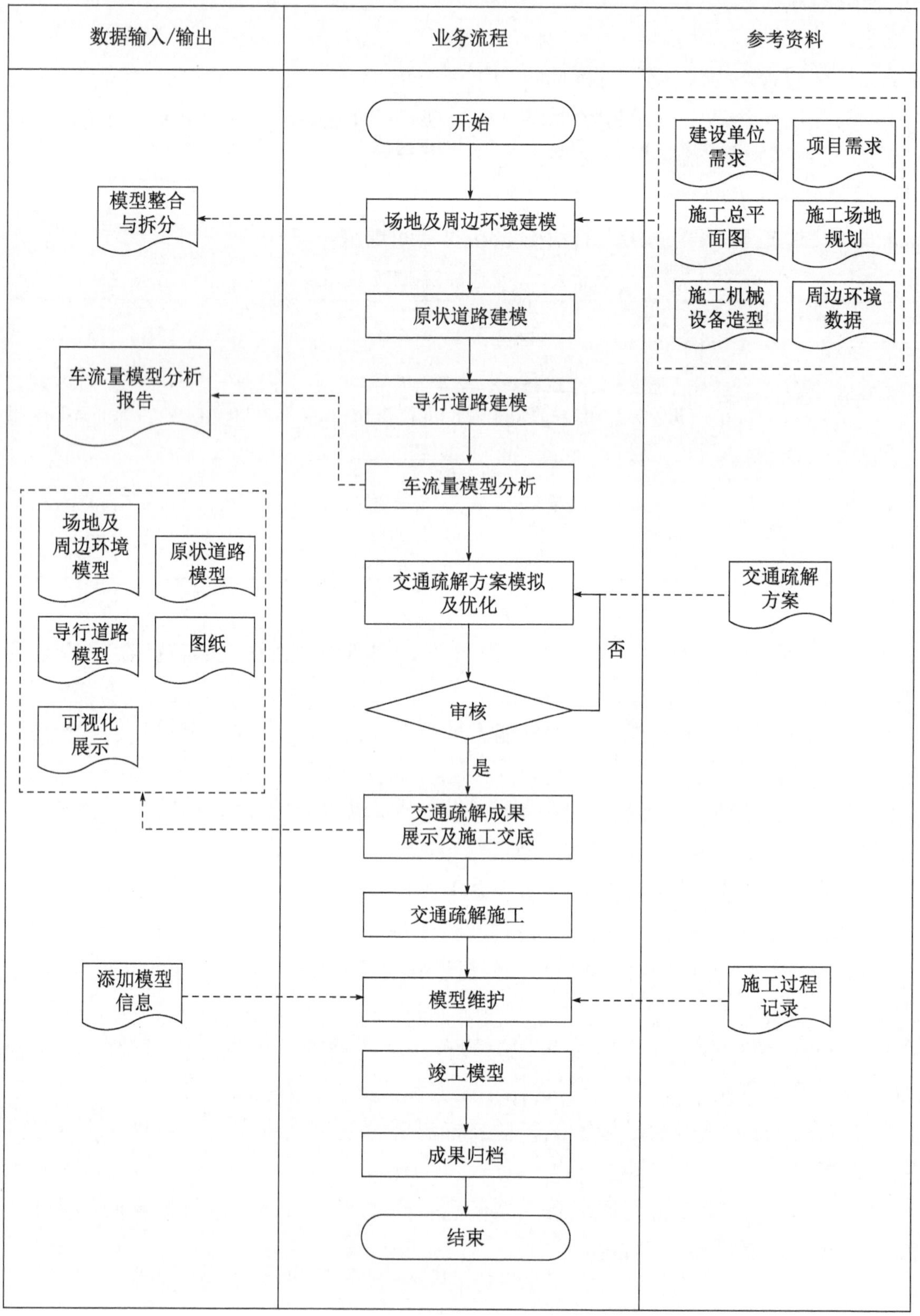

图 6.3.3　交通疏解 BIM 应用典型流程

表 6.3.4　交通疏解 BIM 应用工作准备

序号	工作准备条目	具体内容
1	图纸、资料收集	①场地布置总平面图； ②交通疏解方案； ③施工进度计划
2	道路交通路况现场查勘	①配合交管部门现场查勘，评估交通疏解方案可行性； ②确定道路标识牌、交通信号灯新增、拆除位置
3	车流量及速度数据采集	收集原状道路不同时段、不同路口的车流量及速度，预测高峰期流量

6.3.5　交通疏解建模应包含施工场地及围挡、周边环境构筑物、原状道路、导行道路、交通标识牌、交通信号灯、交通道路标线、隔离墩、人行道、围挡、车辆等模型，并应符合下列要求：

1　交通疏解建模对象及模型细度宜符合本指南表 C.0.2 的规定。

2　创建交通道路模型时，应优先通过从模型库中选择相应构件进行放置，包括路灯、交通信号灯、交通标志牌、护栏、车辆等。

3　创建周边环境构筑物模型时，宜通过白模表达，体现构筑物外轮廓边界线、高度。

4　创建原状道路、导行道路及人行道模型时，应在建模软件中用不同材质进行区分，人行道与导行道路宜采用路沿石隔开。

5　交通疏解模型拆分和总装应符合本指南第 4.3.4 条的规定，模型宜按照现场分期施工方式拆分为多个组成部分。每期交通疏解模型应独立存储，交通疏解模型拆分原则应符合表 6.3.5 的规定。

表 6.3.5　交通疏解模型拆分原则

序号	分期施工模型类别		模型特征标注
1	原状导行	—	YZ
2	一期导行	一期导行新增	YIZ
3		一期导行保留	YIB
4		一期导行废除	YIF
5	二期导行	二期导行新增	ERZ
6		二期导行保留	ERB
7		二期导行废除	ERF
8	三期导行	三期导行新增	SAZ
9		三期导行保留	SAB
10		三期导行废除	SAF
……	……	……	……

6.3.6 交通流量模拟分析应符合下列要求：

1 车流量数据采集时，应分道路采集各时段的车流量数据，包括车辆通过路口时所需时间、车辆行驶速度。

2 以早、晚高峰车流量为基准，模拟导行工况下交通流量通过时长，统计分析交通堵塞路段及时间区间。

6.3.7 交通疏解方案优化，应按照交通流量模拟分析，根据导行路线、车道宽度、车道数、交通设施布置位置等进行。

6.3.8 交通疏解 BIM 模型应与现场实际施工进行复核，复核完成后应将 BIM 成果进行归档，归档应包括模型归档和其他资料归档，并应符合下列要求：

1 交通疏解模型归档目录应符合表 6.3.8-1 的规定。

表 6.3.8-1 交通疏解模型归档目录

<table>
<tr><th>序号</th><th>模型名称</th><th>文件要求</th><th>备注</th></tr>
<tr><td>1</td><td>× ×项目原状道路总装模型</td><td rowspan="14">说明文件格式、
文件打开方式</td><td rowspan="8">—</td></tr>
<tr><td>2</td><td>× ×项目原状道路模型-道路</td></tr>
<tr><td>3</td><td>× ×项目原状道路-构建物</td></tr>
<tr><td>4</td><td>× ×项目原状道路模型-建筑及地形</td></tr>
<tr><td>5</td><td>× ×项目导行道路总装模型</td></tr>
<tr><td>6</td><td>× ×项目导行道路模型-道路</td></tr>
<tr><td>7</td><td>× ×项目导行道路-构建物</td></tr>
<tr><td>8</td><td>× ×项目导行道路模型-建筑及地形</td></tr>
<tr><td>9</td><td>路沿石</td><td rowspan="6">模型库文件</td></tr>
<tr><td>10</td><td>市政护栏</td></tr>
<tr><td>11</td><td>绿植</td></tr>
<tr><td>12</td><td>构筑物</td></tr>
<tr><td>13</td><td>道路交通标志牌</td></tr>
<tr><td>14</td><td>交通信号灯</td></tr>
</table>

2 交通疏解 BIM 应用其他归档资料目录及格式类型应符合表 6.3.8-2 的规定。

表 6.3.8-2 交通疏解 BIM 应用其他归档资料目录及格式类型

<table>
<tr><th>序号</th><th>资料名称</th><th>格式类型</th><th>备注</th></tr>
<tr><td>1</td><td>交通疏解施工方案</td><td>方案文档、视频</td><td rowspan="4">所有资料分批次、
分阶段整理，统一交付</td></tr>
<tr><td>2</td><td>交管部门审批报告</td><td>方案文档</td></tr>
<tr><td>3</td><td>施工技术交底</td><td>交底文档、视频、现场施工照片</td></tr>
<tr><td>4</td><td>变更方案</td><td>方案文档、视频</td></tr>
</table>

表 6.3.8-2（续）

序号	资料名称	格式类型	备注
5	工程量清单	清单文档	
6	施工影像记录	现场施工照片	
7	分期导行模拟视频	视频文件	

6.4 场地布置

6.4.1 场地布置 BIM 应用目标应符合下列要求：

1 运用 BIM 技术的可视化性、可模拟性及交互性，对各施工阶段的施工场地布局进行全面分析。

2 通过场地布置分析对比，优化施工方案，合理组织、规划各施工机械设备、材料运输路线，提高生产效率。

3 辅助现场安全文明施工，提升工程形象，促进现场施工安全有序。

6.4.2 场地布置 BIM 应用点宜符合表 6.4.2 的规定。

表 6.4.2 场地布置 BIM 应用点

序号	BIM 应用点	详情描述
1	场地布置模拟分析	通过场地布置 BIM 模型搭建，进行漫游体验和仿真模拟分析，以方便施工与保障安全为原则，检验场地布置的合理性、科学性，直观反映施工过程中的不利因素
2	施工场地方案优化	依据模拟分析发现的问题，对场地布置方案进行优化，包括各类加工厂、设备停放区、道路规划、临时用水和临时用电布置以及施工区、生活区、办公区布置等，及时调整施工场地布置方案，实现施工场地布置的动态控制

6.4.3 场地布置 BIM 应用典型流程可按图 6.4.3 执行，实施步骤应符合下列要求：

1 场地布置族库建立，应建立临建设施、机械设备、道路设施等场地布置族库。

2 周边环境建模，应收集施工场地及周边环境数据、资料，创建周边环境模型。

3 场地布置建模，应依据场地布置规划方案，建立包括地形、场地、围挡、道路、机械设备、临建房屋、施工部位模型，形成三维场地布置。

4 模拟分析，应基于建立完成的场地布置模型进行可视化分析和漫游体验，模拟施工道路通畅情况、大型设备进出场、设备工作状态（回转、行走、工作状态）等。

5 方案优化，应针对模拟分析中发现的问题，调整临建设施位置、场内道路、机械设备部署等，对优化方案进行论证。调整场地布置模型再次进行分析，确保场地布置合理性、便于施工。

6 成果归档，应整理场地布置三维模型，建立归档目录，进行模型归档和其他资料归档，并应按需进行文件备份。

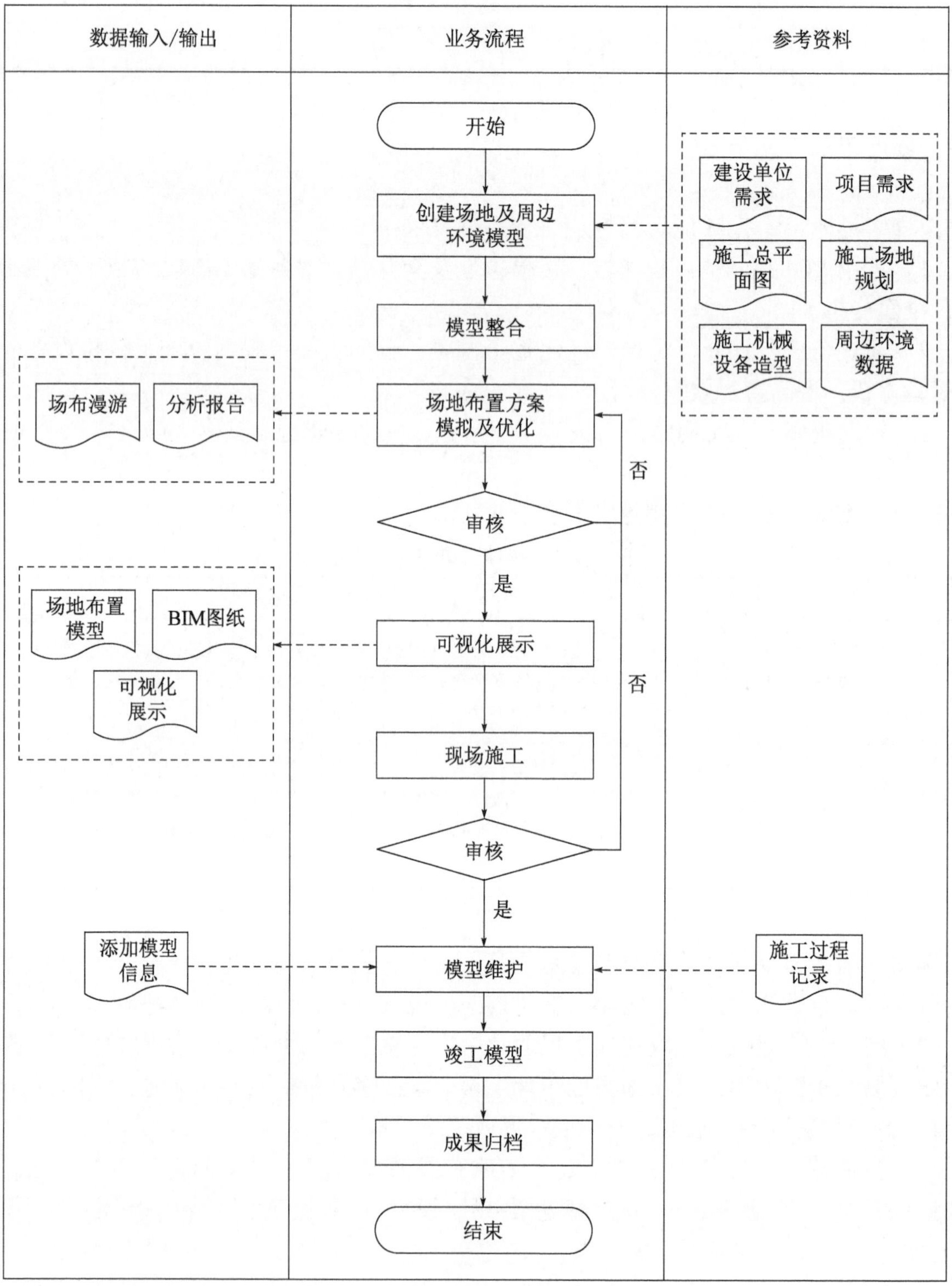

图 6.4.3　场地布置 BIM 应用典型流程

6.4.4 场地布置 BIM 应用工作准备宜符合表 6.4.4 的规定。

表 6.4.4 场地布置 BIM 应用工作准备

序号	工作准备条目	具体内容
1	图纸、资料收集	①场地布置总平面图； ②场地情况； ③施工机械设备、人员数量
2	周边道路勘察	调查施工区域周边道路情况，确定出入口设置位置
3	水、电、气、通讯勘察	收集施工场地周边水、电、气、热、通信等各类基础设施情况，确定接口问题

6.4.5 场地布置建模应包含地形、围挡、出入口大门、临建房屋、各类加工厂(棚)、场内道路、机械设备、植物绿化、人物车辆等模型，并应符合下列要求：

1 场地布置建模对象及模型细度宜符合本指南表 C.0.3 的规定。

2 创建场地布置模型时，宜优先从模型库中选择相应构件，包括临建房屋、机械设备、绿化、护栏、车辆等。

3 创建周边环境构筑物模型时，宜通过模型体量白模表达，体现构筑物外轮廓边界线、高度。

4 创建设施模型时，应在建模软件中采用不同材质进行区分，围墙、加工厂(棚)、大门等设施，应加设安全文明施工、对外宣传等标语及宣传画。

5 机械设备建模时，应按照不同型号分别创建，设备尺寸参数应与现场一致。

6 场地布置模型拆分和总装应符合本指南第 4.4.4 条的规定，模型宜按照现场分期施工方式拆分为多个组成部分。每期场地布置模型应独立存储，场地布置模型拆分原则应符合表 6.4.5 的规定。

表 6.4.5 场地布置模型拆分原则

序号	模型类别	特征标注
1	场地	CD
2	围护施工阶段场地布置	JCCB
3	主体施工阶段场地布置	ZTCB
4	盾构施工阶段场地布置	DGCB
5	附属施工阶段场地布置	FUCB

6.4.6 场地布置模拟宜通过漫游体验和可视化分析检验场地布置的合理性、科学性，直观反映施工过程中的不利因素，并应符合下列要求：

1 基于搭建的场地布置模型进行可视化分析及漫游体验，全面地对场地布置情况进行可视化展示，确保能够充分查看并分析出方案中可能存在的问题。

2　模拟中的运动车辆、设备的空间尺寸及转弯半径，应按照现场实际情况进行设置，模拟分析车辆、设备运行中的碰撞问题。

3　应对材料存放区与施工位置之间的运输路线进行模拟，大型机械设备的型号、吊装范围及起吊路径应符合现场实际情况，并应定义运动关系，设定运动顺序，真实模拟施工穿插过程。

6.4.7　场地布置方案优化时，应根据施工进度、质量、安全以及施工的可实施性、便利性和协调性等进行方案优化，并应符合下列要求：

1　方案进行优化调整后，应进行多次模拟分析，确保方案优化可靠。

2　方案优化中，应主要对基坑支护、土方开挖、塔吊布置、机械部署等方案进行改进提升。

3　方案优化应按照利于施工、缩短场内运输距离、主道路通畅的原则进行。

6.4.8　场地布置 BIM 模型应与现场实际进行复核，复核完成后应将 BIM 成果进行归档，归档应包括模型归档和其他资料归档，并应符合下列要求：

1　场地布置 BIM 模型归档目录应符合表 6.4.8-1 的规定。

表 6.4.8-1　场地布置 BIM 模型归档目录

<table>
<tr><th>序号</th><th>模型名称</th><th>文件要求</th><th>备注</th></tr>
<tr><td>1</td><td>××项目场地布置总装模型</td><td rowspan="16">说明文件格式、文件打开方式</td><td rowspan="8">—</td></tr>
<tr><td>2</td><td>××项目围护施工阶段场地布置模型</td></tr>
<tr><td>3</td><td>××项目主体施工阶段场地布置模型</td></tr>
<tr><td>4</td><td>××项目盾构施工阶段场地布置</td></tr>
<tr><td>5</td><td>××项目附属施工阶段场地布置</td></tr>
<tr><td>6</td><td>××项目导行道路模型-道路</td></tr>
<tr><td>7</td><td>××项目导行道路-构建物</td></tr>
<tr><td>8</td><td>××项目周边建筑及地形</td></tr>
<tr><td>9</td><td>临建房屋</td><td rowspan="8">模型库文件</td></tr>
<tr><td>10</td><td>各类机械设备</td></tr>
<tr><td>11</td><td>绿植</td></tr>
<tr><td>12</td><td>构筑物</td></tr>
<tr><td>13</td><td>大门</td></tr>
<tr><td>14</td><td>围墙、围挡</td></tr>
<tr><td>15</td><td>加工厂（棚）</td></tr>
<tr><td>16</td><td>安全护栏</td></tr>
</table>

2　场地布置 BIM 应用其他归档资料目录及格式类型应符合表 6.4.8-2 的规定。

表 6.4.8-2 场地布置 BIM 应用其他归档资料目录及格式类型

序号	资料名称	格式类型	备注
1	场地布置施工方案	方案文档、视频	所有资料分批次、分阶段整理，统一交付
2	模拟分析报告	方案文档	
3	方案优化报告	方案文档	
4	施工技术交底	交底文档、视频、现场施工照片	
5	工程量清单	清单文档	
6	施工影像记录	现场施工照片	
7	分期场地布置模拟视频	视频文件	

6.5 施工组织设计

6.5.1 施工组织 BIM 设计应用目标应符合下列要求：

1 优化施工组织设计，增强项目差异化竞争能力。

2 直观展示不同进度控制节点工程各专业施工进度情况。

3 辅助施工方案比选。

4 直观展示在不同施工进度节点相关资源的投入情况。

6.5.2 施工组织设计 BIM 应用点宜符合表 6.5.2 的规定。

表 6.5.2 施工组织设计 BIM 应用点

序号	BIM 应用点	详情描述
1	施工进度模拟及优化	通过将 BIM 模型与施工进度计划进行挂接，将空间信息与时间信息整合在 4D 环境中进行进度模拟，分析施工安排是否均衡，总体计划是否合理，并进行优化
2	施工方案模拟及比选	运用 BIM 技术进行专项方案三维可视化模拟及比选

6.5.3 施工组织设计 BIM 应用典型流程可按图 6.5.3 执行，实施步骤应符合下列要求：

1 创建施工组织设计模型，应依据施工组织设计方案，基于既有的施工图设计模型，建立施工进度模型、施工方案模型。

2 施工进度模拟，应依据施工进度计划表，将施工组织设计模型与施工进度计划进行挂接，直观模拟施工进度安排，分析施工进度计划安排是否合理并进行优化。

3 施工方案模拟，应依据专项施工方案，进行项目施工方案模拟，分析专项施工方案的合理性并进行方案比选。

4 成果归档，应整理施工组织设计三维模型，建立归档目录，进行模型归档和其他资料归档，并应按需进行文件备份。

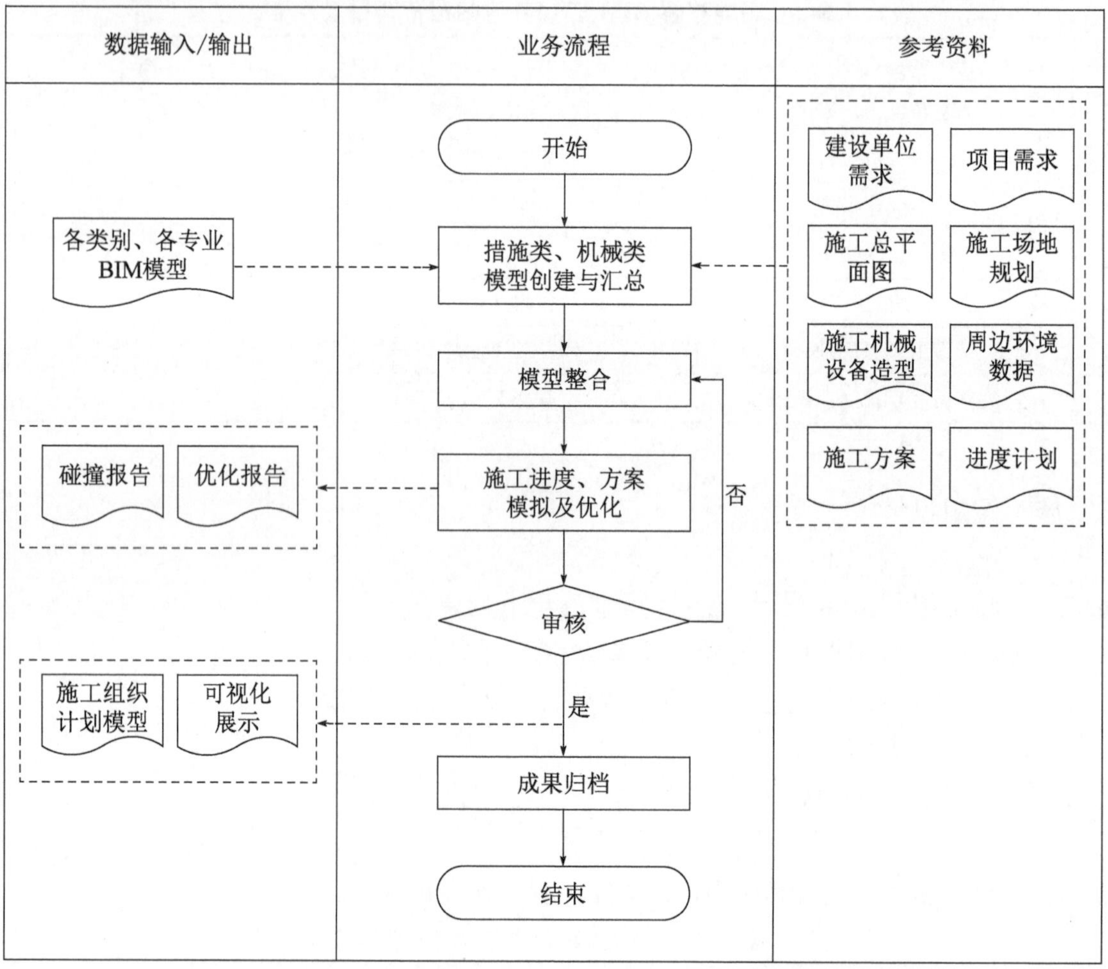

图 6.5.3　施工组织设计 BIM 应用典型流程

6.5.4　施工组织设计 BIM 应用工作准备宜符合表 6.5.4 的规定。

表 6.5.4　施工组织设计 BIM 应用工作准备

工作准备条目	具体内容
文档资料、图纸收集整理	①施工进度计划文件； ②专项施工方案文本； ③各专业施工设计图、大样图； ④施工组织设计方案

6.5.5　城市轨道交通工程施工组织设计建模应包含主体结构、围护结构、区间、临建设施、大样节点、周边环境、机械设备等，并应符合下列要求：

1　施工组织设计建模应根据实际应用需求，分类别、分专业、分用途进行模型预先处理，删除无关模型，保持模型轻量化运行。

2　施工进度模拟建模时，应按照进度计划对工作面进行划分，建立体量示意性模型应保证必要的模型精度，对工作面有清晰的表达。

3 对施工组织设计精细化表达建模时，应按照工作位置、专业工程 WBS 的 BIM 模型，批量设置相关匹配信息。

4 施工方案模拟建模时，应在原有主体结构模型基础上，补充配套的措施类模型，如模板、支撑、支护、专业工具设备等，并应根据施工方案模拟需要及建模部位模拟的动作形式，进行必要的分解、打断。

6.5.6 施工进度模拟及优化，应通过进度数据的实时更新实现施工进度模拟及优化，并应符合下列要求：

1 对施工项目的关键节点进行进度模拟分析及优化时，应注意总平面布置、交通组织、流水穿插等。

2 对施工进度模拟的 BIM 模型进行挂接时，应提前对模型进行预处理，并应与进度计划表中的分部分项内容相符，包括模型类别的区分、构件名称的对应等，均应与进度计划内容保持一致。

6.5.7 施工方案模拟及比选时，应先确定模拟的对象或内容，针对模拟内容制定 BIM 模型建立计划，通过模拟进行多方案论证及比选，最终确定最佳方案，并应符合下列要求：

1 模拟前应完成相关施工方案的编制确认方案施工流程及相关技术要求。

2 模拟前应编制模拟脚本，明确方案模拟的制作软件类型、视频表达深度、配音内容、标注样式、背景样板等。

3 比选时宜采用分镜头同步模拟的表现形式通过视频后期处理软件制作标注出各方案的不同之处。

4 模拟宜包括土方工程、模板工程、临时支撑工程、大型设备及构件运输、复杂节点、垂直运输施工、脚手架施工、预制构件预拼装等城市轨道交通工程施工重要部位关键工序的专项方案。

6.5.8 城市轨道交通工程施工组织设计成果归档，应包括模型归档和其他资料归档，并应符合下列要求：

1 施工组织设计模型归档目录应符合表 6.5.8-1 的规定。

表 6.5.8-1 施工组织设计模型归档目录

序号	模型名称	文件要求
1	××项目施工组织设计总装模型	说明文件格式、文件打开方式
2	××项目施工进度模型	
3	××项目施工方案模型	
4	××项目大型机械设备模型	
5	××项目临时支撑模型	

2 施工组织设计BIM应用其他归档资料目录及格式类型应符合表6.5.8-2的规定。

表6.5.8-2 施工组织设计BIM应用其他归档资料目录及格式类型

序号	资料名称	格式要求	备注
1	施工进度计划表	Excel文档	所有资料分批次、分阶段整理，统一交付
2	施工方案	方案文档、视频	
3	施工方案模拟视频	视频文件	
4	施工进度模拟视频	视频文件	

7 工程实施阶段 BIM 应用

7.1 一般规定

7.1.1 城市轨道交通工程土建部分在工程实施阶段，宜基于城市轨道交通信息模型辅助开展围护及基坑土建施工、车站施工、区间土建施工、装饰装修施工、车辆段及综合基地施工、装配式混凝土施工、钢结构施工等工作；工程实施阶段 BIM 应用案例可参见本指南附录 G。

条文说明

本指南施工阶段土建部分 BIM 应用范围仅包含围护及基坑、车站、区间土建、装饰装修、车辆段及综合基地、装配式混凝土和钢结构，线路、路基、桥梁、隧道、轨道等其他土建专业的 BIM 应用内容可参照铁路行业相关标准执行。

7.1.2 工程实施阶段各应用点所需的城市轨道交通信息模型可优先使用设计深化模型，应满足信息统一和规范性要求，应协调一致，能够集成应用；并应结合施工组织、方案、工艺、构件制作及安装采购等施工现场实际工况，完成施工过程和竣工验收模型。

条文说明

本条规定的目的是实现设计节点深化、优化和工程施工的可行性验证，并为现场变更、产品选用、计量计价提供参考。

7.1.3 专项工程的 BIM 深化设计应用的输出成果宜包括优化后的深化设计模型、冲突检测分析报告、深化设计图、工程量统计表等，其中深化设计图和工程量统计表均应基于深化设计模型输出，深化设计应用成果宜基于通用数据环境进行发布和管理。

7.1.4 工程实施阶段的城市轨道交通信息模型包含的数据和属性信息应及时更新，与现场保持一致，并应与交付的图纸和文档信息一致。

7.1.5 工程实施阶段的施工过程模型应包括施工过程中因设计变更修改、增减的构件模型元素以及所产生的施工信息和施工文档。

7.1.6 工程实施阶段的施工过程模型宜根据 WBS 和施工进度，将模型及构件与施工信息及文档进行关联。

7.1.7 工程实施阶段的 BIM 应用目标应遵循实用性、易用性、渐进性的原则，并应围绕技术方向、管理方向、人才培养方向、创优及创新方向开展。

7.2 围护及基坑土建施工

7.2.1 围护及基坑土建施工 BIM 应用目标应符合下列要求：

1 对开挖方案进行模拟，辅助方案优化。

2 对关键工艺进行三维可视化交底。

3 利用建立的 BIM 模型，统计土方开挖、基坑围护及支护结构工程量，实现快速精准提取。

4 通过 BIM 辅助基坑监测，有效反映基坑变形情况，并及时进行预警提示，辅助基坑安全施工。

7.2.2 围护及基坑土建施工 BIM 应用点宜符合表 7.2.2 的规定。

表 7.2.2 围护及基坑土建施工 BIM 应用点

序号	BIM 应用点	详情描述
1	方案优化	对围护及基坑土建施工方案进行动态模拟，依据模拟分析发现的问题，综合考虑施工工序、施工工艺、施工安全性等因素，对围护及基坑土建施工方案进行优化
2	施工模拟	以三维动画等形式预先演示现场施工工序、复杂工艺及重难点解决方案，协调各专业工序，减少施工干扰、设计变更等问题，合理配置施工资源，指导现场实际施工
3	基坑监测	将 BIM 模型和监测平台相结合，使监测数据同步至模型中，通过 4D 技术及时显示和预警基坑变形情况

7.2.3 围护及基坑土建施工 BIM 应用典型流程可按图 7.2.3 执行，实施步骤应符合下列要求：

1 创建三维地质模型，宜收集项目相关岩土工程地勘报告和设计资料，获取地形、地质数据，建立三维地质模型。

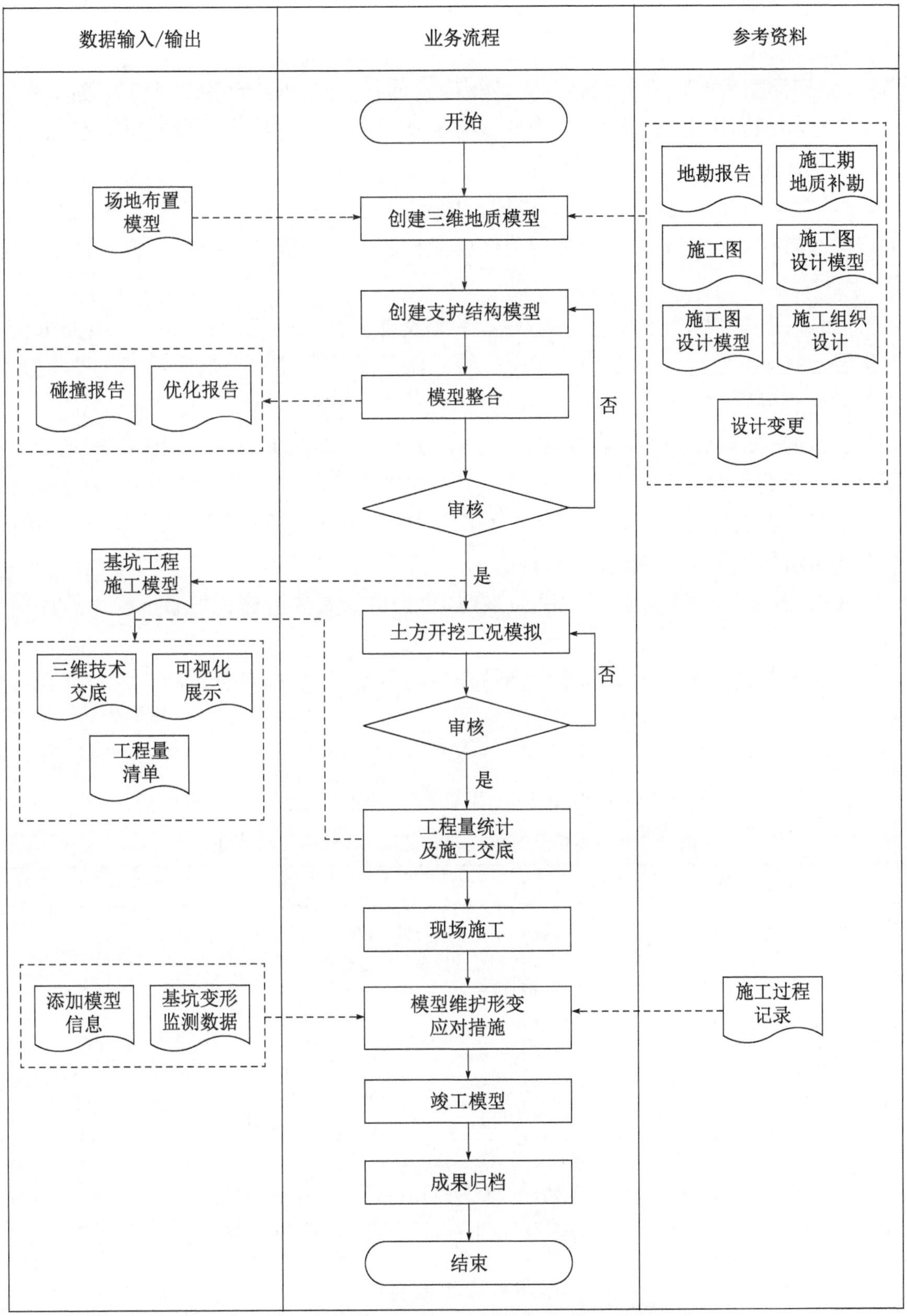

图 7.2.3　围护及基坑土建施工 BIM 应用典型流程

2　创建场地布置模型，宜获取周边建筑物、道路及地下管线等设施的数据，建立施工场地布置模型。

3 创建围护结构模型，宜导入地质模型及施工场地模型数据，进行基坑工程的支护体系模型建立。

4 支护模型碰撞检查，宜进行围护结构内部各专业、围护结构和周边建（构）筑物、围护结构和周边道路、围护结构和既有地下管线间碰撞检查，分析碰撞空间位置关系，并出具碰撞检查分析报告、优化报告。

5 基坑支护方案优化与围护结构模型修改，宜按照相关规范，在三维软件中进行围护结构布置优化，完成修改后进行模型碰撞检测，并应提交审批，形成围护结构优化模型。

6 出具围护及基坑土建施工可视化展示成果，宜包括二维出图，三维技术交底，可视化展示基坑开挖、基坑支护方案等。统计围护结构灌注桩、钢板桩、冠梁、地下连续墙、锚杆、内支撑等相关工程量，计算基坑开挖土方工程量。

7 指导基坑开挖、围护结构施工，宜按照优化后的基坑开挖、围护结构施工方案，进行围护和基坑土建施工。

8 将基坑监测数据与模型绑定，宜采用4D技术+变形色谱云图的表现方式在模型上直观查看基坑围护结构的变形情况。

9 围护及基坑土建施工完成后，应在模型内添加必要的施工信息和模型属性信息，生成竣工模型。

10 成果归档，宜整理基坑及围护结构三维模型，建立归档目录，进行模型归档和其他资料归档。

7.2.4 围护及基坑土建施工BIM应用工作准备宜符合表7.2.4的规定。

表7.2.4 围护及基坑土建施工BIM应用工作准备

序号	工作准备条目	具体内容
1	必要资料收集	①围护结构及基坑设计图纸； ②有高程点或等高线的地形图； ③地勘报告； ④基坑开挖及支护施工方案； ⑤基坑开挖及支护进度计划； ⑥施工场地总平面布置图； ⑦基坑监测数据
2	工程周边环境基本情况调查	①工程周边环境基本情况调查表； ②施工影响范围内的建（构）筑物、道路、管线； ③基坑开挖及支护施工时的用电条件、用水条件及排水条件
3	基坑开挖及支护方法	①支挡式结构； ②土钉墙； ③重力式水泥土墙； ④放坡； ……

7.2.5 围护及基坑土建施工 BIM 建模宜包含地质、基坑、围护结构及基坑影响范围内的地下建（构）筑物和地表建（构）筑物模型，并应符合下列要求：

1 围护及基坑土建施工建模对象与模型细度宜符合本指南表 C.0.4 的规定。

2 创建地质模型时，宜先收集地质勘查报告，整理钻孔数据。

3 创建地形模型时，宜提取高程数据或等高线数据信息进行自动化建模。

4 创建围护模型时，宜先收集基坑支护结构、支撑体系或锚固体系，创建支护模型后与地质模型进行整合。

5 在建模过程中，宜基于围护结构建模软件完成地质模型、地形模型、围护结构、基坑周边地下建（构）筑物和地表建（构）筑物等总装，并宜通过总装模型复核基坑支护与周边建（构）筑物和施工平面布置的合理性。

7.2.6 围护及基坑土建施工 BIM 模型应进行碰撞检查，查找碰撞点位，发现图纸和方案中具体问题，优化围护结构和场地布置，并应符合下列要求：

1 围护结构碰撞检查前应先进行围护结构和支撑体系之间的硬碰撞检查。

2 模型总装后应进行围护结构和周边道路、周边建（构）筑物及周边管线的软碰撞检查。

3 围护结构碰撞检查后应通过查找碰撞点位并进行标记，统计碰撞部位，逐一排查。

7.2.7 围护与基坑土建方案优化时，应根据基坑开挖和支护的施工工序、施工工艺、施工安全性，以及围护与基坑土建施工对整个项目施工工期的影响等进行方案优化。

7.2.8 施工模拟应以施工方案模拟、施工工序模拟、施工工艺模拟为主，并应符合下列要求：

1 施工方案模拟应根据围护结构模型、施工进度计划、工序步骤，进行施工方案可视化编制。

2 施工方案模拟前宜将模型进行拆分、轻量化、编码等处理。

3 围护结构施工方案模拟，宜包含围护结构模型、场地布置模型，基坑支护过程中的高风险源标注、安全距离标注，基坑与周边道路、周边建（构）筑物及周边管线的空间位置关系，基坑支护形式等内容。

4 围护结构施工工序模拟宜按首开段、合拢段、分幅跳打的形式进行模拟。

5 基坑土方开挖施工工序模拟应符合下列要求：

1）宜采用分区、分层的形式，模型应体现每层土方开挖的具体深度、高程、地下水位等信息。

2）应满足机械设备的行走路径、作业半径、空间净距等要求。

3）应包含钢围檩、钢支撑、混凝土支撑等支护结构的施工流程。

6 施工工艺模拟宜包含围护结构、支护结构、基坑降水等重难点部位的施工。

7 模拟过程宜体现工序施作工艺、施工材料、型号、方法等内容。

7.2.9 围护及基坑土建BIM模型宜和监测平台相结合，通过4D技术及时显示和预警基坑变形情况，并应符合下列要求：

1 采用优化后的围护结构BIM模型进行项目监测可视化方案编制。

2 建立基坑监测点，将围护结构模型、场地布置模型和周边环境模型与监测点绑定，利用4D技术+变形色谱云图的方式展示基坑围护结构的变形情况。

3 将每天的监测数据同步至围护结构模型中。

4 根据支护结构构件、基坑周边环境的重要性及地质条件的复杂性确定监测点部位及数量。基坑监测项目选择应符合现行国家标准《建筑基坑工程监测技术标准》（GB 50497）有关规定。

7.2.10 围护及基坑土建施工完成后应将现场实际施工情况与BIM模型进行复核，复核完成后应将施工全过程围护及基坑土建BIM应用成果进行归档，归档应包括模型归档和其他资料归档，并应符合下列要求：

1 围护及基坑模型复核检查应符合表7.2.10的规定。

表7.2.10 围护及基坑模型复核检查

序号	检查控制项	复核检查内容
1	项目信息	检查项目信息填写是否有遗漏或错误
2	项目坐标	检查项目坐标、尺寸是否正确
3	模型	①检查模型整体及拆分是否正确，是否有缺漏，是否包含了项目所有的分区、专业； ②检查模型、构件、视图命名、颜色划分是否完整、正确； ③检查各专业模型创建方式、高程、类别、位置、安装方式是否规范、正确
4	信息录入	检查各构件的编码、施工信息等信息是否录入
5	明细表统计	依据BIM实施方案检查明细表类别、数量是否完整
6	图纸	依据施工方案、现场实际照片、模型检查图纸类别、数量、序号、注释信息等是否完整

2 模型归档宜包括实景地形、围护结构、场地布置、地质、总装等模型；其他资料归档宜包含方案模拟、BIM技术交底等。

3 建立归档目录，归档成果应按需进行文件备份。

7.3 车站施工

7.3.1 车站施工BIM应用目标应符合下列要求：

1 减少图纸变更。

2 缩短施工周期。

3 优化施工方案。

7.3.2 车站施工 BIM 应用点宜符合表 7.3.2 的规定。

表 7.3.2 车站施工 BIM 应用点

序号	BIM 应用点	详情描述
1	可视化技术交底	通过车站 BIM 模型的搭建，输出效果图、三维剖切图、构件大样图，以及对车站复杂部位标注相关技术参数，使现场施工人员详细了解工程特点、技术质量要求、施工方法与措施等
2	图纸会审	在创建车站 BIM 模型过程中，发现图纸问题并进行汇总，完成 BIM 模型创建后，通过碰撞检查功能，进行专业内及各专业间碰撞检查；在多方会审过程中，通过 BIM 可视化技术辅助，提升沟通效率
3	施工模拟	采用视觉化工具预先演示现场施工工序、复杂工艺及重难点解决方案，指导现场实际施工，协调各专业工序，减少施工干扰、设计变更等问题

7.3.3 车站施工 BIM 应用典型流程可按图 7.3.3 执行，实施步骤应符合下列要求：

1 创建车站土建模型，应收集项目相关技术文档资料，依据设计单位提供的施工设计图纸，建立车站土建模型，包含建筑、主体结构、二次结构、大样节点等。

2 创建临时措施模型，应根据现场专项施工技术方案、施工图纸，建立车站施工过程中的临时措施模型。

3 碰撞检查及模型优化，应进行车站土建内部各专业碰撞检查，分析碰撞空间位置关系，出具碰撞检查分析报告、模型优化报告。

4 图纸会审，应根据相关规范，在建模过程中，对发现的图纸问题以表格形式进行记录，以 BIM 模型为沟通媒介，进行各专业施工图会审。

5 进行可视化技术交底，应通过三维效果图、大样图、视频动画等形式可视化展示车站施工各项施工技术方案。

6 二维出图与工程量统计，应输出二维图纸，统计车站土建施工中混凝土、钢筋、模板、脚手架、二次结构等相关工程量。

7 施工模拟，应通过对车站土建施工中复杂节点的施工方案、工艺进行可视化模拟，实现对车站土建施工的方案优化。

8 车站施工完成后，应在模型内添加必要的施工信息和模型属性信息，生成竣工模型。

9 成果归档，应整理车站施工 BIM 模型，建立归档目录，进行模型归档和其他资料归档。

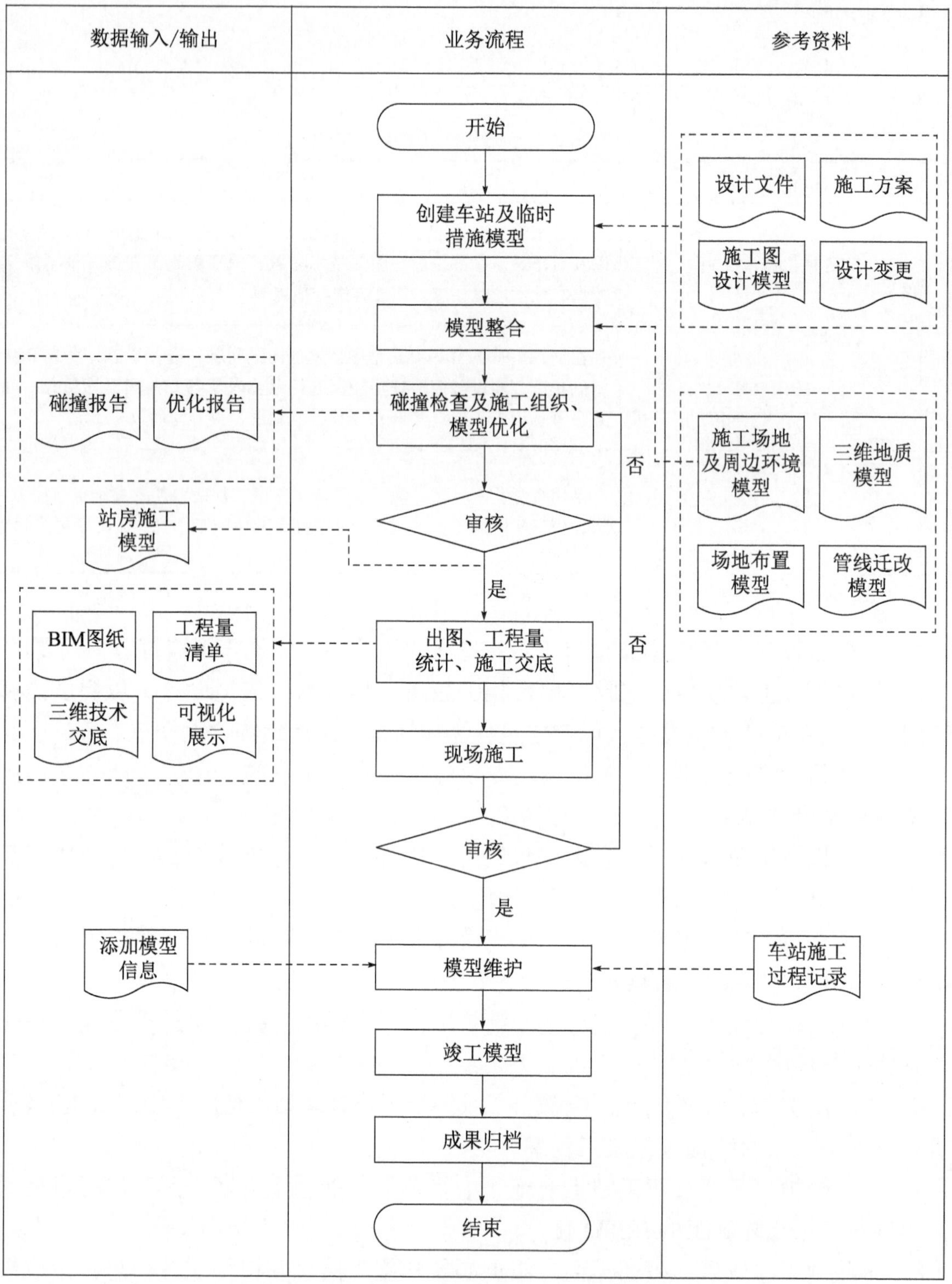

图 7.3.3　车站施工 BIM 应用典型流程

7.3.4　车站施工 BIM 应用工作准备宜符合表 7.3.4 的规定。

表 7.3.4　车站施工 BIM 应用工作准备

序号	工作准备条目	具体内容
1	技术文档资料、图纸收集整理	①施工组织设计方案； ②专项技术方案； ③施工进度计划； ④各专业施工图、大样图
2	项目工作文件准备	①选定项目样板文件； ②设置统一的文件命名规则，固定的文件存储路径； ③按专业制作项目样板文件，应包含必备的族文件、单位、视图样板、浏览器组织、尺寸样式等
3	基础设置	项目单位、基点及方向设置

7.3.5　车站施工 BIM 建模宜包含围护结构、主体结构、附属结构、建筑及措施模型，并应符合下列要求：

1　车站施工建模对象及模型细度宜符合本规程表 C.0.5 的规定。

2　建筑专业模型的建立应符合下列要求：

1）建筑专业负责绘制轴网、坐标供整个项目各专业使用，宜链接结构模型作为参照；建筑墙体绘制完毕后应按照施工图纸进行孔洞位置预留，待管综结束后，链接管综模型，进行预留洞口的复核，之后进行建筑粗装面层建模，最后进行信息录入。

2）建筑墙底部宜设在结构板上，建筑墙顶部宜设在梁底或板底。

3）外墙防水、卫生间防水、屋面防水、基础底板等防水层宜单独建模。

4）栏杆扶手精细化建模宜采用独立组合式建模。

5）墙面、楼面、地面、屋面、顶棚、坡道、台阶等建筑粗装修建模，宜建立粗装面层模型，根据建筑施工图的工程做法表进行建模，并宜与主体分开，粗装面层独立建模。

6）建筑外立面建模宜采用涂料面层创建。

3　结构专业模型的建立应符合下列要求：

1）结构专业宜按照施工组织计划工序进行建模，从结构基础开始，待结构主体建模结束后，再进行楼梯、垫层、后浇带等部分的建模，管综结束后复核结构预留洞口，结构专业前期不做钢筋建模，除非特殊需要，最后进行信息录入。

2）结构基础中的筏板基础宜根据配筋范围进行拆分建模。

3）结构柱建模宜按自然层逐层建模。

4）梁建模中主梁、次梁、连梁、基础梁宜按配筋跨数断开。

5）楼板建模宜按不同区域分开建模，后浇带单独建模。

6）附加信息如结构柱、梁增加“抗震等级”参数信息，仅在有特殊标注的情况下，录入该参数信息。

7.3.6 车站施工 BIM 模型深化应符合下列要求：

1 车站施工二次结构深化应重点进行墙体洞口预留、构造柱布置、砌块墙体排砖的深化工作。

2 钢筋节点深化时，应根据钢筋调整规则，先对梁、板自身钢筋的碰撞进行修改，再进行节点综合调整，并应重点对主次梁交汇处、柱梁交汇处、异形结构等进行钢筋节点深化。

3 脚手架、模板深化时，应根据深化图纸对脚手架及模板的几何尺寸、材质、零部件等进行高精度模型建立，并应通过高精度模型进行模架专项方案编制、模板下料、高支模受力分析、指导脚手架安装等。

7.3.7 可视化技术交底应围绕设计方案和施工方案，将施工数据与技术交底相结合，并应符合下列要求：

1 可视化技术交底应用成果应包括三维模型、视频动画及基于 BIM 模型的二维图纸、图片等。

2 可视化技术交底的模型应达到深化设计模型的精度。

3 可视化技术交底模型应包括几何尺寸、定位信息、具体连接方式、必要的非几何信息。

4 可视化技术交底的软件应为多种专业软件配合使用，如建模软件、绘图软件、视频剪辑软件、图片处理软件等。

5 可视化技术交底可分为深化设计技术交底、施工样板技术交底、安全交底、关键部位技术交底。

7.3.8 图纸会审应符合下列要求：

1 图纸会审可视化辅助应提前以第三人的视角进行三维漫游审查工作，做好模型内视点的标记及文字描述。

2 图纸会审可视化辅助应配备较高的硬件配置和相应素质的 BIM 专业人员。

3 作为图纸会审基础，宜预留足够时间创建 BIM 模型。

7.3.9 施工模拟应主要以三维动画形式对复杂部位或工艺进行演示，以视觉化工具预先演示施工现场的施工工序、复杂工艺及重难点解决方案，并应符合下列要求：

1 施工组织计划模拟应提前准备施工组织计划方案。编制施工组织计划时，应按 4D、5D 施工组织模拟的要求，选择以工作位置、专业分区的 WBS 为结构样板。

2 针对已有的施工组织计划，模拟前应对施工组织计划进行精简、拆分，删除不必要的文字信息。

3 施工组织计划模拟应配备较高的硬件，并应确保最终输出模拟成果的展示性、美观性。

4 施工组织计划模拟前应对匹配的 BIM 模型进行处理，如删除模型中导入的 CAD 图纸、解除组文件、卸载链接模型、规范模型类别、清除未使用项等。

5 施工组织计划模拟前应根据项目实际需求建立不同类型的 BIM 模型，如体量模型、施工图模型、合成模型。

6 施工组织计划模拟 BIM 模型应与施工组织计划匹配，包括手动匹配和规则自动匹配两种方式。

7 施工工序、施工工艺模拟宜针对项目关键及复杂节点进行，并应提前准备专项施工技术方案，对方案中有用信息进行提取、梳理。

8 施工工序、施工工艺模拟应按以下实施步骤进行：

1）技术资料收集、梳理，宜包含专项技术方案、施工组织方案、现场照片及视频、技术交底会议纪要等文本资料。

2）脚本制作，宜包含场景名称、镜头号、景别（远、中、近）、动作描述、字幕信息、时长（秒）、帧数、材质贴图示意等。

3）精细化建模，宜根据模拟动画脚本进行精细化建模，并应针对施工工序、工艺专项方案拆分需模拟的模型构件及镜头远近调节模型细度，控制模型面数，对树木、曲面异型模型等面数较高的模型宜进行减面。

4）模型动作、镜头远近调节，宜根据动画脚本进行模型动作调节，常用的模型动作包括移动、旋转、缩放、显隐、快慢等。

5）灯光、材质赋予，宜根据项目实际特点进行灯光、材质调节，常用三点打光法进行灯光调节，自然环境灯光应选择对应的 HDR 贴图进行辅助，材质贴图宜贴合实际，贴图分辨率应相对较高，必要时应先进行图片编辑、处理。

6）视频输出及后期特效处理。施工工序、工艺模拟最终应以视频动画形式呈现，视频输出格式应以 mp4、avi 等主流视频格式为主，分辨率应不低于 720P（30 帧），最终视频效果应根据不同需求进行专业软件特效处理。

7）视频剪辑配音、字幕添加，应依据施工模拟动画脚本选择专业视频剪辑软件进行视频成果的剪辑、字幕添加，应注意配音与字幕、视频画面的同步性，字幕宜位于屏幕下方，字体应选择常见字体，视频画面中出现的标注字体应大小合适、颜色突出。

9 施工工序、施工工艺宜优先进行下列模拟：

1）深基坑土方开挖模拟。综合分析土方开挖量、土方开挖顺序、土方开挖机械安排、基坑支护类型等，优化土方开挖工程施工工序。

2）模板工程模拟。优化确定模板数量、类型、支设流程和定位、结构预埋件定位等信息。

3）临时支撑模拟。优化确定临时支撑位置、数量、类型、尺寸和受力信息，可结合支撑布置顺序、换撑顺序、拆撑顺序进行可视化展示或施工交底。

4）大型设备及构件安装模拟。可综合分析墙体、障碍物等因素，优化确定对大型设备及构件到货需求的时间点和吊装运输路径。

5）脚手架搭建模拟。综合分析脚手架组合形式、搭设顺序、安全网架设、连墙杆搭设、场地障碍物等因素，优化脚手架方案。

6）灾难应急疏散模拟。对各类不同人群逃生能力进行设置，模拟整个车站在紧急情况下的人流疏散情况，也可模拟各种预先设置的疏散方案，通过模拟结果优化疏散方案。

条文说明

体量模型建模速度最快，但只能满足简单的施工组织生长动画模拟制作；施工图模型基于施工图建立，可以反映部分工程特点，具备施工组织计划模拟的直观展示；合成模型是指由不同专业、不同软件进行合成的BIM模型，需在独立的施工组织模拟软件中进行合成，需调整各模型的项目基点位置，设置不同的匹配规则。

手动匹配是指在施工组织模拟软件中手动划分BIM模型，与相应的施工组织计划进行手动关联。手动匹配优点在于相对灵活、思路简单、易操作；缺点是BIM模型划分工作量大、重复性工作多、模型划分易错。

规则自动匹配是指在导入施工组织计划与模拟软件中，按照一定规则自动挂接模型构件。规则自动匹配优点是模型匹配工作量小，模拟时间缩短；缺点是对BIM模型命名规矩要求严格、建模时间较长、流程较烦琐、匹配错误不易更改。

7.3.10 车站施工BIM模型应与现场实际施工进行复核，复核完成后应将BIM成果进行归档，归档应包括模型归档和其他资料归档，并应符合下列要求：

1 归档的模型应按下列原则整合：

1）按专业整合。对应于每个专业，整合所有楼层、系统的模型。

2）按水平或垂直方向整合。按层对各专业模型进行整合，竖向模型如建筑外立面、幕墙等可进行整合。

3）按整体整合。将项目各层、各专业的模型整合在一起。

2 车站施工BIM模型归档目录应符合表7.3.10-1的规定。

表7.3.10-1 车站施工BIM模型归档目录

序号	模型名称	文件要求
1	××项目车站施工总装模型	说明文件格式、文件打开方式
2	××项目围护结构模型	
3	××项目主体结构模型	
4	××项目建筑模型	
5	××项目措施模型	

3 车站施工BIM应用其他归档资料目录及格式类型应符合表7.3.10-2的规定。

表 7.3.10-2 车站施工 BIM 应用其他归档资料目录及格式类型

序号	资料名称	格式类型	备注
1	车站施工方案	方案文档、视频	所有资料分批次、分阶段整理，统一交付
2	复杂部位技术交底	交底文档、视频、现场施工照片	
3	图纸会审可视化辅助报告	方案文档、视频	
4	工程量清单	清单文档	
5	施工影像记录	现场施工照片	
6	车站施工模拟视频	视频文件	

7.4 区间土建施工

7.4.1 区间土建施工 BIM 应用目标应符合下列要求：

1 优化区间土建施工多工序交叉作业。

2 优化施工方案。

3 辅助现场安全文明施工，提升区间土建施工的数字化、智能化水平。

7.4.2 区间土建施工 BIM 应用点宜符合表 7.4.2 的规定。

表 7.4.2 区间土建施工 BIM 应用点

序号	BIM 应用点	详情描述
1	超前地质预报	对掌子面前方及其周边围岩与地层情况做超前预报
2	施工模拟	进行盾构始发井、接收井，区间下穿邻近既有建（构）筑物，盾构换刀，超前支护，地面沉降监测及复杂节点仿真模拟
3	虚拟建造	利用三维模型进行施工组织设计进度虚拟建造，采用 VR、AR、MR 等技术虚拟体验
4	可视化漫游	利用三维模型进行区间土建施工三维虚拟全景漫游
5	工程量统计	统计区间工程实体、隧道管片等工程量
6	施工交底	包括技术交底和安全交底等
7	预制件质量、施工质量控制	通过收集填报管片椭圆度、管片病害，以及初次支护、二次衬砌病害的工程质量数据，结合 BIM 技术的可视化展示优势，为质量监督人员快速指明问题所在，提高区间预制件质量和施工质量管控能力
8	盾构施工姿态监测可视化	将三维模型与盾构姿态实时监控系统、BIM 管理平台联动，实现盾构姿态偏差自动监测和自动控制的可视化

7.4.3 区间土建施工 BIM 应用典型流程可按图 7.4.3 执行，实施步骤应符合下列要求：

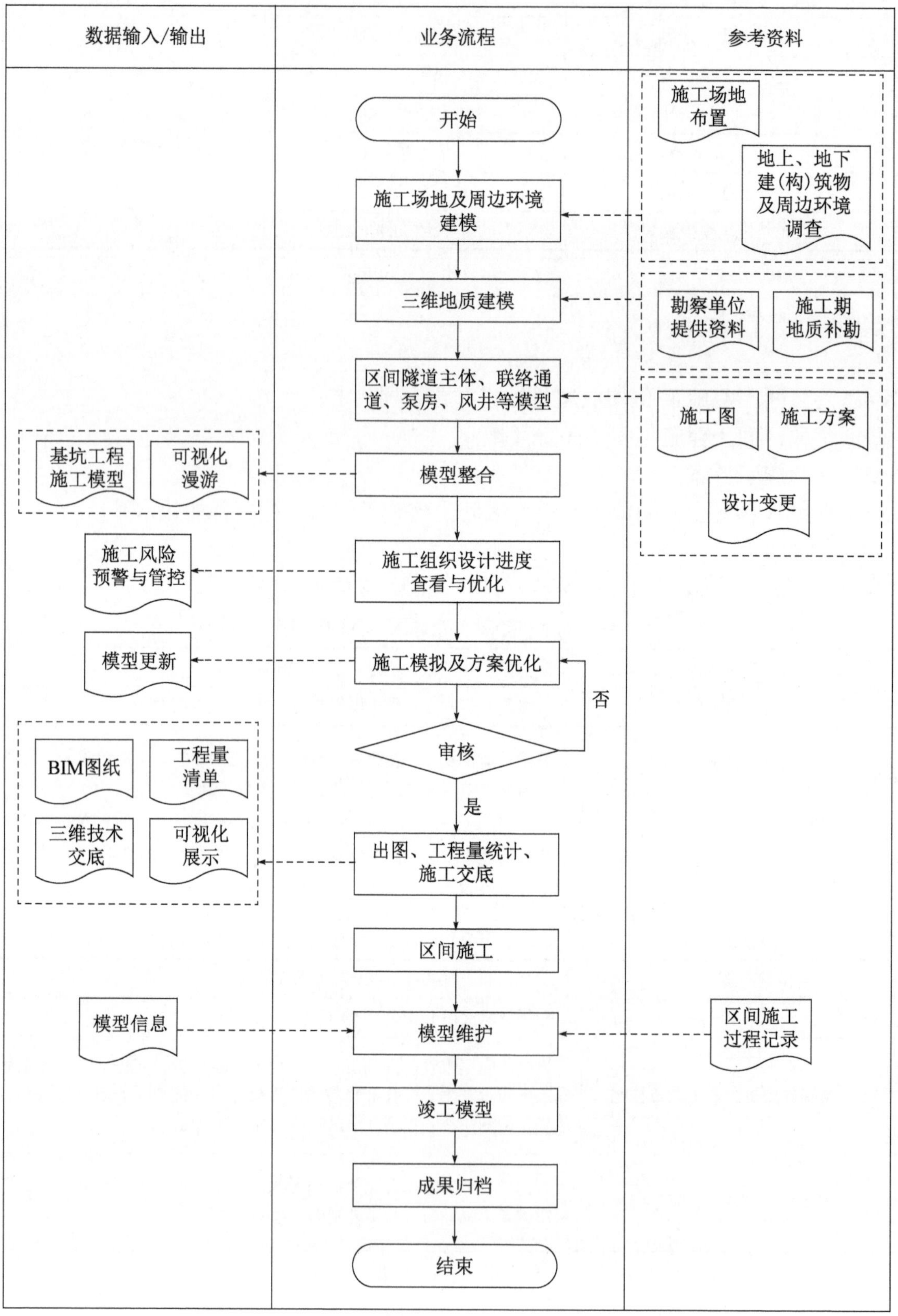

图 7.4.3　区间土建施工 BIM 应用典型流程

1 创建区间土建施工场地及周边环境模型，应对区间施工场区及周边环境进行调查，明确区间上覆周边建（构）筑物、管线和周边影响范围内施工情况，创建区间土建施工场地模型及施工影响范围内地上、地下建（构）筑物及周边环境模型。

2 创建地质模型，应在勘察单位前期地质勘察基础上，开展区间线路范围内的施工期地质补勘，明确区间穿越范围地质情况和不良地质情况，建立包含区间施工影响范围内的三维地质模型。

3 创建隧道主体模型，应以设计单位提供的施工图为主，结合区间土建施工方案和施工方法，根据本指南第 4.3 节模型创建等相关要求，以施工开挖进尺为模型分解最小单位，建立隧道主体三维模型，同时创建联络通道、区间泵房、区间风井三维模型，再按需进行不同里程区间模型整合与拆分。

4 模型总装与全景漫游，应进行地质模型、区间隧道主体模型、施工场地布置模型、周围建（构）筑物模型、地下管线模型总装，并应通过全景漫游形式，进行三维模型可视化查看。

5 区间土建施工组织设计进度查看与优化，施工风险预警与管控，应以视频演示形式模拟区间土建施工过程和施工进度快慢，优化区间土建施工组织设计；出具对沉降监测点的沉降预测和控制信息，并据此判明安全状态，实现对重要建（构）筑物和主要风险源危险性的实时预测预报。

6 施工模拟及方案优化，应通过对区间土建施工中复杂节点的施工专项模拟、工艺模拟，对区间土建施工方案进行优化。

7 模型更新，应通过施工中超前地质预报和施工方案的调整，修改地质和隧道主体等三维模型。

8 二维出图与工程量统计，应出具区间土建施工可视化展示成果，输出二维出图，统计区间土建施工的混凝土、钢内衬、防水卷材、管棚、钢架、锚杆、预埋件、管片、注浆浆液、出渣量、渣土改良剂等相关工程量。

9 区间土建施工完成后，应在模型内添加必要的施工信息和模型属性信息，生成竣工模型。

10 成果归档，应整理区间土建施工模型，建立归档目录，进行模型归档和其他资料归档，并应按需进行文件备份。

7.4.4 区间土建施工 BIM 应用工作准备宜符合表 7.4.4 的规定。

表 7.4.4 区间土建施工 BIM 应用工作准备

序号	工作准备条目	具体内容
1	图纸、资料收集	①区间土建施工图（区间隧道主体、区间泵房、区间联络通道、区间风井等施工图）； ②区间土建施工方案； ③区间土建施工进度计划； ④施工场地总平面布置图

表 7.4.4（续）

序号	工作准备条目	具体内容
2	施工场地及周边环境调查	①区间施工影响范围内地上、地下建（构）筑物和地下管线及各类风险源调查，工程周边环境调查宜符合本指南附录 E 的规定； ②施工影响范围内的管线、建（构）筑物、既有轨道交通等城市轨道交通工程位移监测宜符合本指南附录 F 的规定； ③施工场地情况、机械设备、人员数量等； ④施工供风、供水、供电、通风、防尘及排水条件
3	区间盾构法、矿山法施工控制重点	①盾构法施工基本作业； ②施工期地质勘察与超前地质预报； ③地面沉降与坍塌、突泥涌水、初期支护失稳等状况控制方法

7.4.5 区间土建施工模型的建模应包含施工场地布置模型、区间主体及附属设施模型（区间泵房、区间联络通道、区间风井等）、地质模型，在应用时宜包含创建施工场地影响范围内地下建（构）筑物、地表建（构）筑物、相邻两车站的主体结构与围护结构等模型，并应符合下列要求：

1 区间土建施工建模对象及模型细度宜符合本指南表 C.0.6 的规定。

2 区间土建施工隧道主体的建模对象划分宜按照施工方法和结构形式进行拆分。

3 区间土建施工隧道主体按照施工方法进行拆分时，应分为矿山法区间、盾构区间、明挖区间。

4 区间风井土建结构工程的建模对象划分宜符合本指南第 7.2 节和第 7.3 节的相关规定。

5 在建模过程中，宜基于车站建模软件完成区间隧道主体及附属设施、地质、场地布置及周围环境等模型总装，并宜通过总装模型复核各部分模型的定位坐标。

6 区间土建施工模型的拆分应符合本指南第 4.3.4 条的规定，模型总装宜优先按里程、子工程部位、构件类型进行总装。

7.4.6 区间土建施工开展场地布置 BIM 应用时，应符合下列要求：

1 按照利于施工、缩短场内运输距离、保证主道路通畅的原则进行。

2 应在开工前提前策划，并应模拟大型机械进出场路线，排布得出最优布置方案。

7.4.7 区间土建施工开展虚拟场景漫游 BIM 应用时，应符合下列要求：

1 对区间主体及附属、施工影响范围内的周边环境及地质应进行全面可视化展示。

2 宜采用轻量化模型。

7.4.8 利用模型进行区间土建施工组织设计进度虚拟建造时，应符合下列要求：

1 宜将各工序节点所需的计划工期、材料、设备、人员等与 BIM 模型相关联，模拟工序，进一步优化各工序间的组织协调，并宜通过派工单模式，实现人员的动态管理、资源的优化配置和实际的合理利用。

2 宜详细制定各工序的人员、机械、设备、材料、时间、空间的计划量，指导项目合理调整实际施工工艺工法，规划设备材料进场。

3 宜将施工进度目标分解为相应的年目标、季度目标、月目标、周目标，并在后续实际施工过程中对项目施工进度的提前及滞后情况进行实时把控，分析滞后原因。

7.4.9 区间土建施工开展施工模拟 BIM 应用时，应符合下列要求：

1 施工中如遇障碍物或与实施方案不符时，宜优先采用 BIM 模型进行方案变更模拟及优化，优化方案明确后，重新提交审批，获批后方可施工。

2 优化方案明确后，应实时调整区间土建施工进度计划，明确工程量增减、工期调整、周围受影响的建（构）筑物、风险源等内容。

3 优先对影响穿越不良地质段、构筑物等重要部位关键工序进行专项方案模拟，宜包含以下内容：

1）始发井开挖施工，宜包括马头门开挖、渡线段开挖。

2）盾构组装接收，宜包括盾构吊装、盾构始发、盾构掘进等。

3）穿越不良地质段，宜包括区间下穿建（构）筑物、区间冷冻加固、区间超前支护与加固。

7.4.10 利用模型进行区间土建施工工程量统计时，宜结合进度计划，验证进料计划的合理性。

7.4.11 利用模型进行区间土建施工技术交底时，应符合下列要求：

1 施工交底种类宜包含施工技术交底、管线保护交底、施工安全交底。

2 施工交底内容宜包含施工概况、主要风险源、安全保护措施、技术措施、施工工序及要点、变形监测要求等。

3 施工交底形式除常规二维图纸、文字叙述外，应综合利用三维轴测图、图片、模型、动画视频、二维码等形式，复杂部位宜利用多种形式相结合。

4 使用图纸进行施工交底时应包括平面图、剖面图、三维轴测图、局部详图，二维图纸应由 BIM 模型生成，并应与 BIM 模型一致，附带与区间相邻两车站等其他模型统一保持半色调。

5 施工交底应用软件宜根据需求进行多款软件配合使用，如建模软件、绘图软件、图片处理软件、视频剪辑软件等。

7.4.12 利用模型进行区间隧道主体管片等构件预制化加工时，宜对相应施工模型进行深化设计和模型编码，并应输出所需加工的工程量单及预制化加工构件的正视、侧视、俯视图交付给厂家。

7.4.13 区间土建施工完成后应将现场实际施工情况与BIM模型进行复核，复核完成后应将施工全过程区间土建施工BIM应用成果进行归档，归档应包括模型归档和其他资料归档，并应符合下列要求：

1 区间BIM模型复核检查应符合表7.4.13-1的规定。

表7.4.13-1 区间BIM模型复核检查

序号	检查控制项	模型复核检查内容
1	项目信息	检查项目信息填写是否有遗漏或错误
2	轴网、高程	检查轴网、高程是否有缺漏，序号是否正确，显示是否正确
3	模型	①检查模型整体及拆分是否正确，是否有缺漏，是否包含了项目所有的分区、专业； ②检查模型、构件、视图命名、颜色划分是否完整、正确； ③检查各专业模型创建方式、高程、类别、位置、安装方式是否规范、正确
4	信息录入	检查各构件的编码、施工信息等信息是否录入
5	明细表统计	依据BIM实施方案检查明细表类别、数量是否完整
6	图纸	依据施工方案、现场实际照片、模型检查图纸类别、数量、序号、注释信息等是否完整

2 区间土建施工BIM模型归档目录应符合表7.4.13-2的规定。

表7.4.13-2 区间土建施工BIM模型归档目录

序号	模型名称	文件要求	备注
1	××项目地形实景模型	说明文件格式、文件打开方式	非必须
2	××项目地质模型		—
3	××项目区间土建施工总装模型		—
4	××项目区间土建施工场地布置模型		—
5	××项目区间隧道主体模型		—
6	××项目区间风井模型		若有2个及以上区间风井，分别创建
7	××项目区间联络通道模型		若有2个及以上联络通道，分别创建
8	××项目区间泵房模型		若有2个及以上区间泵房，分别创建；当泵房与风井或联络通道合建时模型合并
9	××项目区间周边环境模型		应包含施工影响范围内的地上、地下建（构）筑物及周边环境
10	各类构件库模型		—

3 区间土建施工BIM应用其他归档资料目录及格式类型应符合表7.4.13-3的规定。

表 7.4.13-3 区间土建施工 BIM 应用其他归档资料目录及格式类型

序号	资料名称	格式类型	备注
1	地质勘察报告、超前地质预报报告	方案文档及现场图片	所有资料分批次、分阶段整理，统一交付
2	可视化漫游影像	视频	
3	施工模拟影像	视频	
4	进度模拟影像	视频	
5	模拟分析报告	方案文档	
6	方案优化报告	方案文档	
7	施工技术交底	交底文档、视频	
8	工程量清单	清单文档	
9	预制加工清单	清单文档、二维图纸、三维图纸	
10	施工影像记录	现场施工照片、视频	

7.5 装饰装修施工

7.5.1 装饰装修施工 BIM 应用目标应符合下列要求：

1 运用 BIM 技术的参数化特性，快速呈现装饰装修构件之间的差异性，表达设计意图，简化装修设计流程，提高设计效率。

2 通过装饰装修模型与土建各专业模型之间的碰撞检查，对装饰装修模型高程、复杂节点进行优化，避免交叉碰撞，减少返工。

3 应用 BIM 构件模型，快速提取工程量，辅助项目施工过程的成本管控。

4 通过仿真模拟真实施工过程，直观展示装饰装修效果，判断施工的可行性。

7.5.2 装饰装修施工 BIM 应用点宜符合表 7.5.2 的规定。

表 7.5.2 装饰装修施工 BIM 应用点

序号	BIM 应用点	详情描述
1	复杂节点深化设计及优化	基于 BIM 三维可视化的特性，对复杂节点进行深化设计，辅助复杂节点深化设计方案的推敲和技术交底工作；通过碰撞检查，发现装修模型与原建筑、结构模型的碰撞问题，进行装修方案的调整及优化
2	虚拟仿真样板展示	通过对装饰装修 BIM 模型的材质、灯光、饰面、家具等细节的丰富，对装饰装修的三维空间进行渲染及虚拟仿真展示，实现“所见即所得”
3	工程量统计	通过工程明细表的数据输出，对装饰装修模型精确统计各种工程量，包括墙面瓷砖、照明设备、天花板吊顶等材料用量及面积、体积等
4	专业间碰撞检查	将装饰装修模型与土建各专业模型进行相互链接，通过碰撞检查发现碰撞问题，确定碰撞改进方向和协调方案
5	净高分析	将装饰装修模型与土建各专业模型进行施工前的预布置，通过专业分析软件进行净高分析，对装饰模型进行合理调整

7.5.3 装饰装修施工 BIM 应用典型流程可按图 7.5.3 执行，实施步骤应符合下列要求：

1 创建装饰装修模型，应依据装饰装修设计施工图，根据本指南第 4.3 节模型创建等相关要求，分天花板、墙面、地面、专业设施等区域进行模型创建和整合。

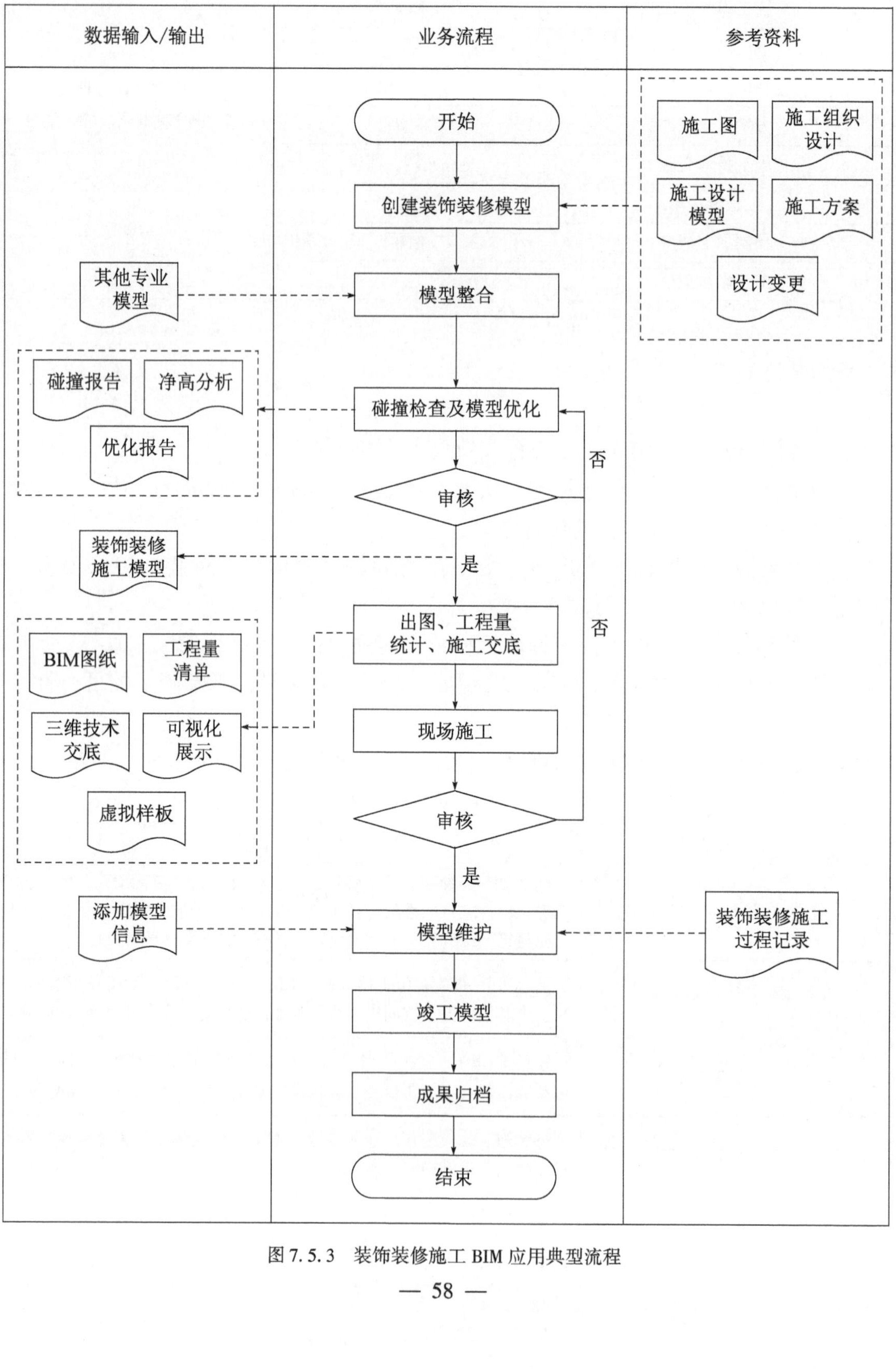

图 7.5.3 装饰装修施工 BIM 应用典型流程

2 专业间碰撞检查，应将装饰装修模型与各专业模型进行碰撞检查，分析碰撞空间位置关系，并应出具碰撞检查分析报告。

3 可视化成果展示，应将碰撞检查后更新的模型进行可视化成果展示，通过虚拟仿真等技术手段对装饰装修效果进行分析，指导现场施工。

4 深化设计及优化，应对复杂节点进行深化设计及优化，辅助设计方案的推敲和技术交底。

5 工程量统计，应按照相关规范，基于装饰装修模型精确统计各种工程量，包括墙面瓷砖、照明设备、天花板吊顶等装饰装修材料用量的个数、面积、体积等。

6 装饰装修施工完成后，应在模型内添加必要的施工信息和模型属性信息，生成竣工模型。

7 成果归档，应整理装饰装修三维模型，建立归档目录，并应进行模型归档和其他资料归档。

7.5.4 装饰装修施工 BIM 应用工作准备宜符合表 7.5.4 的规定。

表 7.5.4 装饰装修施工 BIM 应用工作准备

工作准备条目	具体内容
文档资料、图纸收集整理	①装饰装修深化设计图纸； ②装饰装修设计方案； ③施工工艺标准、构造做法； ④各专业施工图、大样图； ⑤装饰装修工程相关标准

7.5.5 装饰装修施工 BIM 应用建模应包含天花板、墙面、地面、门窗、幕墙、照明、弱电点位、家具、消防设备、标识牌等模型，并应符合下列要求：

1 装饰装修施建模对象及模型细度宜符合本指南表 C.0.7 的规定。

2 创建装饰装修 BIM 模型时，应以原建筑、结构模型为基础模型，装饰装修模型应独立创建及保存。

3 在进行吊顶 BIM 模型创建时，应将风口、灯具、喷淋头及烟感器的位置预先进行规划布置。

7.5.6 复杂节点深化设计及优化时，应基于施工图设计模型、施工做法，通过增加或细化模型元素进行创建，并应符合下列要求：

1 深化设计模型应包含吊顶龙骨、门窗、专业设备、墙地面铺装、装饰造型等。

2 进行复杂节点深化设计及优化时，主要步骤如下：

1）分析深化方案，检查相关施工规范。

2）统一专业施工做法。

3）深化设计建模。

4）各专业图纸提资、模型碰撞检查。

5）制作工程做法表。

6）模型整理校对。

3 复杂节点深化前应明确各专业模型划分，统一建模标准及命名方式，明确各阶段建模深度。

7.5.7 虚拟仿真样板展示时，宜采用 BIM + VR 的可视化技术手段，将创建好的装饰装修 BIM 模型输入 VR 设备中进行虚拟仿真渲染及展示，并应符合下列要求：

1 用于虚拟仿真样板的 BIM 模型应轻量化处理，模型面数应减少。

2 可通过不同平台将装饰装修 BIM 模型转化为虚拟仿真项目文件。

3 材质贴图宜利用现有图片或实时拍照。

7.5.8 进行装饰装修 BIM 模型相关对应工程量数据输出时，应符合下列要求：

1 明确模型计量拆分规则、命名规则。

2 应提前对装饰装修 BIM 模型进行预处理，包括清理模型垃圾及删除未使用项、备份算量 BIM 模型、对工程量统计 BIM 模型进行颜色区分、模型类别关键字设置等。

7.5.9 装饰装修碰撞检查时，应符合下列要求：

1 宜进行装饰完成面安装空间碰撞检查、建筑造型与装饰装修施工碰撞检查、孔位与末端预留位置碰撞检查等。

2 专业间碰撞检查应确保参照模型的准确性及唯一性，在进行装饰装修 BIM 模型碰撞前，应完成对土建各专业 BIM 模型的图纸及现场复核。

3 专业间碰撞检查应主要集中在装饰装修 BIM 模型与土建各专业模型位置关系间。

7.5.10 净高分析时，应根据各区域净高要求及机电管线排布方案进行净高分析，与设计方进行沟通，并应符合下列要求：

1 净高分析时，应借助第三方净高分析软件，输入净高限值，快速准确进行净高检测，输出净高分析报告。

2 净高分析应进行天花板模型与机电管线模型的空间关系分析。

7.5.11 装饰装修施工 BIM 模型应与现场实际施工进行复核，复核完成后应将 BIM 成果进行归档，归档包括模型归档和其他资料归档，并应符合下列要求：

1 装饰装修施工 BIM 模型归档目录应符合表 7.5.11-1 的规定。

表 7.5.11-1　装饰装修施工 BIM 模型归档目录

序号	模型名称	文件要求
1	××项目装饰装修施工总装模型	说明文件格式、文件打开方式
2	××项目天花板模型	
3	××项目地面铺装模型	
4	××项目墙面模型	
5	××项目照明、弱电设备模型	

2　装饰装修施工 BIM 应用其他归档资料目录及格式类型应符合表 7.5.11-2 的规定。

表 7.5.11-2　装饰装修施工 BIM 应用其他归档资料目录及格式类型

序号	资料名称	格式类型	备注
1	装饰装修施工方案	方案文档、视频	所有资料分批次、分阶段整理，统一交付
2	复杂节点深化设计技术交底	交底文档、视频、现场施工照片	
3	图纸会审可视化辅助报告	方案文档、视频	
4	工程量清单	清单文档	
5	净高分析报告	方案文档	
6	虚拟仿真样板漫游视频	视频文件	

7.6　车辆段及综合基地施工

7.6.1　车辆段及综合基地施工 BIM 应用目标应符合下列要求：

1　对车辆段及综合基地的综合布置进行全面分析和优化。

2　优化土建施工多个工序交叉作业。

3　优化施工方案。

4　辅助现场安全文明施工，提升车辆段及综合基地施工的数字化、智能化水平。

7.6.2　车辆段及综合基地 BIM 应用点宜符合表 7.6.2 的规定。

表 7.6.2　车辆段及综合基地 BIM 应用点

序号	BIM 应用点	详情描述
1	碰撞检查	在创建车辆段及综合基地 BIM 模型过程中，发现图纸问题并进行汇总，模型创建后，进行专业内及各专业间碰撞检查

表 7.6.2（续）

序号	BIM 应用点	详情描述
2	图纸会审	在多方会审过程中，通过 BIM 可视化技术辅助，提升沟通效率
3	室外管线综合排布	遵循“小让大、有压让无压、低压让高压、弱让强、软让硬、临时让永久”的原则，在保证管线最小覆土厚度、管线之间及其与建（构）筑物之间的最小水平净距、最小垂直净距要求下，进行室外地下管线综合排布
4	二维出图	利用三维模型出具多专业平面图、轴测图，复杂部位出具剖面图及三维节点详图等
5	三维技术交底	对车辆段及综合基地施工中的复杂工艺开展施工技术交底，使现场施工人员详细了解工程特点、技术质量要求、施工方法与措施
6	工程量统计	统计各专业工程实体工程量
7	施工模拟	通过三维动画演示施工现场施工工序、复杂工艺及重难点解决方案，指导现场施工，协调各专业工序，减少施工干扰

7.6.3 车辆段及综合基地 BIM 应用典型流程可按图 7.6.3 执行，实施步骤应符合下列要求：

1 模型创建应以施工图为主，根据本指南模型创建等相关要求，按单体建筑和专业进行模型创建、模型整合。

2 综合场地布置优化与模型修改，应按照相关规范，在三维软件中进行车辆段及综合基地各单体建筑模型整合，进行综合场地布置分析及漫游体验，优化场地布置，并应提交审批，进而进行模型修改。

3 碰撞检查，应对单体建筑进行专业内及各专业间碰撞检查，分析碰撞空间位置关系，并应出具碰撞检查分析报告。

4 进行室外地下管线综合排布。

5 出具施工可视化展示成果，应将优化后各部分模型进行总装与拆分，出具施工可视化展示成果，包括二维出图、三维技术交底、工程量统计、图纸会审、施工模拟等。

6 车辆段及综合基地完成后，应在模型内添加必要的施工信息和模型属性信息，生成竣工模型。

7 成果归档，应建立归档目录，并应进行模型归档和其他资料归档。

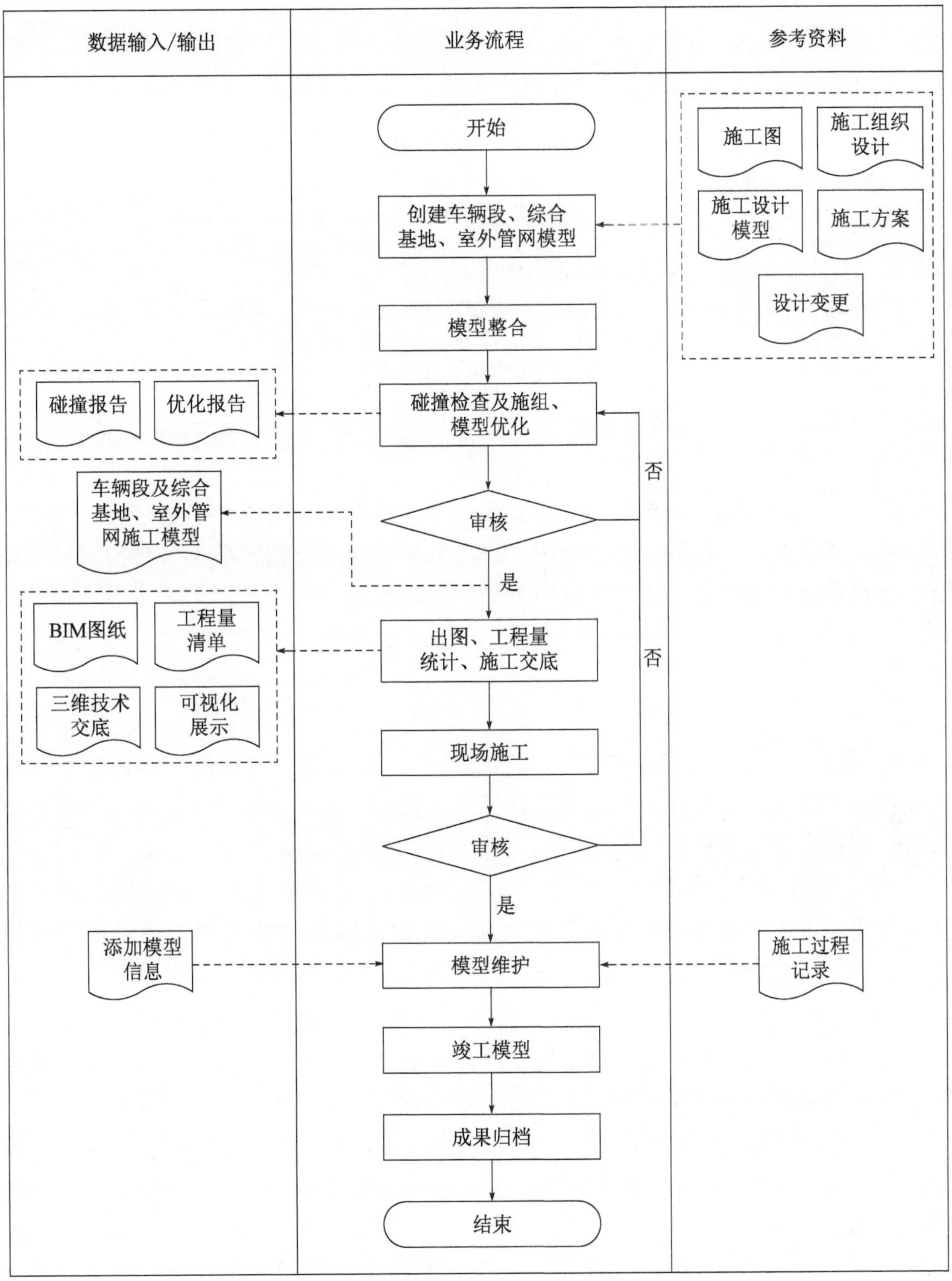

图 7.6.3　车辆段及综合基地 BIM 应用典型流程

7.6.4　车辆段及综合基地土建施工 BIM 应用工作准备宜符合表 7.6.4 的规定。

表 7.6.4 车辆段及综合基地土建施工 BIM 应用工作准备

序号	工作准备条目	具体内容
1	图纸、技术文档资料收集	①实施性施工组织设计； ②专项施工方案； ③施工进度计划； ④各专业施工图、大样图
2	施工场地及周边环境调查	①施工影响范围内地上、地下建（构）筑物和地下管线及各类风险源调查，避开周围工程地质和水文地质不良地段，工程周边环境调查宜符合本指南附录 E 的规定； ②施工影响范围内的管线、建（构）筑物、既有轨道等城市轨道交通工程位移监测宜符合本指南附录 F 的规定； ③施工场地情况、机械设备、城市电力、给排水及各种管线的引入和城市道路的连接情况

7.6.5 车辆段及综合基地建模应包含车辆段、停车场、综合维修中心、物资总库、培训中心，其他生产、生活、办公等配套设施的各建筑单体建筑模型，结构、室外管线综合、建筑单体室内装修、建筑单体室外装修的模型应符合本指南第 6.2 节、第 7.3 节和第 7.5 节的有关规定，车辆段及综合基地建模对象及模型细度宜符合本指南表 C.0.8 的规定。

7.6.6 车辆段及综合基地的综合场地布置优化，应通过三维模型漫游体验来验证各单体建筑物布置和施工过程大型临建设施场地布置的合理性、科学性。在进行仿真模拟分析时，应符合下列要求：

1 基于创建的各单体建筑模型进行模型整合后，进行整个车辆段及综合基地各单体建筑布置的可视化分析及漫游体验时，应全面地对各单体建筑布置情况进行可视化展示。

2 仿真模拟分析应在保障车辆段及综合基地基本功能和规模的基础上，对各项设备、设施与物业开发等内容进行统一规划，并应结合车辆段及综合基地内外道路的合理衔接及相关市政配套设施规划等因素，辅助分析布置方案中可能存在的问题。

3 大型临建设施仿真模拟分析时，应根据运动车辆、设备，及其空间尺寸与转弯半径，按照现场车辆实际情况进行设置，并应模拟分析设备运行中与其他设备、结构等的碰撞问题。

4 大型临建设施仿真模拟分析时，应对材料存放区与施工位置之间的运输路线进行模拟，模拟构件吊装时，大型机械设备的型号、吊装范围及起吊路径应符合现场实际情况，并应定义运动关系，设定运动顺序。

5 综合场地布置方案优化中，应主要对基坑支护、土方开挖、塔式起重机布置、机械部署等方案进行改进提升。

6 综合场地布置优化调整后，应及时更新三维模型，并应进行多次模拟分析。

7.6.7 车辆段及综合基地进行碰撞检查时，应包括各单体建筑内各专业内及各专业间碰撞检查，室外地下管线综合碰撞检查。单体建筑内碰撞检查时应检查建筑预留孔洞及大型设备预留吊装孔洞、大型设备运输路径。

7.6.8 车辆段及综合基地土建施工完成后，应将现场实际施工情况与 BIM 模型进行复核，复核完成后应将施工全过程车辆段及综合基地土建施工 BIM 应用成果进行归档，归档应包括模型归档和其他资料归档，并应符合下列要求：

1 车辆段及综合基地 BIM 模型复核检查应符合表 7.6.8-1 的规定。

表 7.6.8-1 车辆段及综合基地 BIM 模型复核检查

序号	检查控制项	复核检查内容
1	项目信息	检查项目信息填写是否有遗漏或错误
2	轴网、高程	检查轴网、高程是否有缺漏，序号是否正确，显示是否正确
3	模型	①检查模型整体及拆分是否正确，是否有缺漏，是否包含了项目所有的分区、专业； ②检查模型、构件、视图命名、颜色划分是否完整、正确； ③检查各专业模型创建方式、高程、类别、位置、安装方式是否规范、正确
4	信息录入	检查各构件的编码、施工信息等信息是否录入
5	明细表统计	依据 BIM 实施方案检查明细表类别、数量是否完整
6	图纸	依据施工方案、现场实际照片、模型，检查图纸类别、数量、序号、注释信息等是否完整

2 车辆段及综合基地土建施工 BIM 模型归档目录应符合表 7.6.8-2 的规定。

表 7.6.8-2 车辆段及综合基地土建施工 BIM 模型归档目录

序号	模型名称	文件要求	备注
1	××项目车辆段及综合基地地形实景模型	说明文件格式、文件打开方式	非必须
2	××项目车辆段及综合基地土建施工总装模型		—
3	××项目车辆段及综合基地土建施工场地布置模型		—
4	××项目车辆段及综合基地周边环境模型		—
5	××项目车辆段土建施工总装模型		—
6	××项目停车场土建施工总装模型		—
7	××项目车辆段及综合基地土建施工综合维修中心模型		综合维修中心配备生产房屋、仓库和必要的办公、生活房屋，其中生产房屋宜合建为维修综合楼，办公房屋宜与车辆段办公房屋合建为综合办公楼，食堂、浴室等生活房屋应与车辆段同类型设施合并

表 7.6.8-2（续）

序号	模型名称	文件要求	备注
8	××项目车辆段及综合基地土建施工物资总库模型	说明文件格式、文件打开方式	—
9	××项目车辆段及综合基地土建施工培训中心模型		—
10	××项目车辆段及综合基地土建施工××生产房屋模型		生产房屋应包括但不限于运用及检修库、停车列检库（棚）、双周/三月检库、联合检修库、运用库、洗车库（棚）、定修库、临修库、大修库、架修库、不落轮璇轮库、调机车库、静调库、吹扫库（棚）、油漆库等
11	××项目车辆段及综合基地土建施工××辅助生产房屋模型		辅助生产房屋应包括但不限于电器间、制动间、空调检修间、材料备品仓库等
12	××项目车辆段及综合基地土建施工××动力房屋模型		动力房屋应包括但不限于空气压缩机间、变配电所、给水所、锅炉房、蓄电池间等
13	××项目车辆段及综合基地土建施工××生活房屋模型		生活房屋包括但不限于乘务员公寓、办公楼、食堂、浴室、职工更衣休息室等
14	××项目车辆段及综合基地土建施工××配套设施模型		配套设施包括但不限于汽车停车场、自行车棚、救援办公室等
15	××项目车辆段及综合基地室外管线综合模型		—
16	各类构件库模型		—

3 车辆段及综合基地土建施工 BIM 应用其他归档资料目录及格式类型应符合表 7.6.8-3的规定。

表 7.6.8-3 车辆段及综合基地土建施工 BIM 应用其他归档资料目录及格式类型

序号	资料名称	格式类型	备注
1	碰撞检查分析报告	方案文档	所有资料分批次、分阶段整理，统一交付
2	可视化漫游影像	视频	
3	模拟分析报告	方案文档	
4	施工技术交底	交底文档、视频	
5	工程量清单	清单文档	
6	二维图纸	图纸文档	
7	施工影像记录	现场施工照片、视频	

7.7 装配式混凝土施工

7.7.1 装配式混凝土施工 BIM 应用目标应符合下列要求：

1 实现装配式混凝土构件的参数化管理。

2 建立构件模型库，满足混凝土预制构件重复利用及快速调取。

3 利用 BIM 技术的自动统计功能和可出图性，实现与预制工厂的数据传递。

4 优化装配式构件吊装方案，对现场人员进行可视化技术交底。

7.7.2 装配式混凝土施工 BIM 应用点宜符合表 7.7.2 的规定。

表 7.7.2 装配式混凝土施工 BIM 应用点

序号	BIM 应用点	详情描述
1	预制构件拆分及深化设计	基于 BIM 技术对装配式混凝土构件在模型平台上进行拆分，初步确定预制构件外形尺寸，同时进行预制构件深化设计，解决构件内部和构件之间的碰撞以及吊装洞口预留等问题
2	BIM 模型与构件 预制工厂数据传递	基于 BIM 技术的可出图性及自动统计功能，提取深化设计后的预制构件模型、图纸信息，与预制工厂构件生产设备进行模型信息传递，实现 BIM 模型与构件预制加工的高效结合
3	预制构件施工模拟	通过预制构件 BIM 模型的建立对每个预制构件不同部位、不同节点进行施工模拟预拼装，保证施工现场实际安装准确无误
4	预制构件模型库建设	预制构件作为装配式建筑的基础元素，各参与方所产生的预制构件结构复杂、数量庞大，建设预制构件库，满足在不同阶段预制构件的应用需求，提升预制构件使用效率

7.7.3 装配式混凝土施工 BIM 应用典型流程可按图 7.7.3 执行，实施步骤应符合下列要求：

1 创建装配式混凝土构件模型，建立预制构件模型库，应以设计单位提供的装配式构件施工图为主，并应根据本指南第 4.3 节模型创建等相关要求，建立装配式混凝土构件三维模型，如叠合板、预制楼梯、外挂阳台等，并对不同类型、不同部位的预制混凝土构件进行批量建模，建立预制构件模型库，提升装配式混凝土施工建模效率。

2 工程量统计，应按照相关规范，基于装配式预制构件模型精确统计各工程量，包括叠合板、预制楼梯、预制墙等材料用量及面积、体积等。

3 施工模拟，应通过对预制构件拼装进行施工方案、工艺模拟，实现对装配式混凝土施工预制构件安装的方案优化。

4 施工完成后，在模型内添加必要的施工信息和模型属性信息，生成竣工模型。

5　成果归档，应整理装配式混凝土施工三维模型，建立归档目录，进行模型归档和其他资料归档，并应按需进行文件备份。

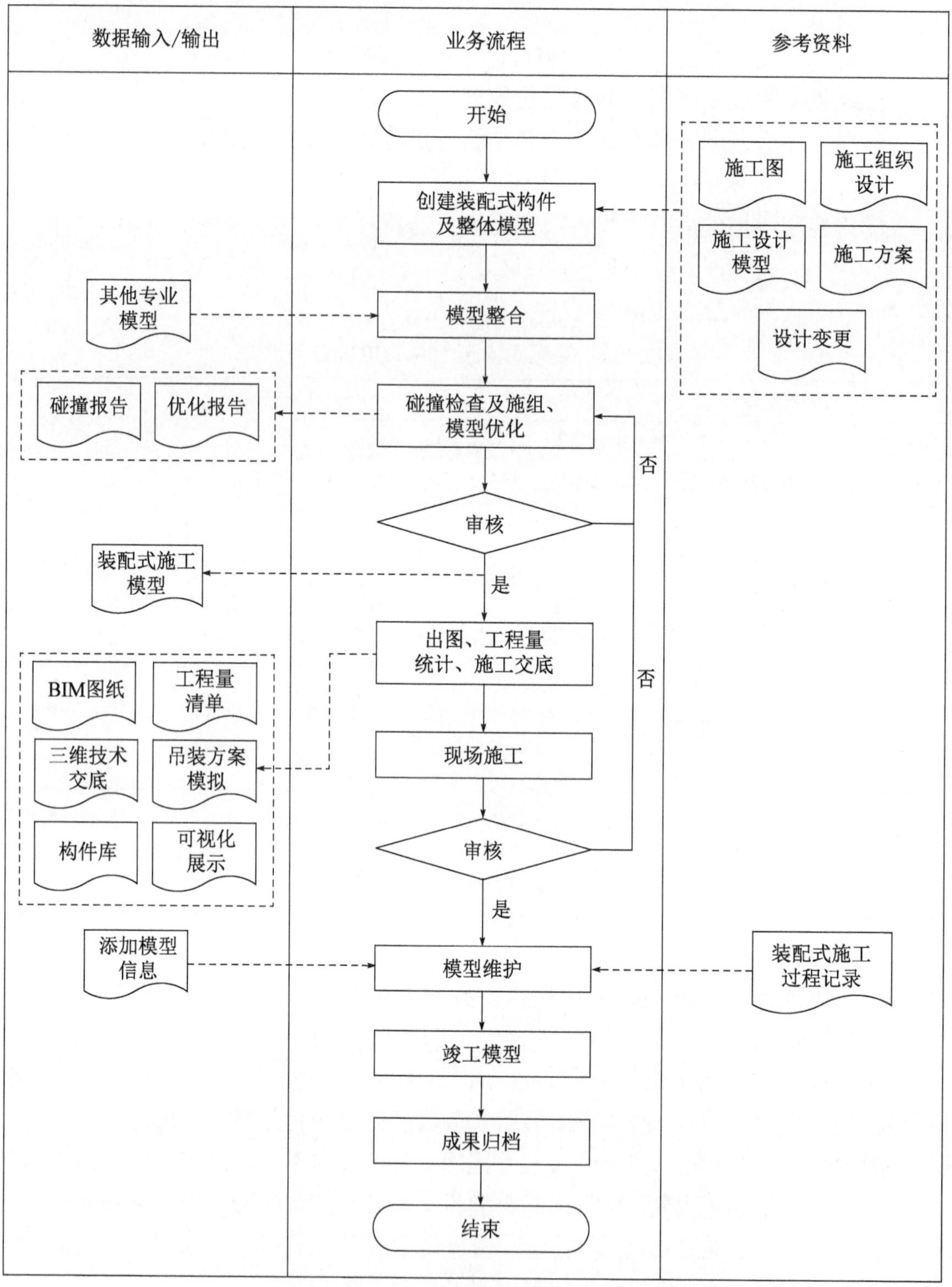

图 7.7.3　装配式混凝土施工 BIM 应用典型流程

7.7.4　装配式混凝土施工 BIM 应用工作准备宜符合表 7.7.4 的规定。

表 7.7.4　装配式混凝土施工 BIM 应用工作准备

序号	工作准备条目	具体内容
1	文档资料、图纸收集整理	①预制构件平面布置图、立面图、节点详图、墙身剖面图、楼梯详图等深化设计图； ②施工模拟方案文本； ③预制构件配筋图； ④预留预埋管线施工图； ⑤预埋件大样图
2	软件选型	①主流软件平台选型； ②构件拆分插件选型

7.7.5　装配式混凝土施工 BIM 应用建模应包含主体基础模型、装配式混凝土预制构件模型，其中装配式混凝土预制构件模型应包含预制叠合板、预制内外墙、预制楼梯、预制阳台、预制飘窗、预制空调板、预制叠合梁、预埋件等，并应符合下列要求：

1　装配式混凝土建模对象及模型细度宜符合本指南表 C.0.9 的规定。

2　在建立主体基础模型后应对装配式混凝土构件进行建模，并应在构件中附加真实信息，模型所有构件序号唯一，与深化图纸保持一致。

3　主体基础模型宜为施工图设计模型，宜分区域、分楼层、分阶段、分用途建立，并应相互独立，原点坐标一致。

4　装配式预制构件模型应为独立个体模型文件，并可直接链接至主体基础模型进行应用。

5　装配式预制构件模型应赋予参数化特性，同一类型的预制构件可进行参数化驱动。

6　主体基础模型与装配式混凝土预制构件模型相链接后，应对现浇节点的模型进行补充建模，宜应用不同材质贴图进行区分，利用工作集的形式进行管理。

7　预制构件中所用到的灌浆套筒、斜撑埋件、吊钉等，以及墙体构件斜支撑、外防护架等预埋件，应根据现场所选用的实际型号尺寸进行精细化建模。

7.7.6　预制构件拆分及深化设计时，应基于深化设计图纸对模型进行拆分和深化，不应局限于预制构件深化，应将相关系统融入深化模型中，如现浇节点钢筋分布、铝模、外防护架、墙体斜支撑、室内管线点位等，并应符合下列要求：

1　进行拆分时应减少构件的种类，可采用预制构件拆分专业插件进行构件快速拆分。

2　进行预制构件深化设计时，主要步骤如下：

1）节点构造深化设计。

2）配筋深化设计。

3）水电预留预埋深化设计。

4）吊点深化设计。

5）施工预埋件深化设计。

3　在进行预制构件深化设计后应进行可视化空间检查及优化，包括构件与构件之间、构件与现浇结构之间、构件与施工设施之间，构件内部的钢筋与钢筋之间、钢筋和水电线管之间、钢筋与预埋件之间。

7.7.7　BIM模型与构件预制工厂数据传递时，应符合下列要求：

1　预制构件深化设计图纸信息应完整，BIM模型中间格式转换与预制构件数控加工平台应兼容。

2　预制构件深化设计后，应将图纸信息输入预制加工软件中，流转至构件生产部门，进行数据传递。

3　BIM模型中间格式转换时，应对预制构件数控加工平台所承接的模型格式进行统计、分析，将BIM模型转换后的中间格式文件导入加工设备专用数字软件进行格式匹配。

7.7.8　预制构件施工模拟时，应主要进行施工组织模拟、施工进度模拟、施工方案及工艺模拟，并应符合下列要求：

1　预制构件施工组织模拟，应包含预制构件进出场及堆场布置、预制构件场内运输及吊装、预制构件预拼装、塔群及人货电梯布置等模拟。

2　预制构件施工进度模拟时，应进行全标段施工进度模拟及关键线路施工进度模拟。当进行全标段施工进度模拟时，应将预制构件的3D模型与WBS相链接，动态地模拟施工变化过程。

3　预制构件施工方案及工艺模拟时，宜优先进行以下模拟：

1）钢筋绑扎、定位方案模拟。

2）灌浆套筒施工工艺模拟。

3）灌浆套筒密实度细部施工工艺模拟。

4）预制构件吊装施工方案模拟。

5）预制构件连接节点施工方案模拟。

7.7.9　预制构件模型库建设应在现有标准模型库的基础上进行修改、丰富。每个项目新增建的异形构件模型应放入构件库中，并应符合下列要求：

1　预制构件库中的预制构件，应提前进行分类。依据结构方式和预制构件的主要作用，宜划分为地基基础、主体结构竖向构件、主体结构横向构件和二次结构形式。

2　预制构件库建设时，应确定各专业构件的分类编码。

3　预制构件库，应以预制构件模型为基础，构件模型的属性内容应统一。

4　预制构件库的管理，应包括构件模型属性信息录入、构件模型信息审核入库与管理，其中，属性信息录入宜包括ID、编码、结构体系、构件位置、构件尺寸、构件类型及备注信息等，构件库管理功能宜包含构件模型的入库、修改、查询、删除和导出等。

7.7.10 装配式混凝土施工 BIM 模型应与现场实际施工进行复核，并应进行正确性、一致性和合理性检查，完成后应将 BIM 成果进行归档，归档应包括模型归档和其他资料归档，并应符合下列要求：

1 装配式混凝土施工 BIM 模型归档目录，应符合表 7.7.10-1 的规定。

表 7.7.10-1 装配式混凝土施工 BIM 模型归档目录

<table>
<tr><th>序号</th><th>模型名称</th><th>文件要求</th></tr>
<tr><td>1</td><td>××项目装配式混凝土施工总装模型</td><td rowspan="5">说明文件格式、文件打开方式</td></tr>
<tr><td>2</td><td>××项目预制构件、预埋件模型</td></tr>
<tr><td>3</td><td>××项目预制构件库模型</td></tr>
<tr><td>4</td><td>××项目吊装设备模型</td></tr>
<tr><td>5</td><td>××项目机电管线模型</td></tr>
</table>

2 装配式混凝土施工 BIM 应用其他归档资料目录及格式类型应符合表 7.7.10-2 的规定。

表 7.7.10-2 装配式混凝土施工 BIM 应用其他归档资料目录及格式类型

<table>
<tr><th>序号</th><th>资料名称</th><th>格式类型</th><th>备注</th></tr>
<tr><td>1</td><td>预制构件吊装施工方案</td><td>方案文档、视频</td><td rowspan="3">所有资料分批次、分阶段整理，统一交付</td></tr>
<tr><td>2</td><td>预制构件深化设计技术交底</td><td>交底文档、视频、现场施工照片</td></tr>
<tr><td>3</td><td>图纸会审可视化辅助报告</td><td>方案文档、视频</td></tr>
<tr><td>4</td><td>工程量清单</td><td>清单文档</td><td rowspan="2">所有资料分批次、分阶段整理，统一交付</td></tr>
<tr><td>5</td><td>模拟视频</td><td>视频文件</td></tr>
</table>

7.8 钢结构施工

7.8.1 钢结构施工 BIM 应用目标应符合下列要求：

1 查找钢结构设计中存在的错漏碰缺，优化设计。

2 辅助、优化钢结构安装方案。

3 根据设计文件和工艺要求对钢结构制作和安装进行细化设计。

4 提高钢结构制作和安装管理水平，实现标准化作业。

7.8.2 钢结构施工 BIM 应用点宜符合表 7.8.2 的规定。

表 7.8.2 钢结构施工 BIM 应用点

序号	BIM 应用点	详情描述
1	碰撞检查	进行钢结构设计本专业模型、与其他专业模型间碰撞检查，安装模拟过程中与周边环境和其他专业模型间碰撞检查
2	深化设计	对钢结构复杂节点、预留孔洞、预埋件、与其他专业相衔接部位进行深化设计，结合施工模拟对钢结构进行优化
3	出图	深化设计及结构优化后输出二维图，复杂节点输出剖面图及三维节点详图等
4	施工模拟	①对钢结构重难点施工方案进行模拟； ②对大型设备的运输、安装和检修方案等进行模拟； ③对钢结构深化设计后具有代表性的复杂节点、构件进行施工工序模拟，保证制作过程的合理性
5	三维技术交底	基于钢结构 BIM 模型向作业人员进行三维技术交底，配合现场生产、吊装等
6	三维激光扫描与虚拟预拼	①钢结构 BIM 模型与点云扫描模型对比，根据构件点云重叠度判定加工偏差； ②将钢结构已安装与待安装点云模型进行拼合，实现虚拟预拼，提前优化施工方案，把控安装精度

7.8.3 钢结构施工 BIM 应用典型流程可按图 7.8.3 执行，实施步骤应符合下列要求：

1 创建钢结构施工设计模型，应根据钢结构施工图、施工方案、设计变更等资料，创建钢结构施工设计模型。

2 模型整合，应将创建的钢结构施工设计模型与其他专业模型、机械设备模型等在同一软件平台进行模型整合。

3 钢结构深化设计，应进行模型间碰撞检查、施工模拟优化、复杂节点优化，输出碰撞检查报告，输出钢结构深化模型。

4 出图及工程量统计，应基于钢结构深化模型输出钢结构二维图，复杂节点宜输出三维节点详图等，统计工程量并输出工程量清单。

5 输出可视化展示成果，应输出重难点方案施工、复杂节点施工三维技术交底、可视化展示等成果。

6 应基于钢结构深化模型指导钢结构施工，记录施工过程，添加必要的施工信息和模型属性信息，生成竣工模型。

7 成果归档，应整理钢结构施工模型，建立归档目录，进行模型归档和其他资料，并应按需进行文件备份。

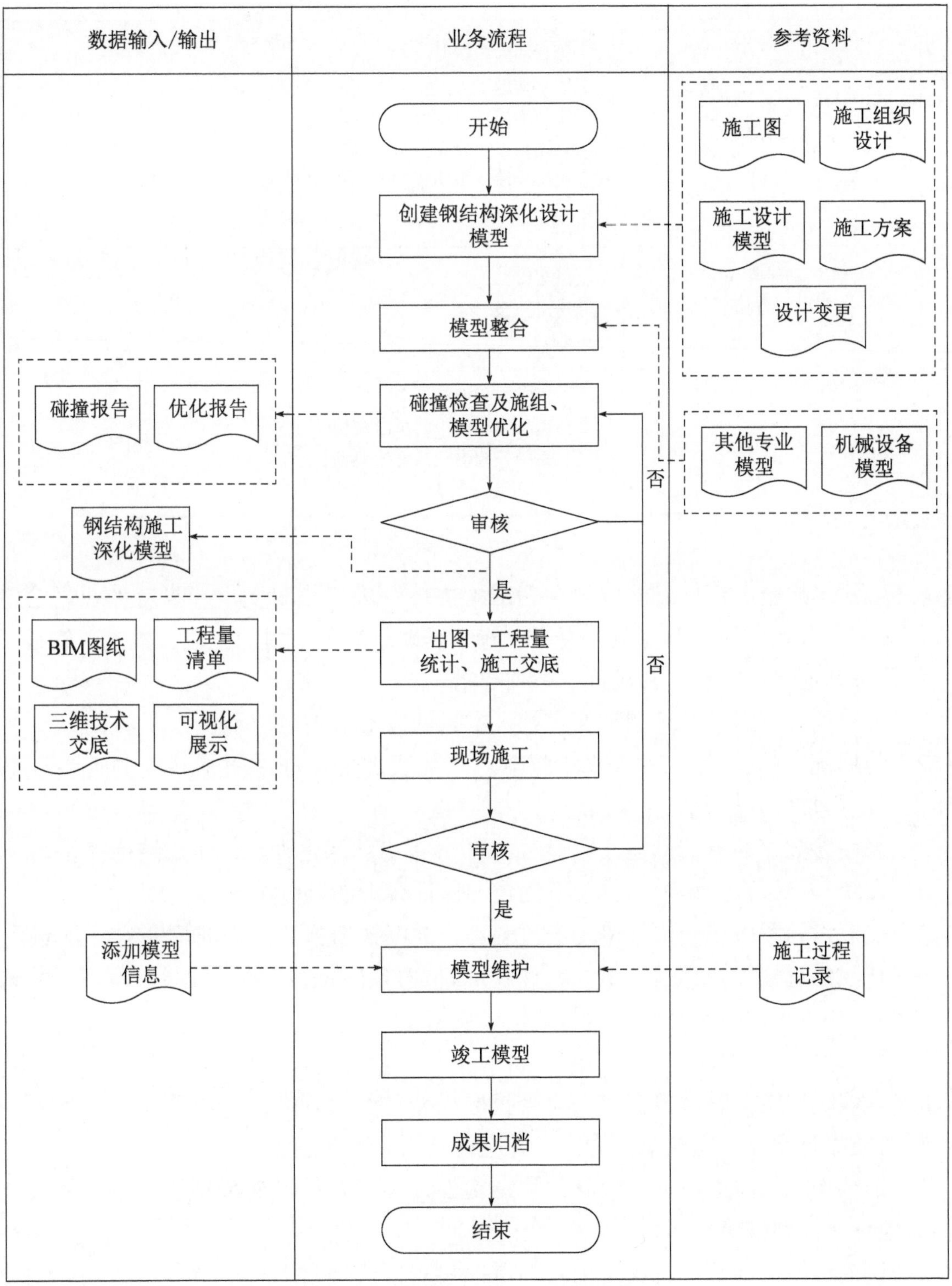

图 7.8.3　钢结构施工 BIM 应用典型流程

7.8.4　钢结构施工 BIM 应用工作准备宜符合表 7.8.4 的规定。

表 7.8.4　钢结构施工 BIM 应用工作准备

序号	工作准备条目	具体内容
1	图纸方案资料	①钢结构施工图； ②钢结构施工方案； ③钢结构施工进度计划； ④钢结构设计变更资料； ⑤施工场地总平面布置图； ……
2	机械设备模型	①吊车模型； ②塔吊模型； ……
3	其他专业模型	①与钢结构相衔接的土建模型； ②与钢结构相衔接的机电模型； ③与钢结构相衔接的管线模型； ……

7.8.5　钢结构施工模型建模应包含钢结构主体及施工临时支架、高空作业平台等附属设施模型，宜包含施工场地布置模型及施工场地影响范围内的土建、机电、管线、幕墙、装饰等其他专业模型，并应符合下列要求：

1　钢结构建模对象及模型细度宜符合本指南表 C.0.10 的规定。

2　使用统一的钢结构 BIM 软件版本，并宜通过 IFC 等通用格式同其他专业软件 BIM 模型进行整合分析及信息交换。

3　采用参数化的方式创建，应通过 BIM 分析协助深化设计，完成结构优化。

4　在统一坐标系及钢结构骨架下创建，保证模型的装配精度。

5　按照设计图中单个构件单元进行创建，并可根据施工工序进行模型组合与拆分。

6　在建模过程中，宜基于钢结构建模软件完成土建、机电、管线、幕墙、装饰等模型总装，并应通过总装模型复核钢结构模型精度。

7.8.6　钢结构施工碰撞检查时，应查找碰撞构件，发现图纸和方案中具体问题，通过分析协助深化设计、完成结构优化，并应符合下列要求：

1　钢结构施工碰撞检查，应分为钢结构设计本专业模型碰撞检查、钢结构设计模型与其他专业模型碰撞检查。

2　钢结构模型与其他专业模型间的碰撞检查，宜通过 IFC 等通用格式的其他专业模型导入钢结构建模软件中进行。

3　施工模拟过程中的碰撞检查，宜通过将钢结构施工模型转换为施工模拟软件可识别的模型格式，并应在施工模拟软件中进行。

4　钢结构施工模拟中发现的碰撞，应根据钢构件加工制造条件、现场安装施工条件、运输要求、安装能力等因素，确定构件单元及施工方案。

5　钢结构模型碰撞检查后，应统计发生碰撞的构件，并应根据具体碰撞情况优化钢结构设计模型。

7.8.7　钢结构深化设计完成后应输出钢结构深化模型，审核后按出图要求进行图纸交底，并应符合下列要求：

1　按照钢结构工程制图要求输出钢结构深化模型二维图，复杂节点宜输出节点三维图、爆炸视图等。

2　图纸中应标明钢构件尺寸、型号、材质、重量、数量等钢构件信息，各类标注应统一格式。

7.8.8　钢结构施工 BIM 应用的施工方案模拟与三维交底应符合下列要求：

1　复杂节点应进行制造工序模拟。

2　重难点施工模拟应符合下列要求：

1）重难点方案清单应符合危大工程相关要求。

2）方案模拟应超前施工，并应进行多方案比选，优化完善方案。

3）应根据模拟中发现的问题及时修改方案，并应再次进行方案模拟，遵循 PDCA 模式。

3　三维交底应符合下列要求：

1）BIM 模型中应标注相关技术参数。

2）及时收集施工人员对技术交底的反馈意见，修正三维交底。

7.8.9　钢结构复杂节段施工可通过三维激光扫描与虚拟预拼把控钢结构加工、安装精度，操作流程应符合下列要求：

1　利用三维激光扫描把控钢构件加工精度时，操作流程应符合下列要求：

1）钢构件加工完成后应利用三维激光扫描仪对其进行扫描，获取钢构件点云数据。

2）将扫描得到的点云数据导入点云处理软件，处理后得到完成加工钢构件的点云三维模型。

3）将钢构件 BIM 原始模型与点云模型进行拟合，查看钢构件加工误差。

2　利用三维激光扫描把控钢构件安装精度时，操作流程应符合下列要求：

1）钢结构安装前应利用三维激光扫描仪对现场已安装钢结构进行扫描，获取已安装钢构件点云数据。

2）对加工完成的待安装钢构件进行三维激光扫描，获取待安装钢构件点云数据。

3）将现场已安装钢结构点云数据与待安装钢构件点云数据导入点云处理软件，处理后得到点云三维模型。

4）在点云三维模型处理软件中将上述流程要求 3）中的点云三维模型进行模拟拼

装，分析钢结构线形、螺栓孔位等误差，并输出误差报告。

5）待安装钢构件安装完成后，利用三维激光扫描仪对已安装钢构件进行扫描，处理得到三维模型，对比分析钢构件安装前后的线形、高程等变化情况。

7.8.10 钢结构施工完成后应将现场实际情况与 BIM 模型进行复核，复核完成后应将施工全过程钢结构施工 BIM 应用成果进行归档，归档应包括模型归档和其他资料归档，并应符合下列要求：

1 钢结构施工模型归档目录应符合表 7.8.10-1 的规定。

表 7.8.10-1 钢结构施工模型归档目录

序号	模型名称	文件要求
1	××项目钢结构施工总装模型	说明文件格式、文件打开方式
2	××项目钢结构施工模型	
3	××项目钢结构施工临时建设模型	
4	××项目钢结构施工机械模型	

2 钢结构施工 BIM 应用其他归档资料目录及格式类型应符合表 7.8.10-2 的规定。

表 7.8.10-2 钢结构施工 BIM 应用其他归档资料目录及格式类型

序号	资料名称	格式类型	备注
1	场地布置施工方案	方案文档、视频	所有资料分批次、分阶段整理，统一交付
2	模拟分析报告	方案文档	
3	钢结构优化报告	方案文档	
4	方案优化报告	方案文档	
5	施工技术交底	交底文档、视频、现场施工照片	
6	施工影像记录	现场施工照片	
7	钢结构安装模拟视频	视频文件	

8 BIM 综合管理应用

8.1 一般规定

8.1.1 城市轨道交通工程 BIM 综合管理应用，宜开展基于 BIM 模型的综合管理平台应用，包含进度管理、质量和安全管理、造价管理、生态环保管理。

8.1.2 开展城市轨道交通工程 BIM 综合管理应用时，模型细度、拆分规则、格式、信息、数据等应满足各类别管理工作所需的信息模型相关要求。

8.1.3 模型集成平台前，应核对模型的范围、几何精度、信息精度等。

8.2 进度管理

8.2.1 进度管理 BIM 应用目标应符合下列要求：

1 基于 BIM 模型及应用场景，实现计划进度的可视化模拟，校核进度计划的合理性。

2 通过实际进度与计划进度的模拟对比，进行分级预警提醒，及时纠偏。

3 为项目提供可视化进度管理场景，进行形象进度展示，对工期进度进行全方位追踪监测，确保工期任务及时规划和顺利实施。

8.2.2 进度管理 BIM 应用宜基于数据集成与管理平台实施，进度管理 BIM 应用点宜符合表 8.2.2 的规定。

表 8.2.2 进度管理 BIM 应用点

序号	BIM 应用点	详情描述
1	进度计划模拟	通过模型与进度计划匹配、挂接，实现进度计划可视化模拟
2	进度对比、分析	通过实际进度与模型的挂接，实现同屏进度可视化展示，进行分级预警提醒
3	形象进度展示	利用三维模型及轻量化场景，展示现阶段进度执行情况，辅助纠偏决策
4	施工产值分析	通过将实际进度与模型挂接，统计已完成施工内容的工程量，结合定额，汇总施工产值

8.2.3 进度管理 BIM 应用典型流程可按图 8.2.3 执行，实施步骤应符合下列要求：

1 进度计划编制，应通过导入计划文件或在线编辑实现进度计划编制。

2 进度计划与模型挂接，应依据进度计划将拆分后的模型与进度计划一一匹配、挂接。

3 进度计划可视化分析与审核，应通过进度计划可视化模拟，分析校核计划的合理性并及时调整，无误后提请相关部门及领导审批。

4 实际进度填报，应根据现场实际进度，按日/周/月/年进度实际完成时间进行进度情况填报，并应将现场施工素材，包含照片、视频等，挂接到模型构件的相应部位。

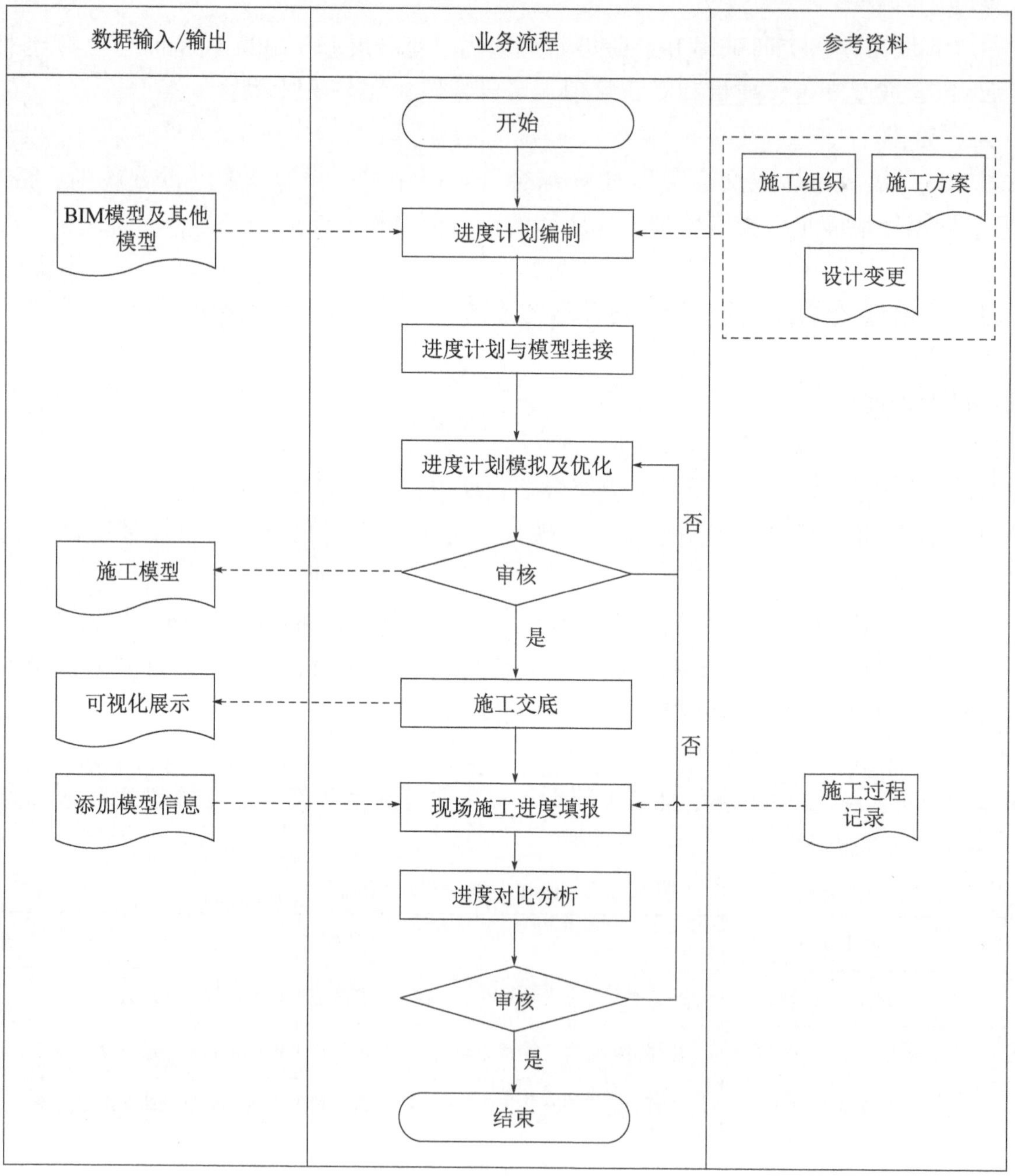

图 8.2.3 进度管理 BIM 应用典型流程

5 施工进度对比分析，应将实际进度与计划进度进行对比、分析，并应提醒提前完成、如期完成、轻度滞后、严重滞后的施工任务。

6 施工进度可视化展示，应通过日常进度的记录，进行工程项目施工进度执行情况可视化展示，辅助纠偏决策。

7 数据存档，应建立归档目录，并应按需进行文件备份。

8.2.4 进度管理 BIM 应用工作准备宜符合表 8.2.4 的规定。

表 8.2.4 进度管理 BIM 应用工作准备

序号	工作准备条目	具体内容
1	必要资料收集	①施工合同； ②施工组织计划； ③当地自然环境调查
2	模型	各类别模型
3	进度管理制度	①人员； ②进度统计方式、周期； ③进度维护

8.2.5 进度计划与模型挂接时，应符合下列要求：

1 点击模型构件可查看构件信息。

2 已完成挂接的模型与未挂接的模型显示效果应做区分。

3 挂接时支持框选功能。

8.2.6 进度计划可视化模拟、分析与优化时，应支持按日/周/月/年等不同周期的不同模拟速度倍率进行模拟展示，并应符合下列要求：

1 可进行整体、任意时间段的进度可视化模拟。

2 进度计划模拟后应能通过查找确定不合理点并进行标记，并应与计划部进行综合复核。

3 进度计划模拟可对时间、工序、前置任务等进行设置及更改。

8.2.7 进行进度对比、分析预警时，应先进行现场实际进度填报、审批，再将计划进度与实际进度进行同屏模拟、差异化对比分析，用不同颜色区分不同进度情况，并应对进度滞后、影响关键线路、整体工期的情况进行预警提醒。

8.2.8 进度可视化展示应用时应符合下列要求：

1 项目实施性施工组织设计可视化编制和实际施工可视化组织策划时，应对年度、季度、月度施工计划进行目标分解，将不同精度要求的进度计划结合施工 BIM 模型信息，实现施工进度计划可视化。

2　进度可视化展示宜采用视频方案汇报等形式。

3　可视化展示中的 BIM 模型宜采用轻量化模型，模型内容宜包含进度计划、实际进度及相匹配的现场照片等。

8.3　质量和安全管理

8.3.1　质量和安全管理 BIM 应用目标应符合下列要求：

1　基于 BIM 模型开展图纸校核，及时发现图纸问题，减少施工过程中的返工。

2　对重难点方案、工艺、施工工序进行三维可视化样板、培训、交底，辅助质量和安全管控。

3　为项目提供可视化质量和安全管理场景，开展质量和安全检查、问题追踪，形成项目数据库。

8.3.2　质量和安全管理 BIM 应用点宜符合表 8.3.2 的规定。

表 8.3.2　质量和安全管理 BIM 应用点

序号	BIM 应用点	详情描述
1	图纸校核	利用 BIM 模型，对图纸中的错、漏、碰、缺等问题进行校核
2	危险源辨识与方案优化	对施工场景中的危险源进行识别，将模型与现场实际进行对比，实现预警，保障人员施工安全
3	管理数据积累	开展施工过程质量、安全问题巡检及整改的记录
4	质量检验批验收	对工程各分部、分项工程开展质量验收，并与模型相应构件挂接
5	质量安全形象化展示	利用三维模型及轻量化场景，展示现阶段质量和安全交底、培训、检查、验收、隐患排查等执行情况

8.3.3　质量和安全管理 BIM 应用典型流程可按图 8.3.3 执行，实施步骤应符合下列要求：

1　图纸问题校核与模型维护，应汇总整理模型创建过程中的图纸问题及解决方案，进行反馈及模型维护。

2　危险源识别与方案优化，宜采用 BIM 技术对现场施工过程中危险源进行识别、预警，并对施工方案进行优化。

3　关键内容汇总及交底，应汇总整理各关键方案、工序、工艺的模型、视频，开展可视化交底、培训。

4　质量和安全巡检，应将出现的质量安全巡检问题汇总并进行整改，记录施工过程，巡检问题及整改情况与模型挂接。

5 质量各单元、分部分项工程验收，应对质量各单元、分部分项工程进行验收，验收情况与模型挂接。

6 数据处理及存档，应将形象化展示培训、交底、问题隐患闭环、验收的数据进行统计、分析，建立归档目录，并应按需进行文件备份。

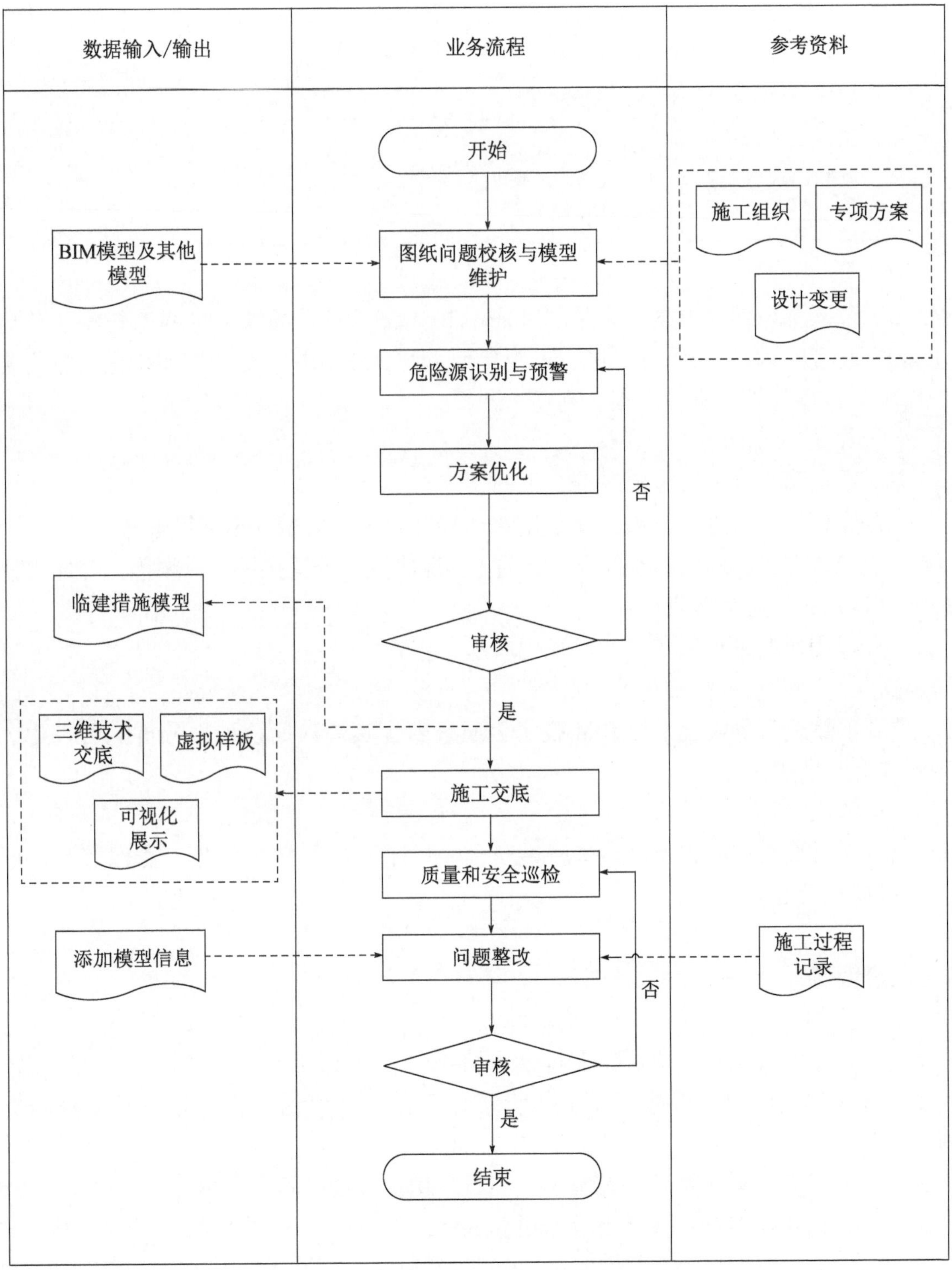

图 8.3.3 质量和安全管理 BIM 应用典型流程

8.3.4 质量和安全管理BIM应用工作准备宜符合表8.3.4的规定。

表8.3.4 质量和安全管理BIM应用工作准备

序号	工作准备条目	具体内容
1	必要资料收集	①施工合同； ②施工图纸； ③施工组织计划； ④施工方案
2	模型	各类别模型
3	质量安全管理制度	①人员； ②检查方式、周期； ③模型维护

8.3.5 危险源识别与方案优化时，宜采用BIM技术对现场施工过程中的洞口、危险作业面的安全防护设施布置方案进行可视化展示与优化，并应对照模型检查现场的各种防护措施，按危险等级进行区别、判断、预警。

8.3.6 质量和安全巡检时，应符合下列要求：

1 按照现场施工进度节点，宜采用移动端开展现场质量安全问题巡查。

2 应记录巡查问题的核查时间、位置、问题概述、现场照片/视频等，并应与模型相应构件挂接，发起整改表单。

3 实现用模型进行问题点的可视化展示、查看。

8.3.7 项目施工阶段宜采用BIM技术为质量安全实现数据统计、分析的可视化，辅助项目决策与管理。

8.3.8 项目竣工宜形成项目整体质量安全资料库，包含BIM模型、影像资料、虚拟样板、可视化交底等。

8.4 造价管理

8.4.1 造价管理BIM应用目标应符合下列要求：

1 基于BIM模型开展施工图工程量统计工作，为项目资金计划、成本控制提供支撑。

2 基于BIM工程净量开展施工过程中材料用量控制、资金调度。

3 基于BIM模型维护开展工程变更、签证。

8.4.2 造价管理BIM应用点宜符合表8.4.2的规定。

表 8.4.2　造价管理 BIM 应用点

序号	BIM 应用点	详情描述
1	工程量统计	通过创建造价模型，分专业、类别进行工程量统计
2	资金计划	通过将模型与进度计划、工程量挂接，实现计划资金投入展示，进行分析优化
3	过程成本控制	利用模型量及形象化展示，对施工各阶段成本控制提供依据
4	变更管理	对模型进行实时维护，记录变更前后工程量差异，综合现场照片形成变更、签证的重要依据

8.4.3　造价管理 BIM 应用典型流程可按图 8.4.3 执行，实施步骤应符合下列要求：

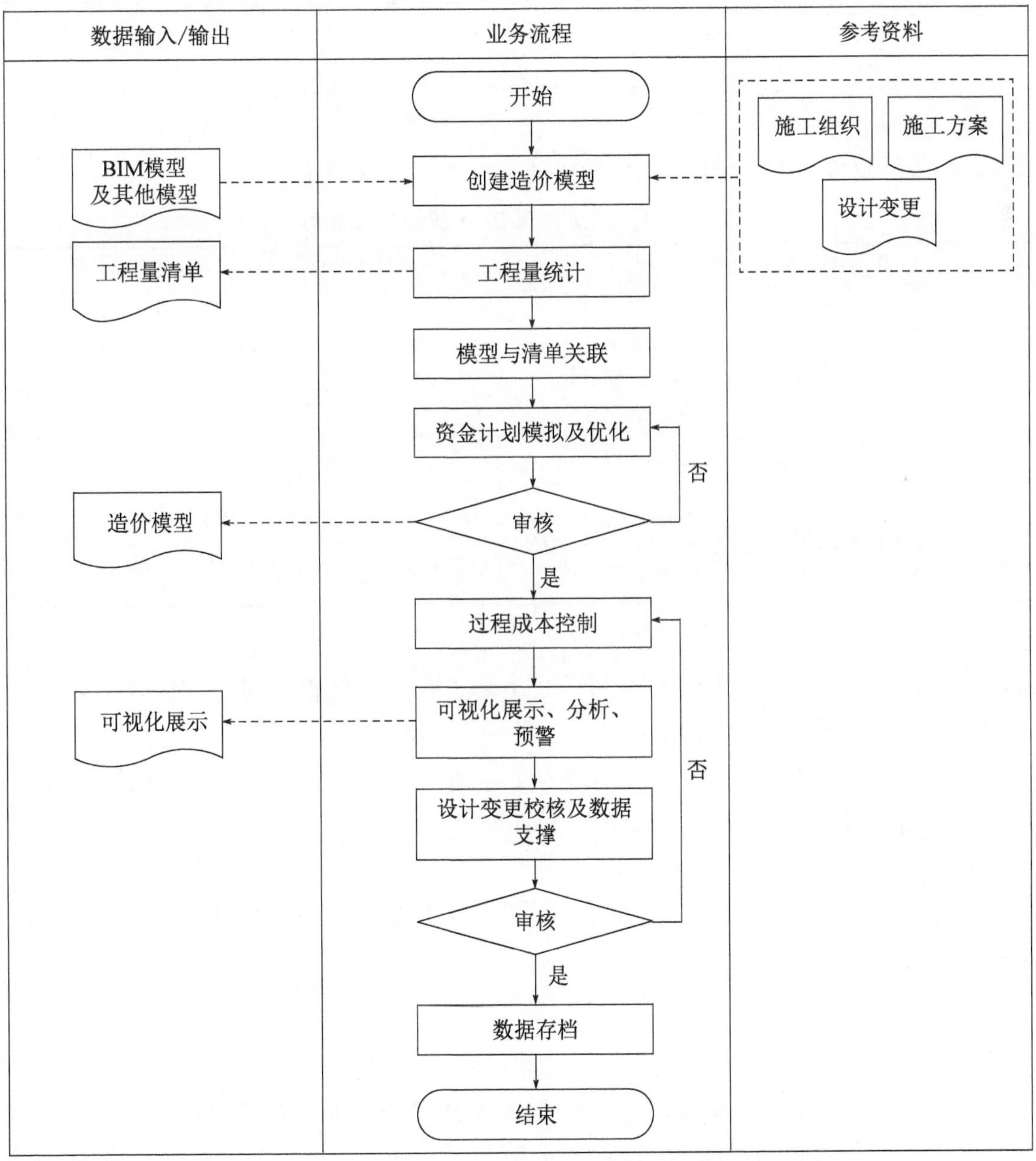

图 8.4.3　造价管理 BIM 应用典型流程

1 造价模型创建，应以合同计量清单及成本核算要求为基准，初步建立各专业、各区域造价模型。

2 工程量统计，应通过软件或插件等方式，对各专业、各类别施工内容的工程量及材料进行统计。

3 清单关联，应将模型构件与预算/清单相关联。

4 资金计划优化，应通过模型与施工进度挂接，展示各阶段预计资金支出趋势，进行可视化分析、优化。

5 过程成本控制，应在施工过程中，通过模型与实际进度的关联，实时展示现场实际产值、实际资金支出、甲方合同支付等情况。

6 变更、签证，应实时维护更新模型，并应通过变更前后模型差异记录实际工程量差异。

7 数据存档，应建立归档目录，并应按需进行文件备份。

8.4.4 造价管理 BIM 应用工作准备宜符合表 8.4.4 的规定。

表 8.4.4 造价管理 BIM 应用工作准备

序号	工作准备条目	具体内容
1	必要资料收集	①施工合同； ②施工图纸； ③施工组织计划； ④施工方案
2	模型	各类别模型
3	造价管理制度	①人员； ②检查方式、周期； ③模型维护

8.4.5 使用 BIM 技术辅助工程量统计、出具工程量统计报表时，应符合下列要求：

1 模型精度应覆盖合同计量清单、实际施工内容。

2 模型创建时，模型的分割、扣减与实际施工方案、施工工序等应保持一致。

3 模型构件编码应与计量清单序号相匹配。

8.4.6 资金计划 5D 模拟及优化时，宜采用 BIM 技术将项目整体施工组织计划、施工方案与工程量、造价相挂接。

条文说明

进行资金计划 5D 模拟及优化时，采用 BIM 技术将项目整体施工组织计划、施工方案与工程量、造价相挂接，是为了实现全阶段资金投入的可视化展示、优化与合理支配。

8.4.7 成本过程管控宜采用 BIM 技术辅助项目材料管理及成本支出管理，并应符合下列要求：

1 模型应根据现场实际进度进行关联及信息维护。

2 应按照模型实际工程量，对施工各阶段的施工材料采购、进场、出库使用、余料等进行材料使用过程控制。

8.4.8 采用 BIM 技术辅助施工过程中的设计变更、签证时，应符合下列要求：

1 BIM 模型应符合现场实际施工情况。

2 设计变更前应采用 BIM 技术进行三维可视化，校核变更的合理性、经济性。

3 模型变更时，应通过变更前后模型进行数据比对、分析。

8.4.9 项目施工阶段宜采用 BIM 技术为成本造价管理实现数据统计、分析的可视化，辅助项目决策与管理。

8.4.10 项目竣工宜形成项目整体造价管理资料库，包含 BIM 模型、影像资料、工程量统计报表、变更、签证、资金成本月/年度报表等。

8.5 生态环保管理

8.5.1 生态环保管理 BIM 应用目标应符合下列要求：

1 基于 BIM 模型及应用场景为施工阶段节地、节材、节水、节能提供支撑。

2 为项目提供生态环保可视化方案、交底。

8.5.2 生态环保管理 BIM 应用点宜符合表 8.5.2 的规定。

表 8.5.2 生态环保管理 BIM 应用点

序号	BIM 应用点	详情描述
1	土地保护与规划	通过模型开展临建场地布置，合理规划各功能区、植被移植保护
2	水资源节约与保护	合理策划污水处理方案，规划管道敷设方式、路径
3	声环境保护	合理优化工序、运输路线，并模拟、优化监测设备位置，降低噪声污染
4	大气环境保护	合理优化运输路线及易挥发、扩散物品的存放位置，并模拟、优化降尘设备位置
5	固体废弃物处理	优化运输路线、机械设备台班，提高运输作业
6	光污染处理	模拟灯具位置、光照范围、间距的影响，合理布置临时照明灯具
7	节能环保设备和材料应用	整体方案策划时，优先采用节能型设备、材料，模拟、优化布置及实施方案；合理选择材料供应地、运输路线、现场堆放点，减少运输次数和现场二次搬运；降低能源消耗、减少碳排放
8	可视化展示	实现各项环保监测数据的可视化，进行分级别预警提醒

8.5.3 生态环保管理BIM应用典型流程可按图8.5.3执行，实施步骤应符合下列要求：

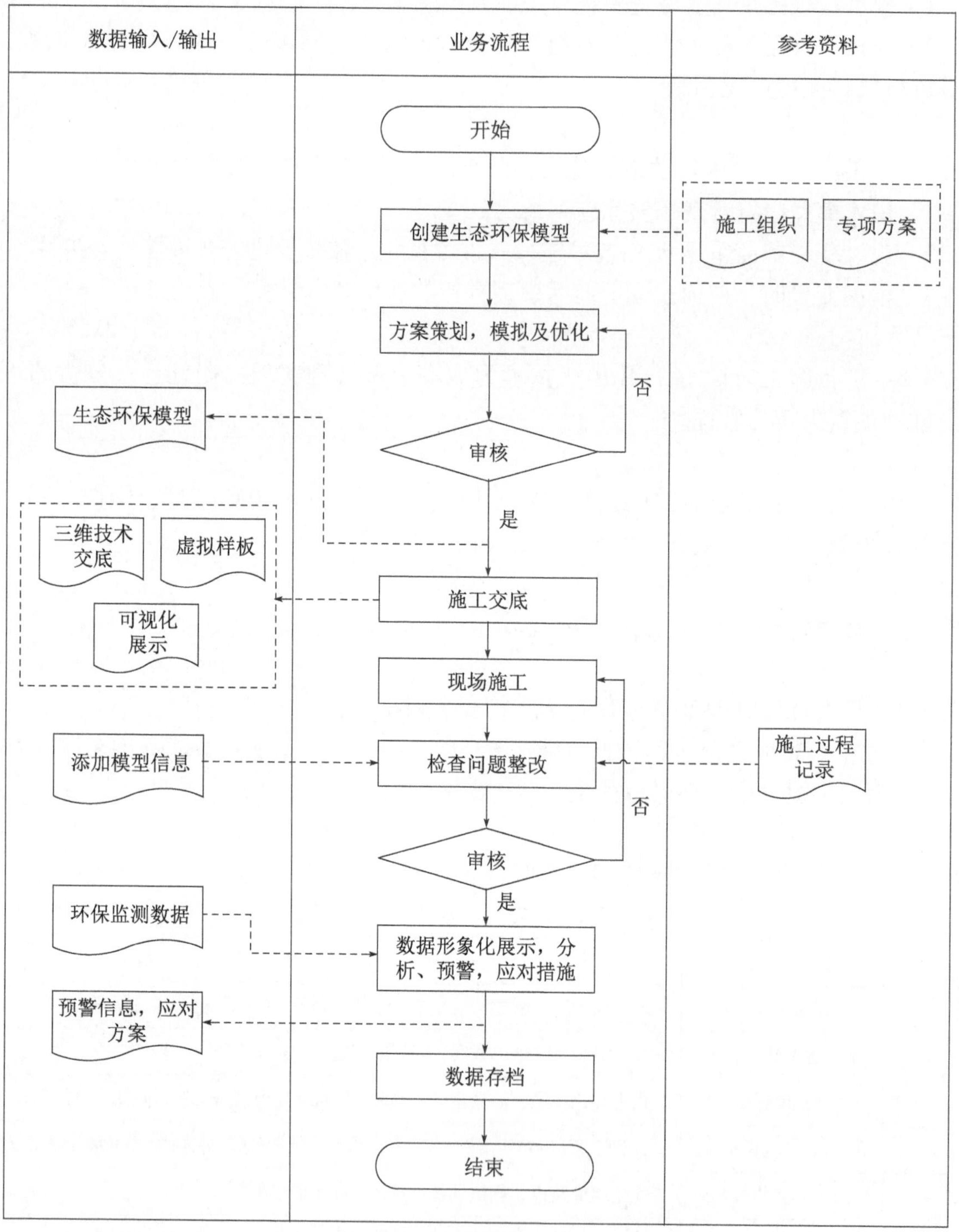

图8.5.3 生态环保管理BIM应用典型流程

1 模型创建，应根据建设单位要求、项目需求进行生态环保模型创建。

2 方案策划、优化，应运用BIM技术进行方案可行性分析与优化。

3 施工交底及可视化展示，应对方案的实施开展可视化交底。

4 过程检查，应在施工过程中结合模型开展检查及信息记录。

5 施工过程中数据融合展示、分析预警，应对紧急情况采取必要的应对措施。

6 数据存档，应建立归档目录，并应按需进行文件备份。

8.5.4 生态环保管理 BIM 应用工作准备宜符合表 8.5.4 的规定。

表 8.5.4 生态环保管理 BIM 应用工作准备

序号	工作准备条目	具体内容
1	必要资料收集	①废水排泄设计图纸； ②水、土壤、大气保护设计图纸
2	周边环境调查	周边环境现状调查
3	污染源识别	①施工废水污染源； ②施工扬尘污染源； ③施工噪声污染源； ④建筑垃圾污染源等
4	污染防治方案	①水污染防治； ②大气污染防治； ③噪声污染防治； ④固体废物与化学品污染防治等
5	生态环境监测方案	①水环境监测； ②土壤环境监测； ③大气环境监测等
6	生态环境修复方案	①区域生态环境保护； ②生态环境监管； ③生态环境保护与修复工程等

8.5.5 临建土地规划及保护 BIM 应用，宜采用 BIM 技术对土地进行踏勘、规划、功能区划分，对土地开发、建设、恢复的全周期进行保护，并应符合本指南第 6.4 节的相关规定。

8.5.6 水资源节约与保护 BIM 应用，宜采用 BIM 技术策划污水沉淀池位置、排污管道布置、优化降水排放等。

8.5.7 声环境保护，宜采用 BIM 技术进行工序模拟，合理分布施工场地的动力机械设备，合理规划运输路线，将产生噪声较大的工序调整到白天施工，噪声较小的工序调整到夜间施工。

8.5.8 大气环境保护，宜采用 BIM 技术合理布置、优化易产生粉尘、扬尘等特殊材料的存放、加工位置及运输路线，以及降尘设备的位置等。

8.5.9 固体废弃物处理，宜采用BIM技术优化运输路线，优化物料进场时间和存放地点。

8.5.10 光污染处理，宜采用BIM技术对照明灯具照射范围进行模拟分析，并优化灯罩大小、安装角度、间距等。

8.5.11 节能环保设备和材料应用，宜采用BIM技术对新型节能环保设备和材料的应用进行可视化模拟和展示，并应对材料的供应地、运输路线、现场堆放点进行选择、布置。

9 BIM 拓展应用

9.1 一般规定

9.1.1 城市轨道交通工程施工各阶段宜根据项目特点、类别、需求等开展 BIM 集成应用。

9.1.2 城市轨道交通工程 BIM 集成应用可包含基于 BIM 模型的 GIS 应用、3D 扫描应用、物联网应用、虚拟现实应用、数字化加工拓展应用等。

9.1.3 城市轨道交通工程 BIM 集成应用应将 BIM 技术与其他技术进行有机融合，为 BIM 应用场景目标、项目进度、造价、质量安全、生态环保管控提供服务。

9.1.4 开展城市轨道交通工程 BIM 集成应用时，模型细度、拆分规则、格式、信息、数据等应满足各类别集成应用所需的信息模型相关要求。

9.2 BIM 与 GIS

9.2.1 BIM 与 GIS 集成应用目标应符合下列要求：

1 满足城市区域级、企业级、项目级等不同层级的数字化集成应用需求，对接各层级电子沙盘的平台化管理及 BIM 软件建模应用。

2 为重难点施工项目提供 BIM + GIS 数字化解决方案。

9.2.2 BIM 与 GIS 集成应用点宜符合表 9.2.2 的规定。

表 9.2.2 BIM 与 GIS 集成应用点

序号	应用点	详情描述
1	施工策划	利用宏观 GIS 场景进行工点位置分析、选择，实现施工环境及交通运输条件分析，辅助施工前期策划
2	场地布置	通过 GIS 场景进行施工场地三维设计，实现临建工程三维场地布置及优化
3	工程测量	基于 GIS 与 BIM 三维模型进行量测，在高精度 GIS 场景中进行工程实测实量

表 9.2.2（续）

序号	应用点	详情描述
4	电子沙盘	利用三维模型及 GIS 场景，展示施工标段地形地貌、标段、工点区位关系与进度情况，实现工程整体展示
5	管理平台	通过三维可视化融合应用，辅助进度、质量、安全风险源分析及管理
6	施工工艺、工序仿真	利用三维模型及 GIS 场景展示施工重点部位，通过可视化预演，检查施组计划和工序交叉配合的合理性、施工工艺的安全性，为复杂施工方案的评审和优化提供依据

9.2.3 BIM 与 GIS 集成应用工作准备宜符合表 9.2.3 的规定。

表 9.2.3 BIM 与 GIS 集成应用工作准备

序号	工作准备条目	具体内容
1	必要工程资料收集	①工程概况信息； ②工程总平面布置图； ③场地布置平面图； ④区域范围轮廓图； ⑤区域内重点部位示意图； ⑥区域坐标系统； ⑦总体进度计划
2	环境资料收集	①工程地貌特征、交通运输情况； ②绿化植被、水源、河流、耕地等； ③既有建（构）筑物、管线及附属物等； ④所在区域风力、风向、电磁、雷电、气温

9.2.4 地形常用 GIS 数据分类宜符合表 9.2.4 的规定。

表 9.2.4 地形常用 GIS 数据分类

维度	名称	格式
二维	矢量数据	KML、SHP、DWG、SVG
	格栅数据	GeoTIFF、JPEG、PNG、RAW
三维	实景三维	OSGB、3SM、3MX、FBX、OBJ
	点云	LAS、LAZ

9.2.5 GIS 地形成果质量精度应按比例尺划分细节层次，具体地形等级划分还应根据项目所在地区的需求和标准进行地形创建，同一地区可建立不同细节层次的地形模型，并应符合现行国家标准《基础地理信息数据库建设规范》（GB/T 33453）的有关规定。

9.2.6 BIM 与 GIS 集成应用应符合下列要求：

1 当 BIM 模型细度在 LOD100 ~ LOD300 时，地形 GIS 数据宜采用高分辨率航空影像制作的 DOM 和高精度 DEM 数据。

2　当 BIM 模型细度在 LOD400 时，地形 GIS 数据宜采用航空倾斜摄影、激光雷达系统等高精度数据。

3　地形 GIS 数据宜结合场地布置方案、施工图进行模型创建，与 BIM 模型融合宜边界清晰、定位准确。

9.2.7　当 BIM 电子沙盘平台接入实景三维模型时，应符合下列要求：

1　模型表现真实、无漏洞，应能准确反映建模物体形状、质感、色彩、明度以及明暗关系。

2　实景三维模型与 BIM 模型集成时，应对模型进行坐标系转换和变形改正，二者应处于相同坐标系，在电子沙盘中应无偏差和变形。

3　实景三维模型常用格式宜为 OSGB、FBX、OBJ 等。

4　实景三维模型应能与地形模型相互剪切形成无缝融合。

5　实景地形数据更新时，应采用新的倾斜摄影生成的模型数据替换变化区域原有的数据，重新叠加生成新的实景三维模型，并应发布对应版本的文件。

9.2.8　当 BIM 电子沙盘平台接入栅格/矢量数据时，应符合下列要求：

1　栅格/矢量数据真实、无漏洞，应能有效反映地物形状。

2　栅格/矢量数据与 BIM 模型集成时宜将数据转换为三维模型，应对模型进行坐标系转换和变形改正，使之处于相同坐标系，在电子沙盘中应无偏差和变形。

3　栅格/矢量数据形成的三维化模型宜与地形模型相互剪切形成无缝融合。

4　栅格/矢量数据更新时，宜采用新的栅格/矢量数据形成的三维化模型数据替换原有的数据，重新叠加生成新的三维模型，并应发布对应版本的文件。

9.2.9　BIM 模型与实景三维模型、栅格、矢量数据模型融合，宜采用兼容性强、轻量化程度高的 BIM 建模平台作为实景模型载体，BIM 场景融合建模应符合下列要求：

1　建模前应进行设计文件的坐标选择，所有设计文件应在同一坐标系统下，并宜优先采用项目实测坐标系作为建模定位坐标系。

2　BIM 建模平台中导入的实景模型宜使用 3SM、3MX 格式。

3　BIM 建模平台中导入栅格/矢量数据生成的三维模型宜使用 OBJ、FBX、OSGB 格式。

4　实景模型、栅格、矢量数据模型宜以链接方式导入。

5　地形模型宜运用实景剪切、遮罩功能或在实景处理软件中进行预处理，实现地形模型进一步轻量化，并应剔除冗余地形，地形模型范围宜控制在工程红线范围以内。

9.3 BIM 与 3D 扫描

9.3.1 BIM 与 3D 扫描集成应用目标应符合下列要求：

1 提高施工过程中质量检测的可视化技术水平。

2 提高 BIM 技术在施工阶段的应用深度和广度，便捷指导现场施工。

3 形成项目的数字资产，为后期运维提供数据及环境支持。

9.3.2 BIM 与 3D 扫描集成应用点宜符合表 9.3.2 的规定。

表 9.3.2 BIM 与 3D 扫描集成应用点

序号	BIM 应用点	详情描述
1	净空检测	断面报告
2		缺陷定位
3		线路纠偏
4	平整度检测	施工质量复核
5	方量计算	超欠挖方量计算
6		混凝土方量计算
7		厚度分析
8		密实度分析
9	变形监测	隧道偏压
10		不均匀变形
11	云端数据共享	云端共享与可视化
12	方案模拟与优化	既有车站与新建车站的接驳方案模拟与优化

9.3.3 BIM 与 3D 扫描集成应用的主要实施步骤应符合下列要求：

1 点云分析终端操作应主要包括下列内容：

1）外业点云数据处理分析、计算。

2）成果数据上传。

2 地质信息采集终端操作应主要包括下列内容：

1）外业照片三维重构、节理裂隙、结构面分析。

2）三维模型上传。

3 数据导入与定位应主要包括下列内容：

1）输入工程项目各类坐标设计参数，如隧道单洞掘进的设计中线、平曲线、竖曲线、开挖、初期支护、二次衬砌的断面和区间参数等。

2）三维激光扫描仪的外业测量数据和全站仪测量的坐标数据。

4 点云数据预处理应主要包括下列内容：

1）距离过滤。以扫描仪为球心，距离为半径，一键式过滤无效点。

2）里程过滤。以里程为切片，选择切片内部或外部数据为有效数据。

3）散点过滤。过滤距离理论施工模型一定距离的内部点（如区间隧道风管、台车、拱架、作业工人等）及外部点（如避险洞等）。

9.3.4 采用3D扫描进行实体建筑改造复核时，应利用3D扫描获取和重构现场建（构）筑物、构件、零件等实体物体的三维数据，并应将构建的真实三维模型与BIM模型进行校核。

9.3.5 采用3D扫描进行变形监测时，应利用3D扫描获取安装完的易发生变形构件的现场高精度、高密度观测数据，反馈至BIM模型。

9.3.6 采用3D扫描进行数据展示应用时，应符合下列要求：

1 平台端数据初始化处理应包括线形、横断面与工点的对应关系。

2 不同管理权限对应的不同数据展示应包括建设单位全线展示、标段级展示等。

3 业务数据展示应包含净空、厚度、平整度、变形等数据展示。

9.3.7 采用3D扫描进行接驳方案验证与优化时，宜以3D扫描逆向建模完成既有车站BIM模型，并应与新建车站BIM模型进行融合。

9.3.8 采用3D扫描进行虚拟场景制作时，宜以3D扫描的数据和逆向建模技术融合BIM技术构建数字孪生车站和区间等模型，形成项目的数字资产。

9.4 BIM与物联网

9.4.1 BIM与物联网集成应用目标应符合下列要求：

1 实现物联网信息的获取、存储、传递与转换。

2 实现数据、信息的统计、分析和可视化表达。

3 加快信息的采集、传递效率，提高沟通、管理效能。

9.4.2 BIM与物联网集成应用点宜符合表9.4.2的规定。

表9.4.2 BIM与物联网集成应用点

序号	BIM 应用点	详情描述
1	安全监测	主要对基坑、地下管线、钢支撑等进行实时数据采集、分析和预警，防止危险发生
2	危险源管理	主要对施工现场的危险区域实行监控，防止发生危险

表 9.4.2（续）

序号	BIM 应用点	详情描述
3	环境监测	主要对施工现场的环境数据等进行监测，保障施工生产和人员安全
4	视频监控	主要对现场视频监控的位置进行策划优化，实时集成监控画面，对人员行为、现场生产数据进行记录，并对设备物资实现保护
5	物料管理	主要对进场的物资实现生产、运输、验收、安装的全流程监控
6	设备物资管理	主要对在运行的设备进行可视化运行、维修保养数据监测

9.4.3 BIM 与物联网集成应用工作准备宜符合表 9.4.3 的规定。

表 9.4.3 BIM 与物联网集成应用工作准备

序号	工作准备条目	具体内容
1	软硬件	①网线； ②解析软件； ③计算机等硬件
2	模型	各类别模型
3	进度管理制度	①人员； ②软硬件维护； ③安全措施

9.4.4 BIM 与物联网集成应用进行安全监测宜重点进行基坑监测和变形监测。对施工现场存在的安全隐患，可通过 RFID 技术进行辅助监测，并应将监测反馈数据与 BIM 基础数据联动，统一汇集到监控平台中，通过设置预警阈值，直观显示预警信息。

9.4.5 BIM 与物联网集成应用进行危险源管理宜在施工现场重要区域划定电子围栏，安装 RFID 读取设备，通过对现场施工人员的安全帽或标识牌进行识别。

9.4.6 BIM 与物联网集成应用进行环境监测，应对施工现场室外、关键部位及房间的风力、温度、湿度、有害气体、颗粒物浓度（PM 值）等数据进行实时采集监测，在超出阈值时应进行预警。

9.4.7 BIM 与物联网集成应用进行视频监控，宜对现场视频摄像头的位置进行策划，同时对一些重要设备、设施及施工材料等，附上 RFID 识别标签、定位装置或在视频前端设备进行在线监控，当物品超出监控区域时，应进行定位预警。

9.4.8 BIM 与物联网集成应用进行物料跟踪，宜通过对施工物料添加 RFID 标签或条码与 BIM 基础数据结合的方式。

条文说明

对施工物料添加 RFID 标签或条码其实是对施工物料建立了有效的质量可追溯机制和责任机制，实现按需生产物料，减少仓储成本，避免施工构件订单延误。

9.4.9 BIM 与物联网集成应用进行设备物资管理，可在现场为每个设施设备分配一个指定的 RFID 标签或条码。在进行运维检修、定位查看时，可使用智能终端设备获取现场设施设备对应的电子标签并与 BIM 模型数据进行数据交换。

9.5 BIM 与虚拟现实

9.5.1 BIM 与虚拟现实（VR）集成应用目标应符合下列要求：

1 对工程 BIM 模型进行直观的体验、互动与模拟分析。

2 实现虚拟施工过程模拟以及交互式场景漫游，提升施工质量。

3 在虚拟与现实之间检查施工计划和施工技术的合理性与有效性。

4 提高施工模拟工作的可交互性、逼真性。

9.5.2 BIM 与虚拟现实集成应用点宜符合表 9.5.2 的规定。

表 9.5.2 BIM 与虚拟现实集成应用点

序号	BIM 应用点	详情描述
1	沉浸式仿真模拟	在融合 BIM 与虚拟现实技术的基础上，以具体施工项目为对象，通过沉浸式仿真技术，包括虚拟现实（VR）、增强现实（AR）、混合现实（MR）等，对施工过程进行数字化模拟，同时制作 BIM 三维电子质量样板，实现施工方案实时、交互、逼真的模拟
2	施工安全实训	利用 VR 技术再现施工事故现场，让体验者直接在计算机创建并控制的虚拟场景中体验各种安全事故，进行安全实训体验（VR 安全体验）
3	交互式场景漫游	在仿真优化工具软件中，建立交互式场景漫游，以第一人称视角置身于虚拟环境中，通过专业设备控制交互方式及路线

9.5.3 BIM 与虚拟现实集成应用应以 BIM 模型数据信息为基础，配合 VR 技术构建虚拟场景。

9.5.4 BIM 与虚拟现实集成应用在准备阶段应以构建虚拟场景为主，主要包含 BIM 模型创建、模型材质赋予、3D 交互场景创建，并应符合下列要求：

1 BIM 模型的创建应根据项目提供的二维图纸构建几何模型，对于具有复杂或高精度建模需求的可采用 3D 扫描创建，模型创建完成后，应添加非几何信息属性信息，如材质、施工过程信息。

2 模型材质赋予前应设定对应虚拟施工系统中的模型精度，依据材质贴图对模型表面进行分割、纹理映射，最后对模型进行材质赋予。

3 3D交互场景的建立应根据交互对象的描述及可能的行为动作来构造虚拟环境，可通过GIS航拍数据对构造精细化大型3D场景虚拟场景进行补充。

9.5.5 沉浸式仿真模拟时，可对施工全过程或关键过程进行沉浸式仿真模拟，并应符合下列要求：

1 通过专业的虚拟现实技术呈现设备获取沉浸式体验时，应实现实时查看任意视角的施工模拟过程。

2 进行沉浸式仿真模拟施工时，BIM模型应先进行预处理，减少模型面数，材质贴图应具有足够的分辨率。

9.5.6 施工安全实训场景开发时，应针对不同的施工阶段，设置不同的施工安全实训类型，通过VR技术对安全事故伤害情景进行细化，并应符合下列要求：

1 施工安全实训场景构建时，应首先建立相应的BIM模型，在漫游路径中将安全事故的发生过程以动画视频的形式截选导出，并应进行渲染。

2 施工安全实训场景内容开发时，应结合项目实际施工特点，针对性还原项目安全施工风险源，通过立体投影区、单人VR平台、智能设备VR体验等不同方式进行安全教育体验。

3 施工安全实训场景开发时，可由手柄进行交互控制，场景中应具有一定的操作提示内容，应添加必要的操作指示图标。

9.5.7 交互式场景漫游时，可在仿真优化软件中建立交互式场景，场景分析和路径计算都应在漫游过程中进行，并应符合下列要求：

1 视点应由用户自定义，并应具备视点保存、注释功能，可随时调取查看。

2 可通过二次开发，在交互式漫游的同时，查看施工全过程或关键过程的三维数字化模拟，直接控制场景对象对其他对象进行交互操作。

3 使用外部设备进行交互式场景漫游时，虚拟环境的空间跟踪应主要通过头盔、手柄等交互设备的空间传感器进行，手柄应是漫游过程中对对象进行操作的必要设备。

9.6 BIM与数字化加工

9.6.1 BIM与数字化加工集成应用目标应符合下列要求：

1 通过将BIM模型的数据转换成数字化加工所需的数字模型，实现构件的数字化表达。

2 通过 BIM 与自动化生产线的结合，实现数字化加工。

3 降低建筑构件的建造误差，提高建筑构件的制造效率及整个建筑的生产效率。

9.6.2 BIM 与数字化加工集成应用点宜符合表 9.6.2 的规定。

表 9.6.2 BIM 与数字化加工集成应用点

序号	BIM 应用点	详情描述
1	预制构件自动化生产	采用 BIM 与数字化加工集成技术，实现生产系统自动识别生产任务，现场生产设备根据生产任务自动化生产，提高预制构件从设计到加工的效率，实现施工质量的事前控制
2	管道预制加工	通过 BIM 技术与数字化加工集成应用，实现管道模型与支吊架的快速设计与建模，提高预制加工效率；同时应用于现场的放线控制中，对安装构件进行快速放样，满足施工精度要求
3	钢结构数字化加工	通过 BIM 模型自动化处理、钢构件数字化建造及可视化管理，解决钢构件形式复杂、精度要求高、建造过程控制难度大等问题
4	钢筋集中加工	采用成套自动化钢筋加工设备，在固定的加工场所对钢筋进行集中加工，使其成为工程所需成型钢筋制品，并按照工程施工计划，将工地所需钢筋配送供应给施工现场进行安装施工的钢筋集中加工模式

9.6.3 BIM 与数字化加工集成应用可贯穿部品部件设计和生产全过程，涉及生产设备、生产计划、成本管控、信息化建设等多个方面。

9.6.4 预制构件自动化生产时，可采用 BIM 技术和自动化生产线的自动集成，替代“二维图纸-深化图纸-加工制造”流程，并应符合下列要求：

1 BIM 技术与自动化生产线的集成应用可通过购买和自主研发实现。

2 预制构件 BIM 模型拆分后的数据应在 MES 系统中完成必要的数据处理、转换及综合管理。

3 自主研发的自动化生产线控制系统应建立独立的通信网络和中央控制系统。

9.6.5 管道预制加工时，可采用基于 BIM 模型的快速支架设计，管道设计进行集中化、标准化、工厂化加工，并应符合下列要求：

1 管道 BIM 模型建立时应将施工所需的管材、壁厚、类型等施工数据录入 BIM 模型中，并应根据现场实际情况更新、调整 BIM 模型，最终输出管道预制加工图。

2 输出管道预制加工图时，图纸应具备管道的合理分段、相关预制加工标识数据等。

3 管道预制加工宜与自动焊接机器人（AI 设备）结合。

9.6.6 钢结构数字化加工时，宜将 BIM 模型直接用于钢结构制造环节，从 BIM 模型中读取板材和零件数据，并应符合下列要求：

1　钢结构数字化加工前应依据构件批次划分和工期进度计划进行深化设计。

2　钢结构构件制造阶段应采用数字化加工软件配合各种数控切割机的放样、套料和数控编程，从 BIM 模型中提取原始加工数据，数字化加工后，应将数字化加工结果反馈至 BIM 模型，对施工信息进行添加和更新。

9.6.7　基于 BIM 进行钢筋集中加工时，应符合下列要求：

1　创建精确定位的钢筋模型，应进行碰撞优化，自动导出钢筋翻样单。

2　应建立钢筋加工专业信息化管理平台，支持预制工厂或钢筋加工中心对钢筋加工任务进行订单、生产、材料和仓储的信息化管理。

3　钢筋加工专业信息化管理平台宜包括钢筋数据接口、钢筋生产任务规划、钢筋加工单生成、加工过程监控等模块。

4　宜通过条码应用将钢筋信息输出至钢筋自动化加工设备，自动选择钢筋原材料，完成钢筋调直、弯曲、剪切、收集等工作。

10 归档管理

10.1 一般规定

10.1.1 城市轨道交通信息模型施工应用档案验收应纳入工程档案验收中，竣工档案验收宜与工程竣工同步进行。

10.1.2 城市轨道交通信息模型施工应用的资料宜按合同段或现场分期施工方式分阶段验收归档。

10.1.3 当建设单位或企业自身或项目合同约定中有明确要求时，应按要求移交施工应用档案，在移交施工应用档案的同时，应按工程所在地区的相关规定，视具体要求向当地档案管理处、当地档案局等各移交一套档案。

10.1.4 当建设单位或合同约定中有明确要求时，应按要求将停建、缓建 BIM 应用工程的档案交由建设单位保管。

10.1.5 隐蔽工程 BIM 应用的档案应在施工过程中按照项目隐蔽工程验收进行同步验收，并应保留验收资料，在工程整体验收和资料归档时汇总提交。

10.1.6 城市轨道交通信息模型施工应用的归档管理成果应满足后期运营维护和优化升级中各参与方进行协作时对数据共享的要求。

10.1.7 当建设单位对施工单位有数字化交付要求时，可按本指南第 10.4 节的相关规定执行。

10.2 归档

10.2.1 城市轨道交通信息模型施工应用的归档文件应包含下列内容：

1 模型文件，应包括施工应用过程中创建的模型及关联的数据文件。

2 图纸资料，应包括施工应用前的施工 BIM 应用策划、施工过程中设计变更文件、竣工图纸资料等。

3　文档文件，应包括交付文件和管理文件，其中交付文件应包括各类施工管理的交底书、工程量清单、BIM 模型施工应用成果，管理文件应包括符合企业及项目质量管理体系要求的系列文件和记录等。

10.2.2　城市轨道交通信息模型施工应用归档的模型、图纸、文档等应保持一致，与工程项目交付实体一致，并应及时保存。

10.2.3　城市轨道交通信息模型应以几何图形、属性信息、关联文档、数据库等可识别、可检索的结构化或非结构化形式存在。

10.2.4　城市轨道交通信息模型施工应用归档内容应符合下列要求：

1　BIM 应用工程档案内容应真实、准确，并应能反映工程实际情况和施工全过程。

2　竣工模型的创建标准与深度应满足本指南第 4.3 节相关规定要求。

3　归档文件的来源、形成应符合工程实际，单位和个人盖（签）章等手续应完备。

4　工程影像档案拍摄内容应真实、清晰、完整、准确，并应符合影像材料归档质量要求。

5　所有涉及 BIM 应用的文件宜单独成册。

6　模型归档宜符合下列要求：

1）模型应经过审核、清理。

2）模型宜为最新版。

3）模型数据内容和格式宜符合项目要求的互导、互用。

4）模型应在实际项目中使用并符合项目要求。

5）清理无用、冗余的模型、构件。

6）清理导入、链接的作为建模参考的图纸、模型。

7）清理无用、冗余的视口、明细表、图例、图纸等。

8）清理无用、冗余的项目共享参数、项目参数。

9）清理无用、冗余的视图样板、标注样式、过滤器设置等。

10.2.5　城市轨道交通信息模型施工应用成果归档验收典型流程可按图 10.2.5 执行，实施步骤应符合下列要求：

1　施工单位自检，应依据施工过程 BIM 模型及其他应用成果，结合设计文件，法律、法规、规范，施工方案、交底、过程管理及验收记录等，开展施工单位自检竣工验收 BIM 模型及其他施工应用成果。

2　监理单位预验收，应在施工单位自检审核通过后进行。

3　建设、勘察、设计、监理及施工单位（五方单位）共同验收，应在监理单位预验收审核通过后进行。

4 成果整体移交，应在建设、勘察、设计、监理及施工单位验收通过后，将工程及模型等成果整体移交建设单位。

5 成果归档，应整理模型等成果资料，建立归档目录，进行工程竣工备案及模型等成果归档，并应按需进行文件备份。

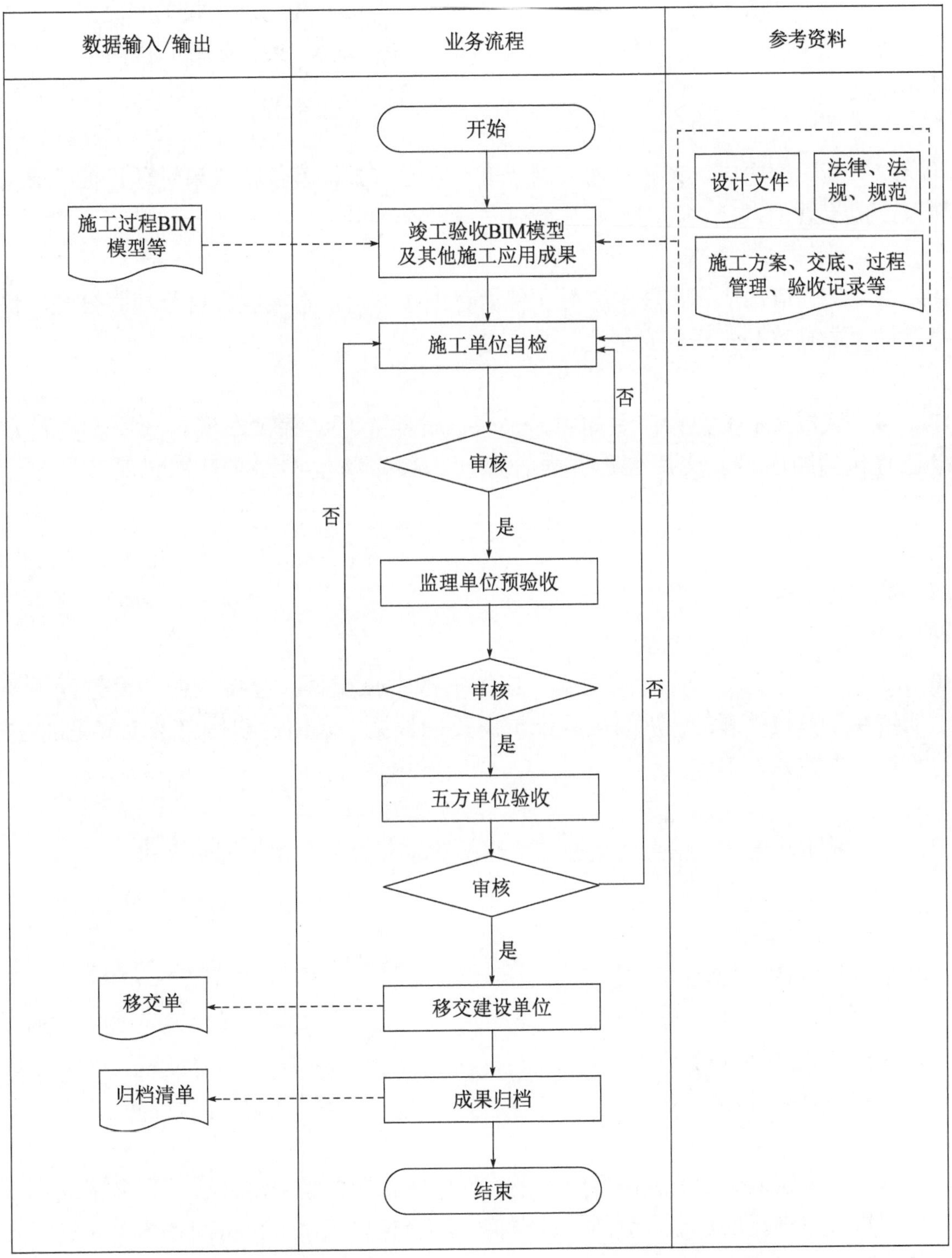

图 10.2.5 城市轨道交通信息模型施工应用成果归档验收典型流程

10.3 成果管理

10.3.1 城市轨道交通信息模型施工应用成果文件归档管理工作应纳入工程技术人员的岗位责任制，明确档案主管负责人、档案专兼职人员，并应制定相关制度，对归档文件信息进行管理维护，保证归档文件信息及时更新，确保BIM应用工程档案与工程建设同步进行。

10.3.2 施工应用成果文件管理应制定成果管理方案，宜包括成果管理目标、成果管理体系、成果管理责任、管理流程、管理过程监控和分析。

10.3.3 施工应用成果文件中应对文件信息创建方及信息接收方进行权限分配，保证信息存储及数据移交过程的安全性、真实性。

10.3.4 纸质文书类数据应制作目录文件，分类整理，存储在资料盒中。资料盒标签备注宜包括顺序号、文件名称、内容描述、移交单位、移交日期、保管期限、备注等。

10.4 数字化交付

10.4.1 城市轨道交通信息模型施工应用的数字化交付，应将工程建设过程中产生的、能使用计算机处理的、后续运营维护需要的数据，采用便于信息系统实施的方式，交付给运营方或建设单位。

10.4.2 城市轨道交通信息模型施工应用的数字化交付宜按下列步骤进行：

1 确定数字化交付需求。

2 制定交付规则。

3 按照交付规则创建交付物。

4 对交付物进行阶段性审查。

5 组织数字化交付验收。

6 移交归档交付物。

10.4.3 城市轨道交通信息模型施工应用的数字化交付宜采用开放型数据格式；当开放型数据格式不满足项目全生命周期数据传递和交换要求时，可采用各相关方约定的统一或兼容型数据格式。

10.4.4 城市轨道交通信息模型施工应用的数字化交付宜分阶段组织。

10.4.5 对于没有长期使用价值、具有临时特性的数据或执行特定任务的数据，在确保该类数据不会对工程运维产生不良影响的前提下，可不进行移交或按照双方约定的移交范围、内容和深度进行选择性移交，并应按照最小范围、最小权限的原则进行权限和文件管理。

10.4.6 城市轨道交通信息模型施工应用的数字化交付应制定交付物清单，并应符合下列要求：

1 交付物清单应包括交付物的文件名称、格式、描述、修改日期和版本等。

2 信息模型应包括说明书、模型文件、模型相关补充文件，其中模型说明书应包括下列内容：

1）项目概要、需求说明，采用的坐标系统和高程系统等。

2）模型创建、应用的单位、人员和时间等。

3）使用的软件和版本号。

4）模型细度等级说明。

5）其他说明事项。

3 在同一项目中，模型文件应使用统一的文件命名方式。

10.4.7 城市轨道交通信息模型施工应用的数字化交付文件格式宜符合表10.4.7的规定。

表10.4.7 数字化交付文件格式

序号	文件类别	数据格式
1	BIM模型（图纸）文件	DGN、IDGN、RVT、NWD、IFC、DWF、3DXML等
2	文本/文档（表格）文件	OFD、WPS、DOC、DOCX、XLS、XLSX、PDF/A、XML、TXT、RTF等
3	图像文件	JPG、GIF、TIF、PNG、BMP、JPEG、TIFF等
4	图形文件	DWG、PDF/A、SVG等
5	视频文件	MP4、MOV、FLV、WMV、AVS、AVI、RMVB等
6	音频文件	OGG、MP3、WMA等
7	数据库文件	SQL、DDL、DBF、MDB、ORA等
8	地理信息数据文件	DXF、SHP、SDB等
9	点云文件	PTS、LAS、XYZ、ASC等

注：1. 专业软件产生的其他格式的电子文件，应尽量转换成表10.4.7规定的文件格式。
2. 无法转化格式的电子文件，应记录足够的技术环境元数据，说明其使用环境和条件。

10.4.8 城市轨道交通信息模型施工应用的数字化交付方式应包括线上交付和线下交付，线上交付和线下交付可同步进行，也可采用线上和线下结合交付的形式。

10.4.9 在数字化交付过程中，知识产权的管理、归属与分配，应符合国家法律、法规的规定和交付双方的合同约定。

附录A 城市轨道交通信息模型施工应用常用软件

表A 城市轨道交通信息模型施工应用常用软件

应用类别		软件名称	主要功能
模型创建	土建建模	Revit	建筑、结构建模
		OpenBuildings Designer	建筑、结构建模
		Archi CAD	建筑专业建模
	辅助工具	顺隧 1.0	隧道施工快速建模
		橄榄山快模	辅助建模、模型深化
		建模大师	辅助建模
		晨曦 BIM 算量	BIM 工程量提取
		海迈 BIM 装饰装修	BIM 装饰装修建模深化
		HiBIM 土建/安装	建模、工程量统计
		Grasshopper	参数化编程
		斯维尔建模快手软件	辅助建模
		isBIM 模术师	辅助建模
		族库大师	模型构件管理
		WPS OFFICE	文本编辑、电子表格、演示文稿
		Super Map	地理信息系统信息应用
		北斗定位系统	提供定位、导航、授时服务
	盾构区间建模	OpenRoads Designer	管线建模、隧道区间线路
		BIMStation	区间管片建模
	钢筋、钢结构	Tekla Structures	钢结构建模
		ReStation	钢筋、钢结构建模
	机械建模	Inventor	机械参数化建模
		中望 3D	机械建模、结构仿真、产品加工
	地形、地质建模	AutoCAD Civil 3D	地形、场地、道路建模
		MapStation	地形建模
		GeoStation	地质模型创建
	曲面异形精细化建模	CATIA	复杂、异形精细化建模
		Rhino	曲面、异形精细化建模

表 A（续）

应用类别	软件名称	主要功能
工序模拟	Fuzor	施工工序、进度模拟
	Composer	施工工序、可视化交底成果制作
	DELMIA	施工工序模拟制作
工艺模拟	CINEMA 4D	施工工艺模拟、渲染
	3D Studio Max	工艺动画渲染、工艺效果图制作
渲染、漫游	Lumion	动画漫游、渲染出图
	Autodesk Navisworks	模型漫游轻量化浏览
	Twinmotion	动画漫游、渲染
	D5 渲染器	动画漫游、渲染
点云数据处理	PhotoScan	点云处理、实景建模
	Pix4Dmapper	点云处理、实景建模
	Trimble RealWorks	点云数据处理
有限元分析	ABAQUS	有限元分析

附录 B　城市轨道交通信息模型施工应用硬件环境设置

表 B　城市轨道交通信息模型施工应用硬件环境设置

类型	名称	配置要求
台式工作站	操作系统	Windows 64 位/ linux 等
	CPU	12 核及以上，主频 3.0GHz 及以上
	内存	64GB 及以上，支持扩容
	显卡	独立显卡，显存 6G 及以上
	硬盘	1T 机械存储硬盘（7200 转），500G 固态系统硬盘
	显示器	27 寸、2K 高分辨率、双屏
移动工作站	操作系统	Windows 64 位/ linux 等
	CPU	12 核及以上，主频 3.0GHz 及以上
	内存	16GB 及以上，支持扩容
	显卡	独立显卡，显存 6G 及以上
	硬盘	1T 机械存储硬盘（7200 转），250G 固态系统硬盘
图形渲染工作站	操作系统	Windows 64 位/ linux 等
	CPU	12 核及以上，主频 3.0GHz 及以上
	内存	128GB 及以上，支持扩容
	显卡	独立显卡，显存 8G 及以上
	硬盘	2T 机械存储硬盘（7200 转），1T 固态系统硬盘
	显示器	27 寸、2K 高分辨率、双屏

附录C　城市轨道交通信息模型建模对象及模型细度

C.0.1　管线迁改建模对象及模型细度宜符合表C.0.1的规定。

表C.0.1　管线迁改建模对象及模型细度

单位、分部、分项工程		模型构件	模型信息	LOD350	LOD400	LOD500	备注
管线迁改工程	给水工程	管道	规格尺寸	▲	▲	▲	—
			材质	○	▲	▲	
			埋深	○	▲	▲	
			定位	○	▲	▲	
			保温材质	○	△	▲	
			保温厚度	—	△	▲	
			生产信息（生产厂商、出厂日期、验收人、采购价格等）	—	△	▲	
			施工信息（施工时间、施工影像、施工单位、验收单位、验收人等）	—	○	▲	
		管道支墩	规格尺寸	▲	▲	▲	管道管材为钢管时
			材质	○	▲	▲	
			定位	○	▲	▲	
			施工信息（施工时间、施工影像、施工单位、验收单位、验收人等）	—	○	▲	
		阀门（井）	规格尺寸	▲	▲	▲	含阀门、三通、弯头等构件
			材质	○	▲	▲	
			定位	○	▲	▲	

表 C.0.1（续）

单位、分部、分项工程		模型构件	模型信息	LOD350	LOD400	LOD500	备注
管线迁改工程	给水工程	阀门（井）	施工信息（施工时间、施工影像、施工单位、验收单位、验收人等）	—	○	▲	含阀门、三通、弯头等构件
		水表（井）	规格尺寸	▲	▲	▲	含水表、阀门、伸缩器、三通、弯头等构件
			材质	○	▲	▲	
			定位	○	▲	▲	
			施工信息（施工时间、施工影像、施工单位、验收单位、验收人等）	—	○	▲	
		排泥阀（井）	规格尺寸	▲	▲	▲	含阀门等构件
			材质	○	▲	▲	
			定位	○	▲	▲	
			施工信息（施工时间、施工影像、施工单位、验收单位、验收人等）	—	○	▲	
		排气阀（井）	规格尺寸	▲	▲	▲	含阀门等构件
			材质	○	▲	▲	
			定位	○	▲	▲	
			施工信息（施工时间、施工影像、施工单位、验收单位、验收人等）	—	○	▲	—
		消火栓（井）	规格尺寸	▲	▲	▲	含消火栓、阀门等构件
			材质	○	▲	▲	
			定位	○	▲	▲	
			生产信息（生产厂商、出厂日期、验收人、采购价格等）	—	△	▲	
			施工信息（施工时间、施工影像、施工单位、验收单位、验收人等）	—	○	▲	
	再生水工程	管道	规格尺寸	▲	▲	▲	管道管材为钢管时
			材质	○	▲	▲	
			埋深	○	▲	▲	
			定位	○	▲	▲	

表 C.0.1（续）

单位、分部、分项工程		模型构件	模型信息	LOD350	LOD400	LOD500	备注
管线迁改工程	再生水工程	管道	保温材质	○	△	▲	管道管材为钢管时
			保温厚度	—	△	▲	
			生产信息（生产厂商、出厂日期、验收人、采购价格等）	—	△	▲	
			施工信息（施工时间、施工影像、施工单位、验收单位、验收人等）	—	○	▲	
		管道支墩	规格尺寸	▲	▲	▲	—
			材质	○	▲	▲	
			定位	○	▲	▲	
			施工信息（施工时间、施工影像、施工单位、验收单位、验收人等）	—	○	▲	
		阀门（井）	规格尺寸	▲	▲	▲	含阀门、三通、弯头等构件
			材质	○	▲	▲	
			定位	○	▲	▲	
			施工信息（施工时间、施工影像、施工单位、验收单位、验收人等）	—	○	▲	
		水表（井）	规格尺寸	▲	▲	▲	含水表、阀门、伸缩器、三通、弯头等构件
			材质	○	▲	▲	
			定位	○	▲	▲	
			施工信息（施工时间、施工影像、施工单位、验收单位、验收人等）	—	○	▲	
		排泥阀（井）	规格尺寸	▲	▲	▲	含阀门、三通、弯头等构件
			材质	○	▲	▲	
			定位	○	▲	▲	
			施工信息（施工时间、施工影像、施工单位、验收单位、验收人等）	—	○	▲	
		排气阀（井）	规格尺寸	▲	▲	▲	含阀门、三通、弯头等构件
			材质	○	▲	▲	
			定位	○	▲	▲	

表 C.0.1（续）

单位、分部、分项工程		模型构件	模型信息	LOD350	LOD400	LOD500	备注
管线迁改工程	再生水工程	排气阀（井）	施工信息（施工时间、施工影像、施工单位、验收单位、验收人等）	—	○	▲	含阀门、三通、弯头等构件
	雨水工程	管道	规格尺寸	▲	▲	▲	含阀门、三通、弯头等构件
			材质	○	▲	▲	
			埋深	○	▲	▲	
			定位	○	▲	▲	
			生产信息（生产厂商、出厂日期、验收人、采购价格等）	—	△	▲	
			施工信息（施工时间、施工影像、施工单位、验收单位、验收人等）	—	○	▲	
		检修井	规格尺寸	▲	▲	▲	含三通、弯头等构件
			材质	○	▲	▲	
			定位	○	▲	▲	
			施工信息（施工时间、施工影像、施工单位、验收单位、验收人等）	—	○	▲	
		跌水井	规格尺寸	▲	▲	▲	—
			材质	○	▲	▲	
			定位	○	▲	▲	
			施工信息（施工时间、施工影像、施工单位、验收单位、验收人等）	—	○	▲	
		工作井	规格尺寸	▲	▲	▲	顶管施工
			材质	○	▲	▲	
			定位	○	▲	▲	
			施工信息（施工时间、施工影像、施工单位、验收单位、验收人等）	—	○	▲	
		接收井	规格尺寸	▲	▲	▲	顶管施工
			材质	○	▲	▲	
			定位	○	▲	▲	
			施工信息（施工时间、施工影像、施工单位、验收单位、验收人等）	—	○	▲	

表 C.0.1（续）

单位、分部、分项工程		模型构件	模型信息	LOD350	LOD400	LOD500	备注
管线迁改工程	雨水工程	雨水篦子	规格尺寸	▲	▲	▲	—
			材质	○	▲	▲	
			定位	○	▲	▲	
			生产信息（生产厂商、出厂日期、验收人、采购价格等）	—	△	▲	
			施工信息（施工时间、施工影像、施工单位、验收单位、验收人等）	—	○	▲	
	污水工程/雨污合流工程	管道	规格尺寸	▲	▲	▲	—
			材质	○	▲	▲	
			埋深	○	▲	▲	
			定位	○	▲	▲	
			生产信息（生产厂商、出厂日期、验收人、采购价格等）	—	△	▲	
			施工信息（施工时间、施工影像、施工单位、验收单位、验收人等）	—	○	▲	
		检修井	规格尺寸	▲	▲	▲	含三通、弯头等构件
			材质	○	▲	▲	
			定位	○	▲	▲	
			施工信息（施工时间、施工影像、施工单位、验收单位、验收人等）	—	○	▲	
		跌水井	规格尺寸	▲	▲	▲	—
			材质	○	▲	▲	
			定位	○	▲	▲	
			施工信息（施工时间、施工影像、施工单位、验收单位、验收人等）	—	○	▲	
		工作井	规格尺寸	▲	▲	▲	顶管施工
			材质	○	▲	▲	
			定位	○	▲	▲	
			施工信息（施工时间、施工影像、施工单位、验收单位、验收人等）	—	○	▲	

表 C.0.1（续）

单位、分部、分项工程		模型构件	模型信息	LOD350	LOD400	LOD500	备注
管线迁改工程	污水工程/雨污合流工程	接收井	规格尺寸	▲	▲	▲	顶管施工
			材质	○	▲	▲	
			定位	○	▲	▲	
			施工信息（施工时间、施工影像、施工单位、验收单位、验收人等）	—	○	▲	
		化粪池	规格尺寸	▲	▲	▲	预制式
			材质	○	▲	▲	
			定位	○	▲	▲	
			生产信息（生产厂商、出厂日期、验收人、采购价格等）	—	△	▲	
			施工信息（施工时间、施工影像、施工单位、验收单位、验收人等）	—	○	▲	
	供电工程	电缆	规格尺寸	▲	▲	▲	—
			材质	○	▲	▲	
			埋深	○	▲	▲	
			定位	○	▲	▲	
			生产信息（生产厂商、出厂日期、验收人、采购价格等）	—	△	▲	
			施工信息（施工时间、施工影像、施工单位、验收单位、验收人等）	—	○	▲	
		电缆沟	规格尺寸	▲	▲	▲	—
			材质	○	▲	▲	
			埋深	○	▲	▲	
			定位	○	▲	▲	
			施工信息（施工时间、施工影像、施工单位、验收单位、验收人等）	—	○	▲	
		电缆工井	规格尺寸	▲	▲	▲	—
			材质	○	▲	▲	
			定位	○	▲	▲	

表 C.0.1（续）

单位、分部、分项工程		模型构件	模型信息	LOD350	LOD400	LOD500	备注
管线迁改工程	供电工程	电缆工井	施工信息（施工时间、施工影像、施工单位、验收单位、验收人等）	—	○	▲	—
		工作井	规格尺寸	▲	▲	▲	拉管施工
			材质	○	▲	▲	
			定位	○	▲	▲	
			施工信息（施工时间、施工影像、施工单位、验收单位、验收人等）	—	○	▲	
		检修井	规格尺寸	▲	▲	▲	—
			材质	○	▲	▲	
			定位	○	▲	▲	
			施工信息（施工时间、施工影像、施工单位、验收单位、验收人等）	—	○	▲	
		转角井	规格尺寸	▲	▲	▲	—
			材质	○	▲	▲	
			定位	○	▲	▲	
			施工信息（施工时间、施工影像、施工单位、验收单位、验收人等）	—	○	▲	
		接线箱	规格尺寸	▲	▲	▲	—
			材质	○	▲	▲	
			定位	○	▲	▲	
			生产信息（生产厂商、出厂日期、验收人、采购价格等）	—	△	▲	
			施工信息（施工时间、施工影像、施工单位、验收单位、验收人等）	—	○	▲	
		变压器	规格尺寸	▲	▲	▲	—
			材质	○	▲	▲	
			定位	○	▲	▲	
			生产信息（生产厂商、出厂日期、验收人、采购价格等）	—	△	▲	
			施工信息（施工时间、施工影像、施工单位、验收单位、验收人等）	—	○	▲	

表 C.0.1（续）

单位、分部、分项工程		模型构件	模型信息	LOD350	LOD400	LOD500	备注
管线迁改工程	照明工程	电缆	规格尺寸	▲	▲	▲	—
			材质	○	▲	▲	
			埋深	○	▲	▲	
			定位	○	▲	▲	
			生产信息（生产厂商、出厂日期、验收人、采购价格等）	—	△	▲	
			施工信息（施工时间、施工影像、施工单位、验收单位、验收人等）	—	○	▲	
		电缆保护管	规格尺寸	▲	▲	▲	—
			材质	○	▲	▲	
			埋深	○	▲	▲	
			定位	○	▲	▲	
			生产信息（生产厂商、出厂日期、验收人、采购价格等）	—	△	▲	
			施工信息（施工时间、施工影像、施工单位、验收单位、验收人等）	—	○	▲	
		接线井	规格尺寸	▲	▲	▲	—
			材质	○	▲	▲	
			定位	○	▲	▲	
			施工信息（施工时间、施工影像、施工单位、验收单位、验收人等）	—	○	▲	
		工作井	规格尺寸	▲	▲	▲	拉管施工
			材质	○	▲	▲	
			定位	○	▲	▲	
			施工信息（施工时间、施工影像、施工单位、验收单位、验收人等）	—	○	▲	
		接线箱	规格尺寸	▲	▲	▲	—
			材质	○	▲	▲	
			定位	○	▲	▲	

表 C.0.1（续）

单位、分部、分项工程		模型构件	模型信息	LOD350	LOD400	LOD500	备注
管线迁改工程	照明工程	接线箱	生产信息（生产厂商、出厂日期、验收人、采购价格等）	—	△	▲	—
			施工信息（施工时间、施工影像、施工单位、验收单位、验收人等）	—	○	▲	
		变压器	规格尺寸	▲	▲	▲	—
			材质	○	▲	▲	
			定位	○	▲	▲	
			生产信息（生产厂商、出厂日期、验收人、采购价格等）	—	△	▲	
			施工信息（施工时间、施工影像、施工单位、验收单位、验收人等）	—	○	▲	
	燃气工程	管道	埋深	○	▲	▲	—
			定位	○	▲	▲	
			生产信息（生产厂商、出厂日期、验收人、采购价格等）	—	△	▲	
			施工信息（施工时间、施工影像、施工单位、验收单位、验收人等）	—	○	▲	
		管道支墩	规格尺寸	▲	▲	▲	管道管材为钢管时
			材质	○	▲	▲	
			定位	○	▲	▲	
			施工信息（施工时间、施工影像、施工单位、验收单位、验收人等）	—	○	▲	
		检测井	规格尺寸	▲	▲	▲	含阀门等构件
			材质	○	▲	▲	
			定位	○	▲	▲	
			施工信息（施工时间、施工影像、施工单位、验收单位、验收人等）	—	○	▲	
		阀门井	规格尺寸	▲	▲	▲	含三通、弯头等构件
			材质	○	▲	▲	
			定位	○	▲	▲	
			施工信息（施工时间、施工影像、施工单位、验收单位、验收人等）	—	○	▲	

表 C.0.1（续）

单位、分部、分项工程		模型构件	模型信息	LOD350	LOD400	LOD500	备注
管线迁改工程	热力工程	管道	规格尺寸	▲	▲	▲	—
			材质	○	▲	▲	
			埋深	○	▲	▲	
			定位	○	▲	▲	
			保温材质	○	△	▲	
			保温厚度	—	△	▲	
			生产信息（生产厂商、出厂日期、验收人、采购价格等）	—	△	▲	
			施工信息（施工时间、施工影像、施工单位、验收单位、验收人等）	—	○	▲	
		管道支墩	规格尺寸	▲	▲	▲	管道管材为钢管
			材质	○	▲	▲	
			定位	○	▲	▲	
			施工信息（施工时间、施工影像、施工单位、验收单位、验收人等）	—	○	▲	
		热力井	规格尺寸	▲	▲	▲	含三通、弯头、补偿器等构件
			材质	○	▲	▲	
			定位	○	▲	▲	
			施工信息（施工时间、施工影像、施工单位、验收单位、验收人等）	—	○	▲	
		阀门井	规格尺寸	▲	▲	▲	含三通、弯头、补偿器等构件
			材质	○	▲	▲	
			定位	○	▲	▲	
			施工信息（施工时间、施工影像、施工单位、验收单位、验收人等）	—	○	▲	
	通信工程	光缆	规格尺寸	▲	▲	▲	按需区分是否详细分为联通、移动、电信、国防等
			材质	○	▲	▲	
			埋深	○	▲	▲	

表 C. 0. 1（续）

单位、分部、分项工程		模型构件	模型信息	LOD350	LOD400	LOD500	备注
管线迁改工程	通信工程	光缆	定位	○	▲	▲	按需区分是否详细分为联通、移动、电信、国防等
			生产信息（生产厂商、出厂日期、验收人、采购价格等）	—	△	▲	
			施工信息（施工时间、施工影像、施工单位、验收单位、验收人等）	—	○	▲	
		通信管线	规格尺寸	▲	▲	▲	—
			材质	○	▲	▲	
			埋深	○	▲	▲	
			定位	○	▲	▲	
			生产信息（生产厂商、出厂日期、验收人、采购价格等）	—	△	▲	
			施工信息（施工时间、施工影像、施工单位、验收单位、验收人等）	—	○	▲	
		转角井	规格尺寸	▲	▲	▲	—
			材质	○	▲	▲	
			定位	○	▲	▲	
			施工信息（施工时间、施工影像、施工单位、验收单位、验收人等）	—	○	▲	
		人孔井	规格尺寸	▲	▲	▲	—
			材质	○	▲	▲	
			定位	○	▲	▲	
			施工信息（施工时间、施工影像、施工单位、验收单位、验收人等）	—	○	▲	
		手孔井	规格尺寸	▲	▲	▲	—
			材质	○	▲	▲	
			定位	○	▲	▲	
			施工信息（施工时间、施工影像、施工单位、验收单位、验收人等）	—	○	▲	

注：▲-应具备的信息；△-宜具备的信息；○-可具备的信息。

C. 0. 2 交通疏解建模对象及模型细度宜符合表 C. 0. 2 的规定。

表 C. 0. 2 交通疏解建模对象及模型细度

单位、分部、分项工程			模型构件	模型信息	LOD350	LOD400	LOD500	备注
交通疏解	交通疏解路段	周边环境	绿植	规格尺寸	▲	▲	▲	—
				材质	○	▲	▲	
				定位	▲	▲	▲	
				生产信息（生产厂商、出厂日期、验收人、采购价格等）	—	△	▲	
				施工信息（施工时间、施工影像、施工单位、验收单位、验收人等）	—	○	▲	
			构筑物	规格尺寸	▲	▲	▲	—
				材质	▲	▲	▲	
				定位	▲	▲	▲	
				生产信息（生产厂商、出厂日期、验收人、采购价格等）	—	△	▲	
				施工信息（施工时间、施工影像、施工单位、验收单位、验收人等）	—	○	▲	
		原状道路	路面	规格尺寸	▲	▲	▲	—
				材质	▲	▲	▲	
				定位	▲	▲	▲	
				施工信息（施工时间、施工影像、施工单位、验收单位、验收人等）	—	○	▲	
			路侧石	规格尺寸	▲	▲	▲	—
				材质	○	▲	▲	
				定位	▲	▲	▲	
				生产信息（生产厂商、出厂日期、验收人、采购价格等）	—	△	▲	
				施工信息（施工时间、施工影像、施工单位、验收单位、验收人等）	—	○	▲	
			市政护栏	规格尺寸	▲	▲	▲	—
				材质	○	▲	▲	
				定位	▲	▲	▲	

表 C.0.2（续）

单位、分部、分项工程			模型构件	模型信息	LOD350	LOD400	LOD500	备注
交通疏解	交通疏解路段	原状道路	市政护栏	生产信息（生产厂商、出厂日期、验收人、采购价格等）	—	△	▲	—
				施工信息（施工时间、施工影像、施工单位、验收单位、验收人等）	—	○	▲	
			交通标志牌	规格尺寸	▲	▲	▲	—
				材质	○	▲	▲	
				定位	▲	▲	▲	
				生产信息（生产厂商、出厂日期、验收人、采购价格等）	—	△	▲	
				施工信息（施工时间、施工影像、施工单位、验收单位、验收人等）	—	○	▲	
			交通信号灯	规格尺寸	▲	▲	▲	—
				材质	○	▲	▲	
				定位	▲	▲	▲	
				生产信息（生产厂商、出厂日期、验收人、采购价格等）	—	△	▲	
				施工信息（施工时间、施工影像、施工单位、验收单位、验收人等）	—	○	▲	
			路灯	规格尺寸	▲	▲	▲	—
				材质	○	▲	▲	
				定位	▲	▲	▲	
				生产信息（生产厂商、出厂日期、验收人、采购价格等）	—	△	▲	
				施工信息（施工时间、施工影像、施工单位、验收单位、验收人等）	—	○	▲	
			车辆	规格尺寸	▲	▲	▲	—
				材质	○	▲	▲	
				定位	▲	▲	▲	
		导行道路	路面	规格尺寸	▲	▲	▲	—
				材质	○	▲	▲	
				定位	▲	▲	▲	

表 C.0.2（续）

单位、分部、分项工程			模型构件	模型信息	LOD350	LOD400	LOD500	备注
交通疏解	交通疏解路段	导行道路	路面	施工信息（施工时间、施工影像、施工单位、验收单位、验收人等）	—	○	▲	—
			路沿石	规格尺寸	▲	▲	▲	—
				材质	○	▲	▲	
				定位	▲	▲	▲	
				生产信息（生产厂商、出厂日期、验收人、采购价格等）	—	△	▲	
				施工信息（施工时间、施工影像、施工单位、验收单位、验收人等）	—	○	▲	
			市政护栏	规格尺寸	▲	▲	▲	—
				材质	○	▲	▲	
				定位	▲	▲	▲	
				生产信息（生产厂商、出厂日期、验收人、采购价格等）	—	△	▲	
				施工信息（施工时间、施工影像、施工单位、验收单位、验收人等）	—	○	▲	
			交通标志牌	规格尺寸	▲	▲	▲	—
				材质	○	▲	▲	
				定位	▲	▲	▲	
				生产信息（生产厂商、出厂日期、验收人、采购价格等）	—	△	▲	
				施工信息（施工时间、施工影像、施工单位、验收单位、验收人等）	—	○	▲	
			交通信号灯	规格尺寸	▲	▲	▲	—
				材质	○	▲	▲	
				定位	▲	▲	▲	
				生产信息（生产厂商、出厂日期、验收人、采购价格等）	—	△	▲	
				施工信息（施工时间、施工影像、施工单位、验收单位、验收人等）	—	○	▲	
			路灯	规格尺寸	▲	▲	▲	—
				材质	○	▲	▲	

表 C.0.2（续）

单位、分部、分项工程			模型构件	模型信息	LOD350	LOD400	LOD500	备注
交通疏解	交通疏解路段	导行道路	路灯	定位	○	▲	▲	—
				生产信息（生产厂商、出厂日期、验收人、采购价格等）	—	△	▲	
				施工信息（施工时间、施工影像、施工单位、验收单位、验收人等）	—	○	▲	
			车辆	规格尺寸	▲	▲	▲	—
				材质	○	▲	▲	
				定位	▲	▲	▲	

注：▲-应具备的信息；△-宜具备的信息；○-可具备的信息。

C.0.3 场地布置建模对象及模型细度宜符合表 C.0.3 的规定。

表 C.0.3 场地布置建模对象及模型细度

单位、分部、分项工程			模型构件	模型信息	LOD350	LOD400	LOD500	备注
场地布置	单个项目施工场地	临时房屋建筑	办公区	规格尺寸	▲	▲	▲	—
				材质	○	▲	▲	
				定位	▲	▲	▲	
				生产信息（生产厂商、出厂日期、验收人、采购价格等）	—	△	▲	
				施工信息（施工时间、施工影像、施工单位、验收单位、验收人等）	—	○	▲	
			生活区	规格尺寸	▲	▲	▲	—
				材质	○	▲	▲	
				定位	▲	▲	▲	
				生产信息（生产厂商、出厂日期、验收人、采购价格等）	—	△	▲	
				施工信息（施工时间、施工影像、施工单位、验收单位、验收人等）	—	○	▲	
			施工围挡	规格尺寸	▲	▲	▲	—
				材质	○	▲	▲	

表 C.0.3（续）

单位、分部、分项工程			模型构件	模型信息	LOD350	LOD400	LOD500	备注
场地布置	单个项目施工场地	临时房屋建筑	施工围挡	定位	▲	▲	▲	—
				生产信息（生产厂商、出厂日期、验收人、采购价格等）	—	△	▲	
				施工信息（施工时间、施工影像、施工单位、验收单位、验收人等）	—	○	▲	
			临时道路	规格尺寸	▲	▲	▲	—
				材质	○	▲	▲	
				定位	▲	▲	▲	
				施工信息（施工时间、施工影像、施工单位、验收单位、验收人等）	—	○	▲	
			绿化	规格尺寸	▲	▲	▲	
				材质	○	▲	▲	—
				定位	▲	▲	▲	
				施工信息（施工时间、施工影像、施工单位、验收单位、验收人等）	—	○	▲	
			停车场	规格尺寸	▲	▲	▲	
				材质	○	▲	▲	—
				定位	▲	▲	▲	
				施工信息（施工时间、施工影像、施工单位、验收单位、验收人等）	—	○	▲	
			篮球场	规格尺寸	▲	▲	▲	
				材质	○	▲	▲	—
				定位	▲	▲	▲	
				生产信息（生产厂商、出厂日期、验收人、采购价格等）	—	△	▲	
				施工信息（施工时间、施工影像、施工单位、验收单位、验收人等）	—	○	▲	
			宣传栏及文字标语	规格尺寸	▲	▲	▲	—
				材质	○	▲	▲	
				定位	▲	▲	▲	

表 C.0.3（续）

单位、分部、分项工程			模型构件	模型信息	LOD350	LOD400	LOD500	备注
场地布置	单个项目施工场地	临时房屋建筑	宣传栏及文字标语	生产信息（生产厂商、出厂日期、验收人、采购价格等）	—	△	▲	—
				施工信息（施工时间、施工影像、施工单位、验收单位、验收人等）	—	○	▲	
			旗台	规格尺寸	▲	▲	▲	—
				材质	○	▲	▲	
				定位	▲	▲	▲	
				生产信息（生产厂商、出厂日期、验收人、采购价格等）	—	△	▲	
				施工信息（施工时间、施工影像、施工单位、验收单位、验收人等）	—	○	▲	
			安全教育讲台	规格尺寸	▲	▲	▲	—
				材质	○	▲	▲	
				定位	▲	▲	▲	
				生产信息（生产厂商、出厂日期、验收人、采购价格等）	—	△	▲	
				施工信息（施工时间、施工影像、施工单位、验收单位、验收人等）	—	○	▲	
		临时设施	大门	规格尺寸	▲	▲	▲	—
				材质	○	▲	▲	
				定位	▲	▲	▲	
				生产信息（生产厂商、出厂日期、验收人、采购价格等）	—	△	▲	
				施工信息（施工时间、施工影像、施工单位、验收单位、验收人等）	—	○	▲	
		施工区域布置	加工棚	规格尺寸	▲	▲	▲	—
				材质	○	▲	▲	
				定位	▲	▲	▲	
				生产信息（生产厂商、出厂日期、验收人、采购价格等）	—	△	▲	
				施工信息（施工时间、施工影像、施工单位、验收单位、验收人等）	—	○	▲	
			材料堆场	规格尺寸	▲	▲	▲	—

表 C.0.3（续）

单位、分部、分项工程			模型构件	模型信息	LOD350	LOD400	LOD500	备注
场地布置	单个项目施工场地	施工区域布置	材料堆场	材质	○	▲	▲	—
				定位	▲	▲	▲	
				生产信息（生产厂商、出厂日期、验收人、采购价格等）	—	△	▲	
				施工信息（施工时间、施工影像、施工单位、验收单位、验收人等）	—	○	▲	
			基坑临边防护	规格尺寸	▲	▲	▲	—
				材质	○	▲	▲	
				定位	▲	▲	▲	
				生产信息（生产厂商、出厂日期、验收人、采购价格等）	—	△	▲	
				施工信息（施工时间、施工影像、施工单位、验收单位、验收人等）	—	○	▲	
			机械设备	规格尺寸	▲	▲	▲	—
				材质	○	▲	▲	
				定位	▲	▲	▲	
				生产信息（生产厂商、出厂日期、验收人、采购价格等）	—	△	▲	
				施工信息（施工时间、施工影像、施工单位、验收单位、验收人等）	—	○	▲	
			临时用水、消防设施	规格尺寸	▲	▲	▲	—
				材质	○	▲	▲	
				定位	▲	▲	▲	
				生产信息（生产厂商、出厂日期、验收人、采购价格等）	—	△	▲	
				施工信息（施工时间、施工影像、施工单位、验收单位、验收人等）	—	○	▲	
			临时用电、配电安全防护	规格尺寸	▲	▲	▲	—
				材质	○	▲	▲	
				定位	▲	▲	▲	
				生产信息（生产厂商、出厂日期、验收人、采购价格等）	—	△	▲	
				施工信息（施工时间、施工影像、施工单位、验收单位、验收人等）	—	○	▲	

注：▲-应具备的信息；△-宜具备的信息；○-可具备的信息。

C.0.4 围护及基坑土建建模对象及模型细度宜符合表 C.0.4 的规定。

表 C.0.4 围护及基坑土建建模对象及模型细度

单位、分部、分项工程			模型构件	模型信息	LOD350	LOD400	LOD500	备注
车站	地基与基础	基坑工程	土方开挖	规格尺寸	▲	▲	▲	—
				材质	○	▲	▲	
				定位	○	▲	▲	
				施工信息（施工时间、施工影像、施工单位、验收单位、验收人等）	—	○	▲	
			土方回填	规格尺寸	▲	▲	▲	—
				材质	○	▲	▲	
				定位	○	▲	▲	
				施工信息（施工时间、施工影像、施工单位、验收单位、验收人等）	—	○	▲	
			降水井	规格尺寸	▲	▲	▲	—
				材质	○	▲	▲	
				定位	○	▲	▲	
				施工信息（施工时间、施工影像、施工单位、验收单位、验收人等）	—	○	▲	
			监测	规格尺寸	▲	▲	▲	—
				材质	○	▲	▲	
				定位	○	▲	▲	
				施工信息（监测时间、监测数据、监测单位、监测人）	—	○	▲	
		围护及支撑结构	导墙	规格尺寸	▲	▲	▲	—
				材质	○	▲	▲	
				定位	○	▲	▲	
				施工信息（施工时间、施工影像、施工单位、验收单位、验收人等）	—	○	▲	
			地下连续墙	规格尺寸	▲	▲	▲	—
				材质	○	▲	▲	

表 C.0.4（续）

单位、分部、分项工程			模型构件	模型信息	LOD350	LOD400	LOD500	备注
车站	地基与基础	围护及支撑结构	地下连续墙	定位	○	▲	▲	—
				施工信息（施工时间、施工影像、施工单位、验收单位、验收人等）	—	○	▲	
			钢板桩	规格尺寸	▲	▲	▲	—
				材质	○	▲	▲	
				定位	○	▲	▲	
				施工信息（施工时间、施工影像、施工单位、验收单位、验收人等）	—	○	▲	
			水泥搅拌桩	规格尺寸	▲	▲	▲	—
				材质	○	▲	▲	
				定位	○	▲	▲	
				施工信息（施工时间、施工影像、施工单位、验收单位、验收人等）	—	○	▲	
			旋喷桩	规格尺寸	▲	▲	▲	—
				材质	○	▲	▲	
				定位	○	▲	▲	
				施工信息（施工时间、施工影像、施工单位、验收单位、验收人等）	—	○	▲	
			抗拔桩	规格尺寸	▲	▲	▲	—
				材质	○	▲	▲	
				定位	○	▲	▲	
				施工信息（施工时间、施工影像、施工单位、验收单位、验收人等）	—	○	▲	
			挡土墙	规格尺寸	▲	▲	▲	—
				材质	○	▲	▲	
				定位	○	▲	▲	
				施工信息（施工时间、施工影像、施工单位、验收单位、验收人等）	—	○	▲	

表 C.0.4（续）

单位、分部、分项工程			模型构件	模型信息	LOD350	LOD400	LOD500	备注
车站	地基与基础	围护及支撑结构	冠梁	规格尺寸	▲	▲	▲	—
				材质	○	▲	▲	
				定位	○	▲	▲	
				施工信息（施工时间、施工影像、施工单位、验收单位、验收人等）	—	○	▲	
			压顶梁	规格尺寸	▲	▲	▲	—
				材质	○	▲	▲	
				定位	○	▲	▲	
				施工信息（施工时间、施工影像、施工单位、验收单位、验收人等）	—	○	▲	
			钢筋混凝土腰梁	规格尺寸	▲	▲	▲	—
				材质	○	▲	▲	
				定位	○	▲	▲	
				施工信息（施工时间、施工影像、施工单位、验收单位、验收人等）	—	○	▲	
			钢腰梁	规格尺寸	▲	▲	▲	—
				材质	○	▲	▲	
				定位	○	▲	▲	
				施工信息（施工时间、施工影像、施工单位、验收单位、验收人等）	—	○	▲	
			钢筋混凝土板撑	规格尺寸	▲	▲	▲	—
				材质	○	▲	▲	
				定位	○	▲	▲	
				施工信息（施工时间、施工影像、施工单位、验收单位、验收人等）	—	○	▲	
			钢筋混凝土支撑	规格尺寸	▲	▲	▲	—
				材质	○	▲	▲	
				定位	○	▲	▲	
				施工信息（施工时间、施工影像、施工单位、验收单位、验收人等）	—	○	▲	

表 C.0.4（续）

单位、分部、分项工程			模型构件	模型信息	LOD350	LOD400	LOD500	备注
车站	地基与基础	围护及支撑结构	钢支撑	规格尺寸	▲	▲	▲	—
				材质	○	▲	▲	
				定位	○	▲	▲	
				施工信息（施工时间、施工影像、施工单位、验收单位、验收人等）	—	○	▲	
			临时中立柱	规格尺寸	▲	▲	▲	—
				材质	○	▲	▲	
				定位	○	▲	▲	
				施工信息（施工时间、施工影像、施工单位、验收单位、验收人等）	—	○	▲	
			钢杆（索）	规格尺寸	▲	▲	▲	—
				材质	○	▲	▲	
				定位	○	▲	▲	
				生产信息（生产厂商、出厂日期、验收人、采购价格等）	—	△	▲	
				施工信息（施工时间、施工影像、施工单位、验收单位、验收人等）	—	○	▲	

注：▲-应具备的信息；△-宜具备的信息；○-可具备的信息。

C.0.5 车站结构及建筑建模对象及细度宜符合表 C.0.5 的规定。

表 C.0.5 车站结构及建筑建模对象及模型细度

单位、分部、分项工程			模型构件	模型信息	LOD350	LOD400	LOD500	备注
车站结构及建筑施工	某车站单体	结构工程	基础	规格尺寸	▲	▲	▲	—
				材质	▲	▲	▲	
				定位	▲	▲	▲	
				生产信息（生产厂商、出厂日期、验收人、采购价格等）	—	△	▲	
				施工信息（施工时间、施工影像、施工单位、验收单位、验收人等）	—	○	▲	

表 C.0.5（续）

单位、分部、分项工程			模型构件	模型信息	LOD350	LOD400	LOD500	备注
车站结构及建筑施工	某车站单体	结构工程	结构柱	规格尺寸	▲	▲	▲	—
				材质	▲	▲	▲	
				定位	▲	▲	▲	
				生产信息（生产厂商、出厂日期、验收人、采购价格等）	—	△	▲	
				施工信息（施工时间、施工影像、施工单位、验收单位、验收人等）	—	○	▲	
			结构梁	规格尺寸	▲	▲	▲	—
				材质	▲	▲	▲	
				定位	▲	▲	▲	
				生产信息（生产厂商、出厂日期、验收人、采购价格等）	—	△	▲	
				施工信息（施工时间、施工影像、施工单位、验收单位、验收人等）	—	○	▲	
			结构板	规格尺寸	▲	▲	▲	—
				材质	▲	▲	▲	
				定位	▲	▲	▲	
				生产信息（生产厂商、出厂日期、验收人、采购价格等）	—	△	▲	
				施工信息（施工时间、施工影像、施工单位、验收单位、验收人等）	—	○	▲	
			结构墙	规格尺寸	▲	▲	▲	—
				材质	▲	▲	▲	
				定位	▲	▲	▲	
				生产信息（生产厂商、出厂日期、验收人、采购价格等）	—	△	▲	
				施工信息（施工时间、施工影像、施工单位、验收单位、验收人等）	—	○	▲	
			楼梯	规格尺寸	▲	▲	▲	—
				材质	▲	▲	▲	
				定位	▲	▲	▲	
				生产信息（生产厂商、出厂日期、验收人、采购价格等）	—	△	▲	
				施工信息（施工时间、施工影像、施工单位、验收单位、验收人等）	—	○	▲	

表 C.0.5（续）

单位、分部、分项工程			模型构件	模型信息	LOD350	LOD400	LOD500	备注
车站结构及建筑施工	某车站单体	结构工程	集水坑	规格尺寸	▲	▲	▲	—
				材质	○	▲	▲	
				定位	▲	▲	▲	
				施工信息（施工时间、施工影像、施工单位、验收单位、验收人等）	—	○	▲	
			站台	规格尺寸	▲	▲	▲	—
				材质	▲	▲	▲	
				定位	▲	▲	▲	
				施工信息（施工时间、施工影像、施工单位、验收单位、验收人等）	—	○	▲	
			设备基础	规格尺寸	▲	▲	▲	—
				材质	▲	▲	▲	
				定位	▲	▲	▲	
				施工信息（施工时间、施工影像、施工单位、验收单位、验收人等）	—	○	▲	
			预埋件	规格尺寸	▲	▲	▲	—
				材质	○	▲	▲	
				定位	▲	▲	▲	
				生产信息（生产厂商、出厂日期、验收人、采购价格等）	—	△	▲	
				施工信息（施工时间、施工影像、施工单位、验收单位、验收人等）	—	○	▲	
			大型设备吊装孔洞	规格尺寸	▲	▲	▲	—
				定位	▲	▲	▲	
			防水	规格尺寸	▲	▲	▲	—
				材质	○	▲	▲	
				定位	▲	▲	▲	
				生产信息（生产厂商、出厂日期、验收人、采购价格等）	—	△	▲	
				施工信息（施工时间、施工影像、施工单位、验收单位、验收人等）	—	○	▲	

表 C.0.5（续）

单位、分部、分项工程			模型构件	模型信息	LOD350	LOD400	LOD500	备注
车站结构及建筑施工	某车站单体	建筑工程	隔墙	规格尺寸	▲	▲	▲	—
				材质	○	▲	▲	
				定位	▲	▲	▲	
				施工信息（施工时间、施工影像、施工单位、验收单位、验收人等）	—	○	▲	
			门	规格尺寸	▲	▲	▲	—
				材质	○	▲	▲	
				定位	▲	▲	▲	
				生产信息（生产厂商、出厂日期、验收人、采购价格等）	—	△	▲	
				施工信息（施工时间、施工影像、施工单位、验收单位、验收人等）	—	○	▲	
			窗	规格尺寸	▲	▲	▲	—
				材质	○	▲	▲	
				定位	▲	▲	▲	
				生产信息（生产厂商、出厂日期、验收人、采购价格等）	—	△	▲	
				施工信息（施工时间、施工影像、施工单位、验收单位、验收人等）	—	○	▲	
			构造柱	规格尺寸	▲	▲	▲	—
				材质	○	▲	▲	
				定位	▲	▲	▲	
				生产信息（生产厂商、出厂日期、验收人、采购价格等）	—	△	▲	
				施工信息（施工时间、施工影像、施工单位、验收单位、验收人等）	—	○	▲	
			过梁	规格尺寸	▲	▲	▲	—
				材质	○	▲	▲	
				定位	▲	▲	▲	
				施工信息（施工时间、施工影像、施工单位、验收单位、验收人等）	—	○	▲	

表 C.0.5（续）

单位、分部、分项工程			模型构件	模型信息	LOD350	LOD400	LOD500	备注
车站结构及建筑施工	某车站单体	建筑工程	楼梯	规格尺寸	▲	▲	▲	—
				材质	○	▲	▲	
				定位	▲	▲	▲	
				生产信息（生产厂商、出厂日期、验收人、采购价格等）	—	△	▲	
				施工信息（施工时间、施工影像、施工单位、验收单位、验收人等）	—	○	▲	
			坡道	规格尺寸	▲	▲	▲	—
				定位	▲	▲	▲	
			卫生器具	规格尺寸	▲	▲	▲	—
				材质	○	▲	▲	
				定位	○	▲	▲	
				生产信息（生产厂商、出厂日期、验收人、采购价格等）	—	△	▲	
				施工信息（施工时间、施工影像、施工单位、验收单位、验收人等）	—	○	▲	
			预留孔洞	规格尺寸	▲	▲	▲	—
				定位	○	▲	▲	
			栏杆扶手	规格尺寸	▲	▲	▲	—
				材质	○	▲	▲	
				定位	○	▲	▲	
				生产信息（生产厂商、出厂日期、验收人、采购价格等）	—	△	▲	
				施工信息（施工时间、施工影像、施工单位、验收单位、验收人等）	—	○	▲	
			电梯	规格尺寸	▲	▲	▲	—
				材质	○	▲	▲	
				定位	○	▲	▲	
				生产信息（生产厂商、出厂日期、验收人、采购价格等）	—	△	▲	
				施工信息（施工时间、施工影像、施工单位、验收单位、验收人等）	—	○	▲	

表 C.0.5（续）

单位、分部、分项工程			模型构件	模型信息	LOD350	LOD400	LOD500	备注
车站结构及建筑施工	某车站单体	建筑工程	自动扶梯	规格尺寸	▲	▲	▲	—
				材质	○	▲	▲	
				定位	▲	▲	▲	
				生产信息（生产厂商、出厂日期、验收人、采购价格等）	—	△	▲	
				施工信息（施工时间、施工影像、施工单位、验收单位、验收人等）	—	○	▲	

注：▲-应具备的信息；△-宜具备的信息；○-可具备的信息。

C.0.6 区间土建建模对象及模型细度宜符合表 C.0.6 的规定。

表 C.0.6 区间土建建模对象及模型细度

单位、分部、分项工程		模型构件	模型信息	LOD350	LOD400	LOD500	备注
区间土建工程	盾构区间土建工程	管片	规格尺寸	▲	▲	▲	—
			材质	○	▲	▲	
			定位	○	▲	▲	
			生产信息（生产厂商、出厂日期、验收人、采购价格等）	—	△	▲	
			施工信息（施工时间、施工影像、施工单位、验收单位、验收人等）	—	○	▲	
		钢内衬	规格尺寸	▲	▲	▲	—
			材质	○	▲	▲	
			定位	○	▲	▲	
			生产信息（生产厂商、出厂日期、验收人、采购价格等）	—	△	▲	
			施工信息（施工时间、施工影像、施工单位、验收单位、验收人等）	—	○	▲	
		风道	规格尺寸	▲	▲	▲	—
			定位	○	▲	▲	
			施工信息（施工时间、施工影像、施工单位、验收单位、验收人等）	—	○	▲	

表 C.0.6（续）

单位、分部、分项工程		模型构件	模型信息	LOD350	LOD400	LOD500	备注
区间土建工程	盾构区间土建工程	楼梯	规格尺寸	▲	▲	▲	—
			材质	○	▲	▲	
			定位	○	▲	▲	
			施工信息（施工时间、施工影像、施工单位、验收单位、验收人等）	—	○	▲	
		变形缝	规格尺寸	▲	▲	▲	—
			定位	○	▲	▲	
			施工信息（施工时间、施工影像、施工单位、验收单位、验收人等）	—	○	▲	
		防水层	规格尺寸	▲	▲	▲	—
			材质	○	▲	▲	
			定位	○	▲	▲	
			生产信息（生产厂商、出厂日期、验收人、采购价格等）	—	△	▲	
			施工信息（施工时间、施工影像、施工单位、验收单位、验收人等）	—	○	▲	
		疏散平台	规格尺寸	▲	▲	▲	—
			材质	○	▲	▲	
			定位	○	▲	▲	
			施工信息（施工时间、施工影像、施工单位、验收单位、验收人等）	—	○	▲	
		附属设施	规格尺寸	▲	▲	▲	—
			材质	○	▲	▲	
			定位	○	▲	▲	
			生产信息（生产厂商、出厂日期、验收人、采购价格等）	—	△	▲	
			施工信息（施工时间、施工影像、施工单位、验收单位、验收人等）	—	○	▲	
		变形缝	规格尺寸	▲	▲	▲	—
			定位	○	▲	▲	
			材质	○	▲	▲	
			施工信息（施工时间、施工影像、施工单位、验收单位、验收人等）	—	○	▲	

表 C.0.6（续）

单位、分部、分项工程			模型构件	模型信息	LOD350	LOD400	LOD500	备注
区间土建工程	矿山法区间土建工程	主体、旁通道及区间泵房	二次衬砌	规格尺寸	▲	▲	▲	—
				材质	○	▲	▲	
				定位	○	▲	▲	
				施工信息（施工时间、施工影像、施工单位、验收单位、验收人等）	—	○	▲	
			附属设施中隔墙	规格尺寸	▲	▲	▲	—
				材质	○	▲	▲	
				定位	○	▲	▲	
				施工信息（施工时间、施工影像、施工单位、验收单位、验收人等）	—	○	▲	
			风道	材质	○	▲	▲	—
				定位	○	▲	▲	
				施工信息（施工时间、施工影像、施工单位、验收单位、验收人等）	—	○	▲	
			变形缝	规格尺寸	▲	▲	▲	—
				定位	○	▲	▲	
				施工信息（施工时间、施工影像、施工单位、验收单位、验收人等）	—	○	▲	
			防水层	规格尺寸	▲	▲	▲	—
				材质	○	▲	▲	
				定位	○	▲	▲	
				生产信息（生产厂商、出厂日期、验收人、采购价格等）	—	△	▲	
				施工信息（施工时间、施工影像、施工单位、验收单位、验收人等）	—	○	▲	
			疏散平台	规格尺寸	▲	▲	▲	—
				材质	○	▲	▲	
				定位	○	▲	▲	
				施工信息（施工时间、施工影像、施工单位、验收单位、验收人等）	—	○	▲	

表 C.0.6（续）

单位、分部、分项工程			模型构件	模型信息	LOD350	LOD400	LOD500	备注
区间土建工程	矿山法区间土建工程	支护加固	大管棚	规格尺寸	▲	▲	▲	—
				材质	○	▲	▲	
				定位	○	▲	▲	
				生产信息（生产厂商、出厂日期、验收人、采购价格等）	—	△	▲	
				施工信息（施工时间、施工影像、施工单位、验收单位、验收人等）	—	○	▲	
			格栅钢架	规格尺寸	▲	▲	▲	—
				材质	○	▲	▲	
				定位	○	▲	▲	
				生产信息（生产厂商、出厂日期、验收人、采购价格等）	—	△	▲	
				施工信息（施工时间、施工影像、施工单位、验收单位、验收人等）	—	○	▲	
			型钢钢架	规格尺寸	▲	▲	▲	—
				材质	○	▲	▲	
				定位	○	▲	▲	
				生产信息（生产厂商、出厂日期、验收人、采购价格等）	—	△	▲	
				施工信息（施工时间、施工影像、施工单位、验收单位、验收人等）	—	○	▲	
			锚杆（索）	规格尺寸	▲	▲	▲	—
				材质	○	▲	▲	
				定位	○	▲	▲	
				生产信息（生产厂商、出厂日期、验收人、采购价格等）	—	△	▲	
				施工信息（施工时间、施工影像、施工单位、验收单位、验收人等）	—	○	▲	
			袖阀管	规格尺寸	▲	▲	▲	—
				材质	○	▲	▲	

表 C.0.6（续）

单位、分部、分项工程			模型构件	模型信息	LOD350	LOD400	LOD500	备注
区间土建工程	矿山法区间土建工程	支护加固	袖阀管	定位	○	▲	▲	—
				生产信息（生产厂商、出厂日期、验收人、采购价格等）	—	△	▲	
				施工信息（施工时间、施工影像、施工单位、验收单位、验收人等）	—	○	▲	
			钢花管	规格尺寸	▲	▲	▲	—
				材质	○	▲	▲	
				定位	○	▲	▲	
				生产信息（生产厂商、出厂日期、验收人、采购价格等）	—	△	▲	
				施工信息（施工时间、施工影像、施工单位、验收单位、验收人等）	—	○	▲	
			初期支护喷射混凝土	规格尺寸	▲	▲	▲	—
				材质	○	▲	▲	
				定位	○	▲	▲	
				施工信息（施工时间、施工影像、施工单位、验收单位、验收人等）	—	○	▲	
		附属设施	人防门	规格尺寸	▲	▲	▲	—
				材质	○	▲	▲	
				定位	○	▲	▲	
				生产信息（生产厂商、出厂日期、验收人、采购价格等）	—	△	▲	
				施工信息（施工时间、施工影像、施工单位、验收单位、验收人等）	—	○	▲	
			防火门	规格尺寸	▲	▲	▲	—
				材质	○	▲	▲	
				定位	○	▲	▲	
				生产信息（生产厂商、出厂日期、验收人、采购价格等）	—	△	▲	
				施工信息（施工时间、施工影像、施工单位、验收单位、验收人等）	—	○	▲	
			排水沟	规格尺寸	▲	▲	▲	—
				定位	○	▲	▲	
				施工信息（施工时间、施工影像、施工单位、验收单位、验收人等）	—	○	▲	

表 C.0.6（续）

单位、分部、分项工程			模型构件	模型信息	LOD350	LOD400	LOD500	备注
区间土建工程	矿山法区间土建工程	附属设施	挡水坎	规格尺寸	▲	▲	▲	—
				材质	○	▲	▲	
				定位	○	▲	▲	
				施工信息（施工时间、施工影像、施工单位、验收单位、验收人等）	—	○	▲	
	明挖区间土建工程	围护结构	灌注桩	规格尺寸	▲	▲	▲	—
				材质	○	▲	▲	
				定位	○	▲	▲	
				施工信息（施工时间、施工影像、施工单位、验收单位、验收人等）	—	○	▲	
			咬合桩	规格尺寸	▲	▲	▲	—
				材质	○	▲	▲	
				定位	○	▲	▲	
				施工信息（施工时间、施工影像、施工单位、验收单位、验收人等）	—	○	▲	
			钢板桩	规格尺寸	▲	▲	▲	—
				材质	○	▲	▲	
				定位	○	▲	▲	
				施工信息（施工时间、施工影像、施工单位、验收单位、验收人等）	—	○	▲	
			地下连续墙	规格尺寸	▲	▲	▲	—
				材质	○	▲	▲	
				定位	○	▲	▲	
				施工信息（施工时间、施工影像、施工单位、验收单位、验收人等）	—	○	▲	
			水泥搅拌桩	规格尺寸	▲	▲	▲	—
				材质	○	▲	▲	

表 C.0.6（续）

单位、分部、分项工程			模型构件	模型信息	LOD350	LOD400	LOD500	备注
区间土建工程	明挖区间土建工程	围护结构	水泥搅拌桩	定位	○	▲	▲	—
				施工信息（施工时间、施工影像、施工单位、验收单位、验收人等）	—	○	▲	
			旋喷桩	规格尺寸	▲	▲	▲	—
				材质	○	▲	▲	
				定位	○	▲	▲	
				施工信息（施工时间、施工影像、施工单位、验收单位、验收人等）	—	○	▲	
			抗拔桩	规格尺寸	▲	▲	▲	—
				材质	○	▲	▲	
				定位	○	▲	▲	
				施工信息（施工时间、施工影像、施工单位、验收单位、验收人等）	—	○	▲	
			挡土墙	规格尺寸	▲	▲	▲	—
				材质	○	▲	▲	
				定位	○	▲	▲	
				施工信息（施工时间、施工影像、施工单位、验收单位、验收人等）	—	○	▲	
			冠梁	规格尺寸	▲	▲	▲	—
				材质	○	▲	▲	
				定位	○	▲	▲	
				施工信息（施工时间、施工影像、施工单位、验收单位、验收人等）	—	○	▲	
			压顶梁	规格尺寸	▲	▲	▲	—
				材质	○	▲	▲	
				定位	○	▲	▲	
				施工信息（施工时间、施工影像、施工单位、验收单位、验收人等）	—	○	▲	
			钢筋混凝土腰梁	规格尺寸	▲	▲	▲	—
				材质	○	▲	▲	

表 C. 0. 6（续）

单位、分部、分项工程			模型构件	模型信息	LOD350	LOD400	LOD500	备注
区间土建工程	明挖区间土建工程	围护结构	钢筋混凝土腰梁	定位	○	▲	▲	—
				施工信息（施工时间、施工影像、施工单位、验收单位、验收人等）	—	○	▲	
			钢腰梁	规格尺寸	▲	▲	▲	—
				材质	○	▲	▲	
				定位	○	▲	▲	
				施工信息（施工时间、施工影像、施工单位、验收单位、验收人等）	—	○	▲	
			钢筋混凝土板撑	规格尺寸	▲	▲	▲	—
				材质	○	▲	▲	
				定位	○	▲	▲	
				施工信息（施工时间、施工影像、施工单位、验收单位、验收人等）	—	○	▲	
			钢筋混凝土支撑	规格尺寸	▲	▲	▲	—
				材质	○	▲	▲	
				定位	○	▲	▲	
				施工信息（施工时间、施工影像、施工单位、验收单位、验收人等）	—	○	▲	
			钢支撑	规格尺寸	▲	▲	▲	—
				材质	○	▲	▲	
				定位	○	▲	▲	
				施工信息（施工时间、施工影像、施工单位、验收单位、验收人等）	—	○	▲	
			临时中立柱	规格尺寸	▲	▲	▲	—
				材质	○	▲	▲	
				定位	○	▲	▲	
				施工信息（施工时间、施工影像、施工单位、验收单位、验收人等）	—	○	▲	
			降水井	规格尺寸	▲	▲	▲	—
				材质	○	▲	▲	

表 C.0.6（续）

单位、分部、分项工程			模型构件	模型信息	LOD350	LOD400	LOD500	备注
区间土建工程	明挖区间土建工程	围护结构	降水井	定位	○	▲	▲	—
				施工信息（施工时间、施工影像、施工单位、验收单位、验收人等）	—	○	▲	
			锚杆（索）	规格尺寸	▲	▲	▲	—
				材质	○	▲	▲	
				定位	○	▲	▲	
				生产信息（生产厂商、出厂日期、验收人、采购价格等）	—	△	▲	
				施工信息（施工时间、施工影像、施工单位、验收单位、验收人等）	—	○	▲	
			袖阀管	规格尺寸	▲	▲	▲	—
				材质	○	▲	▲	
				定位	○	▲	▲	
				生产信息（生产厂商、出厂日期、验收人、采购价格等）	—	△	▲	
				施工信息（施工时间、施工影像、施工单位、验收单位、验收人等）	—	○	▲	
			钢花管	规格尺寸	▲	▲	▲	—
				材质	○	▲	▲	
				定位	○	▲	▲	
				生产信息（生产厂商、出厂日期、验收人、采购价格等）	—	△	▲	
				施工信息（施工时间、施工影像、施工单位、验收单位、验收人等）	—	○	▲	
		主体结构	顶板	规格尺寸	▲	▲	▲	—
				材质	○	▲	▲	
				定位	○	▲	▲	
				施工信息（施工时间、施工影像、施工单位、验收单位、验收人等）	—	○	▲	
			底板	规格尺寸	▲	▲	▲	—
				材质	○	▲	▲	

表 C. 0. 6（续）

单位、分部、分项工程			模型构件	模型信息	LOD350	LOD400	LOD500	备注
区间土建工程	明挖区间土建工程	主体结构	底板	定位	○	▲	▲	—
				施工信息（施工时间、施工影像、施工单位、验收单位、验收人等）	—	○	▲	
			侧墙	规格尺寸	▲	▲	▲	—
				材质	○	▲	▲	
				施工信息（施工时间、施工影像、施工单位、验收单位、验收人等）	—	○	▲	
			中隔墙	规格尺寸	▲	▲	▲	—
				材质	○	▲	▲	
				定位	○	▲	▲	
				施工信息（施工时间、施工影像、施工单位、验收单位、验收人等）	—	○	▲	
			风道	规格尺寸	▲	▲	▲	—
				材质	○	▲	▲	
				定位	○	▲	▲	
				施工信息（施工时间、施工影像、施工单位、验收单位、验收人等）	—	○	▲	
			变形缝	规格尺寸	▲	▲	▲	—
				定位	○	▲	▲	
				施工信息（施工时间、施工影像、施工单位、验收单位、验收人等）	—	○	▲	
				生产信息（生产厂商、出厂日期、验收人、采购价格等）	—	△	▲	
			人防墙	规格尺寸	▲	▲	▲	—
				材质	○	▲	▲	
				定位	○	▲	▲	
				施工信息（施工时间、施工影像、施工单位、验收单位、验收人等）	—	○	▲	
			人防门	规格尺寸	▲	▲	▲	—
				材质	○	▲	▲	

表 C.0.6（续）

单位、分部、分项工程			模型构件	模型信息	LOD350	LOD400	LOD500	备注
区间土建工程	明挖区间土建工程	主体结构	人防门	定位	○	▲	▲	—
				生产信息（生产厂商、出厂日期、验收人、采购价格等）	—	△	▲	
				施工信息（施工时间、施工影像、施工单位、验收单位、验收人等）	—	○	▲	
			疏散平台	规格尺寸	▲	▲	▲	—
				材质	○	▲	▲	
				定位	○	▲	▲	
				施工信息（施工时间、施工影像、施工单位、验收单位、验收人等）	—	○	▲	
		旁通道及泵房	拱顶	规格尺寸	▲	▲	▲	—
				材质	○	▲	▲	
				定位	○	▲	▲	
				施工信息（施工时间、施工影像、施工单位、验收单位、验收人等）	—	○	▲	
			底板	规格尺寸	▲	▲	▲	—
				材质	○	▲	▲	
				定位	○	▲	▲	
				生产信息（生产厂商、出厂日期、验收人、采购价格等）	—	△	▲	
			侧墙	规格尺寸	▲	▲	▲	—
				材质	○	▲	▲	
				定位	○	▲	▲	
				施工信息（施工时间、施工影像、施工单位、验收单位、验收人等）	—	○	▲	
			中隔墙	规格尺寸	▲	▲	▲	—
				材质	○	▲	▲	
				定位	○	▲	▲	
				施工信息（施工时间、施工影像、施工单位、验收单位、验收人等）	—	○	▲	

表 C.0.6（续）

单位、分部、分项工程			模型构件	模型信息	LOD350	LOD400	LOD500	备注
区间土建工程	明挖区间土建工程	旁通道及泵房	风道	规格尺寸	▲	▲	▲	—
				材质	○	▲	▲	
				定位	○	▲	▲	
				施工信息（施工时间、施工影像、施工单位、验收单位、验收人等）	—	○	▲	
			变形缝	规格尺寸	▲	▲	▲	—
				定位	○	▲	▲	
				生产信息（生产厂商、出厂日期、验收人、采购价格等）	—	△	▲	
	区间风井土建工程	围护结构	灌注桩	规格尺寸	▲	▲	▲	—
				材质	○	▲	▲	
				定位	○	▲	▲	
				施工信息（施工时间、施工影像、施工单位、验收单位、验收人等）	—	○	▲	
			咬合桩	规格尺寸	▲	▲	▲	—
				材质	○	▲	▲	
				定位	○	▲	▲	
				施工信息（施工时间、施工影像、施工单位、验收单位、验收人等）	—	○	▲	
			钢板桩	规格尺寸	▲	▲	▲	—
				材质	○	▲	▲	
				定位	○	▲	▲	
				施工信息（施工时间、施工影像、施工单位、验收单位、验收人等）	—	○	▲	
			地下连续墙	规格尺寸	▲	▲	▲	—
				材质	○	▲	▲	
				定位	○	▲	▲	
				施工信息（施工时间、施工影像、施工单位、验收单位、验收人等）	—	○	▲	

表 C.0.6（续）

单位、分部、分项工程			模型构件	模型信息	LOD350	LOD400	LOD500	备注
区间土建工程	区间风井土建工程	围护结构	水泥搅拌桩	规格尺寸	▲	▲	▲	—
				材质	○	▲	▲	
				定位	○	▲	▲	
				施工信息（施工时间、施工影像、施工单位、验收单位、验收人等）	—	○	▲	
			旋喷桩	规格尺寸	▲	▲	▲	—
				材质	○	▲	▲	
				定位	○	▲	▲	
				施工信息（施工时间、施工影像、施工单位、验收单位、验收人等）	—	○	▲	
			抗拔桩	规格尺寸	▲	▲	▲	—
				材质	○	▲	▲	
				定位	○	▲	▲	
				施工信息（施工时间、施工影像、施工单位、验收单位、验收人等）	—	○	▲	
			喷射混凝土	规格尺寸	▲	▲	▲	—
				材质	○	▲	▲	
				定位	○	▲	▲	
				施工信息（施工时间、施工影像、施工单位、验收单位、验收人等）	—	○	▲	
			导墙	规格尺寸	▲	▲	▲	—
				材质	○	▲	▲	
				定位	○	▲	▲	
				施工信息（施工时间、施工影像、施工单位、验收单位、验收人等）	—	○	▲	
			挡土墙	规格尺寸	▲	▲	▲	—
				材质	○	▲	▲	
				定位	○	▲	▲	
				施工信息（施工时间、施工影像、施工单位、验收单位、验收人等）	—	○	▲	

表 C.0.6（续）

单位、分部、分项工程			模型构件	模型信息	LOD350	LOD400	LOD500	备注
区间土建工程	区间风井土建工程	围护结构	冠梁	规格尺寸	▲	▲	▲	—
				材质	○	▲	▲	
				定位	○	▲	▲	
				施工信息（施工时间、施工影像、施工单位、验收单位、验收人等）	—	○	▲	
			压顶梁	规格尺寸	▲	▲	▲	—
				材质	○	▲	▲	
				定位	○	▲	▲	
				施工信息（施工时间、施工影像、施工单位、验收单位、验收人等）	—	○	▲	
			钢筋混凝土腰梁	规格尺寸	▲	▲	▲	—
				材质	○	▲	▲	
				定位	○	▲	▲	
				施工信息（施工时间、施工影像、施工单位、验收单位、验收人等）	—	○	▲	
			钢腰梁	规格尺寸	▲	▲	▲	—
				材质	○	▲	▲	
				定位	○	▲	▲	
				施工信息（施工时间、施工影像、施工单位、验收单位、验收人等）	—	○	▲	
			钢筋混凝土板撑	规格尺寸	▲	▲	▲	—
				材质	○	▲	▲	
				定位	○	▲	▲	
				施工信息（施工时间、施工影像、施工单位、验收单位、验收人等）	—	○	▲	
			钢筋混凝土支撑	规格尺寸	▲	▲	▲	—
				材质	○	▲	▲	
				定位	○	▲	▲	
				施工信息（施工时间、施工影像、施工单位、验收单位、验收人等）	—	○	▲	

表 C.0.6（续）

单位、分部、分项工程			模型构件	模型信息	LOD350	LOD400	LOD500	备注
区间土建工程	区间风井土建工程	围护结构	钢支撑	规格尺寸	▲	▲	▲	—
				材质	○	▲	▲	
				定位	○	▲	▲	
				施工信息（施工时间、施工影像、施工单位、验收单位、验收人等）	—	○	▲	
			临时中立柱	规格尺寸	▲	▲	▲	—
				材质	○	▲	▲	
				定位	○	▲	▲	
				施工信息（施工时间、施工影像、施工单位、验收单位、验收人等）	—	○	▲	
			降水井	规格尺寸	▲	▲	▲	—
				材质	○	▲	▲	
				定位	○	▲	▲	
				施工信息（施工时间、施工影像、施工单位、验收单位、验收人等）	—	○	▲	
			排水沟	规格尺寸	▲	▲	▲	—
				材质	○	▲	▲	
				定位	○	▲	▲	
				施工信息（施工时间、施工影像、施工单位、验收单位、验收人等）	—	○	▲	
			锚杆（索）	规格尺寸	▲	▲	▲	—
				材质	○	▲	▲	
				定位	○	▲	▲	
				生产信息（生产厂商、出厂日期、验收人、采购价格等）	—	△	▲	
				施工信息（施工时间、施工影像、施工单位、验收单位、验收人等）	—	○	▲	
			袖阀管	规格尺寸	▲	▲	▲	—
				材质	○	▲	▲	

表 C.0.6（续）

单位、分部、分项工程			模型构件	模型信息	LOD350	LOD400	LOD500	备注
区间土建工程	区间风井土建工程	围护结构	袖阀管	定位	○	▲	▲	—
				生产信息（生产厂商、出厂日期、验收人、采购价格等）	—	△	▲	
				施工信息（施工时间、施工影像、施工单位、验收单位、验收人等）	—	○	▲	
			钢花管	规格尺寸	▲	▲	▲	—
				材质	○	▲	▲	
				定位	○	▲	▲	
				生产信息（生产厂商、出厂日期、验收人、采购价格等）	—	△	▲	
				施工信息（施工时间、施工影像、施工单位、验收单位、验收人等）	—	○	▲	
			盖板	规格尺寸	▲	▲	▲	—
				材质	○	▲	▲	
				定位	○	▲	▲	
				施工信息（施工时间、施工影像、施工单位、验收单位、验收人等）	—	○	▲	
			木栈桥	规格尺寸	▲	▲	▲	—
				材质	○	▲	▲	
				定位	○	▲	▲	
				施工信息（施工时间、施工影像、施工单位、验收单位、验收人等）	—	○	▲	
			钢便桥	规格尺寸	▲	▲	▲	—
				材质	○	▲	▲	
				定位	○	▲	▲	
				施工信息（施工时间、施工影像、施工单位、验收单位、验收人等）	—	○	▲	
			军便梁	规格尺寸	▲	▲	▲	—
				材质	○	▲	▲	
				定位	○	▲	▲	
				施工信息（施工时间、施工影像、施工单位、验收单位、验收人等）	—	○	▲	

表 C.0.6（续）

单位、分部、分项工程			模型构件	模型信息	LOD350	LOD400	LOD500	备注
区间土建工程	区间风井土建工程	主体结构	梁	规格尺寸	▲	▲	▲	—
				材质	○	▲	▲	
				定位	○	▲	▲	
				生产信息（生产厂商、出厂日期、验收人、采购价格等）	—	△	▲	预制式
				施工信息（施工时间、施工影像、施工单位、验收单位、验收人等）	—	○	▲	—
			板	规格尺寸	▲	▲	▲	—
				材质	○	▲	▲	
				定位	○	▲	▲	
				生产信息（生产厂商、出厂日期、验收人、采购价格等）	—	△	▲	预制式
				施工信息（施工时间、施工影像、施工单位、验收单位、验收人等）	—	○	▲	—
			柱	规格尺寸	▲	▲	▲	—
				材质	○	▲	▲	
				定位	○	▲	▲	
				施工信息（施工时间、施工影像、施工单位、验收单位、验收人等）	—	○	▲	
			墙	规格尺寸	▲	▲	▲	—
				材质	○	▲	▲	
				定位	○	▲	▲	
				施工信息（施工时间、施工影像、施工单位、验收单位、验收人等）	—	○	▲	
			楼梯	规格尺寸	▲	▲	▲	—
				材质	○	▲	▲	
				定位	○	▲	▲	
				生产信息（生产厂商、出厂日期、验收人、采购价格等）	—	△	▲	预制式
				施工信息（施工时间、施工影像、施工单位、验收单位、验收人等）	—	○	▲	—

表 C.0.6（续）

单位、分部、分项工程			模型构件	模型信息	LOD350	LOD400	LOD500	备注
区间土建工程	区间风井土建工程	主体结构	集水井	规格尺寸	▲	▲	▲	—
				材质	○	▲	▲	
				定位	○	▲	▲	
				施工信息（施工时间、施工影像、施工单位、验收单位、验收人等）	—	○	▲	
			防水层	规格尺寸	▲	▲	▲	—
				材质	○	▲	▲	
				定位	○	▲	▲	
				生产信息（生产厂商、出厂日期、验收人、采购价格等）	—	△	▲	
				施工信息（施工时间、施工影像、施工单位、验收单位、验收人等）	—	○	▲	
			承台	规格尺寸	▲	▲	▲	—
				材质	○	▲	▲	
				定位	○	▲	▲	
				施工信息（施工时间、施工影像、施工单位、验收单位、验收人等）	—	○	▲	
			混凝土回填	规格尺寸	▲	▲	▲	—
				材质	○	▲	▲	
				定位	○	▲	▲	
				施工信息（施工时间、施工影像、施工单位、验收单位、验收人等）	—	○	▲	—
			预留孔洞	规格尺寸	▲	▲	▲	
				材质	○	▲	▲	—
				定位	○	▲	▲	
				施工信息（施工时间、施工影像、施工单位、验收单位、验收人等）	—	○	▲	
			预埋铁件	规格尺寸	▲	▲	▲	—
				材质	○	▲	▲	

表 C.0.6（续）

单位、分部、分项工程			模型构件	模型信息	LOD350	LOD400	LOD500	备注
区间土建工程	区间风井土建工程	主体结构	预埋铁件	定位	○	▲	▲	—
				生产信息（生产厂商、出厂日期、验收人、采购价格等）	—	△	▲	
				施工信息（施工时间、施工影像、施工单位、验收单位、验收人等）	—	○	▲	
			预埋套管	规格尺寸	▲	▲	▲	—
				材质	○	▲	▲	
				定位	○	▲	▲	
				生产信息（生产厂商、出厂日期、验收人、采购价格等）	—	△	▲	
				施工信息（施工时间、施工影像、施工单位、验收单位、验收人等）	—	○	▲	
	地面区间土建工程		路基	规格尺寸	▲	▲	▲	—
				材质	○	▲	▲	
				定位	○	▲	▲	
				施工信息（施工时间、施工影像、施工单位、验收单位、验收人等）		○	▲	
			基床	规格尺寸	▲	▲	▲	—
				材质	○	▲	▲	
				定位	○	▲	▲	
				施工信息（施工时间、施工影像、施工单位、验收单位、验收人等）	—	○	▲	
			路堤	规格尺寸	▲	▲	▲	—
				材质	○	▲	▲	
				定位	○	▲	▲	
				施工信息（施工时间、施工影像、施工单位、验收单位、验收人等）	—	○	▲	

表 C.0.6（续）

单位、分部、分项工程			模型构件	模型信息	LOD350	LOD400	LOD500	备注
区间土建工程	地面区间土建工程		路堑	规格尺寸	▲	▲	▲	—
				材质	○	▲	▲	
				定位	○	▲	▲	
				施工信息（施工时间、施工影像、施工单位、验收单位、验收人等）	—	○	▲	
			路基支挡	规格尺寸	▲	▲	▲	—
				材质	○	▲	▲	
				定位	○	▲	▲	
				施工信息（施工时间、施工影像、施工单位、验收单位、验收人等）	—	○	▲	
			疏散平台	规格尺寸	▲	▲	▲	—
				材质	○	▲	▲	
				定位	○	▲	▲	
				施工信息（施工时间、施工影像、施工单位、验收单位、验收人等）	—	○	▲	
	高架区间土建工程	主体结构（桥梁）	桥面附属	规格尺寸	▲	▲	▲	—
				材质	○	▲	▲	
				定位	○	▲	▲	
				生产信息（生产厂商、出厂日期、验收人、采购价格等）	—	△	▲	
				施工信息（施工时间、施工影像、施工单位、验收单位、验收人等）	—	○	▲	
			桥梁	规格尺寸	▲	▲	▲	—
				材质	○	▲	▲	
				定位	○	▲	▲	
				施工信息（施工时间、施工影像、施工单位、验收单位、验收人等）	—	○	▲	
			预埋滑槽	规格尺寸	▲	▲	▲	—
				材质	○	▲	▲	
				定位	○	▲	▲	
				施工信息（施工时间、施工影像、施工单位、验收单位、验收人等）	—	○	▲	

表 C.0.6(续)

单位、分部、分项工程			模型构件	模型信息	LOD350	LOD400	LOD500	备注
区间土建工程	高架区间土建工程	主体结构(桥梁)	支座	规格尺寸	▲	▲	▲	—
				材质	○	▲	▲	
				定位	○	▲	▲	
				施工信息(施工时间、施工影像、施工单位、验收单位、验收人等)	—	○	▲	
			墩柱	规格尺寸	▲	▲	▲	—
				材质	○	▲	▲	
				定位	○	▲	▲	
				施工信息(施工时间、施工影像、施工单位、验收单位、验收人等)	—	○	▲	
			承台	规格尺寸	▲	▲	▲	—
				材质	○	▲	▲	
				定位	○	▲	▲	
				施工信息(施工时间、施工影像、施工单位、验收单位、验收人等)	—	○	▲	
			桩基	规格尺寸	▲	▲	▲	—
				材质	○	▲	▲	
				定位	○	▲	▲	
				施工信息(施工时间、施工影像、施工单位、验收单位、验收人等)	—	○	▲	
			挡板	规格尺寸	▲	▲	▲	—
				材质	○	▲	▲	
				定位	○	▲	▲	
				施工信息(施工时间、施工影像、施工单位、验收单位、验收人等)	—	○	▲	
			桥面防水	规格尺寸	▲	▲	▲	—
				材质	○	▲	▲	
				定位	○	▲	▲	
				施工信息(施工时间、施工影像、施工单位、验收单位、验收人等)	—	○	▲	

表 C.0.6（续）

单位、分部、分项工程			模型构件	模型信息	LOD350	LOD400	LOD500	备注
区间土建工程	高架区间土建工程	主体结构（桥梁）	疏散平台	规格尺寸	▲	▲	▲	—
				材质	○	▲	▲	
				定位	○	▲	▲	
				施工信息（施工时间、施工影像、施工单位、验收单位、验收人等）	—	○	▲	

注：▲-应具备的信息；△-宜具备的信息；○-可具备的信息。

C.0.7 装饰装修建模对象及模型细度宜符合表 C.0.7 的规定。

表 C.0.7 装饰装修建模对象及模型细度

单位、分部、分项工程			模型构件	模型信息	LOD350	LOD400	LOD500	备注
装饰装修	某车站单体	室内装饰装修	吊顶	规格尺寸	▲	▲	▲	—
				材质	▲	▲	▲	
				定位	▲	▲	▲	
				生产信息（生产厂商、出厂日期、验收人、采购价格等）	—	△	▲	
				施工信息（施工时间、施工影像、施工单位、验收单位、验收人等）	—	○	▲	
			天花板	规格尺寸	▲	▲	▲	—
				材质	▲	▲	▲	
				生产信息（生产厂商、出厂日期、验收人、采购价格等）	—	△	▲	
				施工信息（施工时间、施工影像、施工单位、验收单位、验收人等）	—	○	▲	
			墙面	规格尺寸	▲	▲	▲	—
				材质	▲	▲	▲	
				生产信息（生产厂商、出厂日期、验收人、采购价格等）	—	△	▲	
				施工信息（施工时间、施工影像、施工单位、验收单位、验收人等）	—	○	▲	

表 C.0.7（续）

单位、分部、分项工程			模型构件	模型信息	LOD350	LOD400	LOD500	备注
装饰装修	某车站单体	室内装饰装修	地面铺装	规格尺寸	▲	▲	▲	—
				材质	▲	▲	▲	
			吊顶	定位	▲	▲	▲	
				生产信息（生产厂商、出厂日期、验收人、采购价格等）	—	△	▲	—
				施工信息（施工时间、施工影像、施工单位、验收单位、验收人等）	—	○	▲	
			地面标识导向	规格尺寸	▲	▲	▲	
				材质	▲	▲	▲	
				定位	▲	▲	▲	
				生产信息（生产厂商、出厂日期、验收人、采购价格等）	—	△	▲	—
				施工信息（施工时间、施工影像、施工单位、验收单位、验收人等）	—	○	▲	
			无障碍设施	规格尺寸	▲	▲	▲	
				材质	▲	▲	▲	
				定位	▲	▲	▲	
				生产信息（生产厂商、出厂日期、验收人、采购价格等）	—	△	▲	—
				施工信息（施工时间、施工影像、施工单位、验收单位、验收人等）	—	○	▲	
			装饰造型	规格尺寸	▲	▲	▲	
				材质	○	▲	▲	
				定位	▲	▲	▲	—
				生产信息（生产厂商、出厂日期、验收人、采购价格等）	—	△	▲	
			吊顶	施工信息（施工时间、施工影像、施工单位、验收单位、验收人等）	—	○	▲	

注：▲-应具备的信息；△-宜具备的信息；○-可具备的信息。

C.0.8 车辆段及综合基地建模对象及模型细度宜符合表 C.0.8 的规定。

表 C.0.8 车辆段及综合基地建模对象及模型细度

单位、分部、分项工程			模型构件	模型信息	LOD350	LOD400	LOD500	备注
车辆段及综合基地	某建筑单体工程	结构工程	基础	规格尺寸	▲	▲	▲	—
				材质	○	▲	▲	
				定位	○	▲	▲	
				生产信息（生产厂商、出厂日期、验收人、采购价格等）	—	△	▲	预制式
				施工信息（施工时间、施工影像、施工单位、验收单位、验收人等）	—	○	▲	—
			结构梁	规格尺寸	▲	▲	▲	—
				材质	○	▲	▲	
				定位	○	▲	▲	
				生产信息（生产厂商、出厂日期、验收人、采购价格等）	—	△	▲	预制式
				施工信息（施工时间、施工影像、施工单位、验收单位、验收人等）	—	○	▲	—
			结构板	规格尺寸	▲	▲	▲	—
				材质	○	▲	▲	
				定位	○	▲	▲	
				生产信息（生产厂商、出厂日期、验收人、采购价格等）	—	△	▲	预制式
				施工信息（施工时间、施工影像、施工单位、验收单位、验收人等）	—	○	▲	—
			结构柱	规格尺寸	▲	▲	▲	—
				材质	○	▲	▲	
				定位	○	▲	▲	
				生产信息（生产厂商、出厂日期、验收人、采购价格等）	—	△	▲	预制式
				施工信息（施工时间、施工影像、施工单位、验收单位、验收人等）	—	○	▲	—
			结构墙	规格尺寸	▲	▲	▲	—
				材质	○	▲	▲	

表 C.0.8(续)

单位、分部、分项工程			模型构件	模型信息	LOD350	LOD400	LOD500	备注
车辆段及综合基地	某建筑单体工程	结构工程	结构墙	定位	○	▲	▲	—
				生产信息(生产厂商、出厂日期、验收人、采购价格等)	—	△	▲	预制式
				施工信息(施工时间、施工影像、施工单位、验收单位、验收人等)	—	○	▲	—
			钢屋面	规格尺寸	▲	▲	▲	—
				材质	○	▲	▲	
				定位	○	▲	▲	
				生产信息(生产厂商、出厂日期、验收人、采购价格等)	—	△	▲	预制式
				施工信息(施工时间、施工影像、施工单位、验收单位、验收人等)	—	○	▲	—
			钢桁架	规格尺寸	▲	▲	▲	—
				材质	○	▲	▲	
				定位	○	▲	▲	
				生产信息(生产厂商、出厂日期、验收人、采购价格等)	—	△	▲	预制式
				施工信息(施工时间、施工影像、施工单位、验收单位、验收人等)	—	○	▲	—
			网架	规格尺寸	▲	▲	▲	—
				材质	○	▲	▲	
				定位	○	▲	▲	
				施工信息(施工时间、施工影像、施工单位、验收单位、验收人等)	—	○	▲	
			钢平台夹层	规格尺寸	▲	▲	▲	—
				材质	○	▲	▲	
				定位	○	▲	▲	
				施工信息(施工时间、施工影像、施工单位、验收单位、验收人等)	—	○	▲	
			楼梯	规格尺寸	▲	▲	▲	—
				材质	○	▲	▲	
				定位	○	▲	▲	

表 C.0.8（续）

单位、分部、分项工程			模型构件	模型信息	LOD350	LOD400	LOD500	备注
车辆段及综合基地	某建筑单体工程	结构工程	楼梯	生产信息（生产厂商、出厂日期、验收人、采购价格等）	—	△	▲	预制式
				施工信息（施工时间、施工影像、施工单位、验收单位、验收人等）	—	○	▲	—
			坡道	规格尺寸	▲	▲	▲	—
				材质	○	▲	▲	
				定位	○	▲	▲	
				施工信息（施工时间、施工影像、施工单位、验收单位、验收人等）	—	○	▲	
			排水沟	规格尺寸	▲	▲	▲	—
				材质	○	▲	▲	
				定位	○	▲	▲	
				施工信息（施工时间、施工影像、施工单位、验收单位、验收人等）	—	○	▲	
			集水坑	规格尺寸	▲	▲	▲	—
				材质	○	▲	▲	
				定位	○	▲	▲	
				施工信息（施工时间、施工影像、施工单位、验收单位、验收人等）	—	○	▲	
			室外电缆沟	规格尺寸	▲	▲	▲	—
				材质	○	▲	▲	
				定位	○	▲	▲	
				施工信息（施工时间、施工影像、施工单位、验收单位、验收人等）	—	○	▲	
			预埋件	规格尺寸	▲	▲	▲	—
				材质	○	▲	▲	
				定位	○	▲	▲	
				施工信息（施工时间、施工影像、施工单位、验收单位、验收人等）	—	○	▲	

表 C.0.8(续)

单位、分部、分项工程			模型构件	模型信息	LOD350	LOD400	LOD500	备注
车辆段及综合基地	某建筑单体工程	建筑工程	非承重墙	规格尺寸	▲	▲	▲	—
				材质	○	▲	▲	
				定位	○	▲	▲	
				施工信息(施工时间、施工影像、施工单位、验收单位、验收人等)	—	○	▲	
			门	规格尺寸	▲	▲	▲	—
				材质	○	▲	▲	
				定位	○	▲	▲	
				生产信息(生产厂商、出厂日期、验收人、采购价格等)	—	△	▲	
				施工信息(施工时间、施工影像、施工单位、验收单位、验收人等)	—	○	▲	
			窗	规格尺寸	▲	▲	▲	—
				材质	○	▲	▲	
				定位	○	▲	▲	
				生产信息(生产厂商、出厂日期、验收人、采购价格等)	—	△	▲	
				施工信息(施工时间、施工影像、施工单位、验收单位、验收人等)	—	○	▲	
			玻璃幕墙	规格尺寸	▲	▲	▲	
				材质	○	▲	▲	
				定位	○	▲	▲	
				生产信息(生产厂商、出厂日期、验收人、采购价格等)	—	△	▲	
				施工信息(施工时间、施工影像、施工单位、验收单位、验收人等)	—	○	▲	
			构造柱	规格尺寸	▲	▲	▲	—
				材质	○	▲	▲	
				定位	○	▲	▲	
				施工信息(施工时间、施工影像、施工单位、验收单位、验收人等)	—	○	▲	

表 C.0.8（续）

单位、分部、分项工程			模型构件	模型信息	LOD350	LOD400	LOD500	备注
车辆段及综合基地	某建筑单体工程	建筑工程	圈梁	规格尺寸	▲	▲	▲	—
				材质	○	▲	▲	
				定位	○	▲	▲	
				施工信息（施工时间、施工影像、施工单位、验收单位、验收人等）	—	○	▲	
			楼梯	规格尺寸	▲	▲	▲	—
				材质	○	▲	▲	
				定位	○	▲	▲	
				生产信息（生产厂商、出厂日期、验收人、采购价格等）	—	△	▲	
				施工信息（施工时间、施工影像、施工单位、验收单位、验收人等）	—	○	▲	
			电梯	规格尺寸	▲	▲	▲	—
				材质	○	▲	▲	
				定位	○	▲	▲	
				生产信息（生产厂商、出厂日期、验收人、采购价格等）	—	△	▲	
				施工信息（施工时间、施工影像、施工单位、验收单位、验收人等）	—	○	▲	
			自动扶梯	规格尺寸	▲	▲	▲	—
				材质	○	▲	▲	
				定位	○	▲	▲	
				生产信息（生产厂商、出厂日期、验收人、采购价格等）	—	△	▲	
				施工信息（施工时间、施工影像、施工单位、验收单位、验收人等）	—	○	▲	
			阳台	规格尺寸	▲	▲	▲	—
				材质	○	▲	▲	
				定位	○	▲	▲	
				生产信息（生产厂商、出厂日期、验收人、采购价格等）	—	△	▲	预制式
				施工信息（施工时间、施工影像、施工单位、验收单位、验收人等）	—	○	▲	—

表 C.0.8（续）

单位、分部、分项工程			模型构件	模型信息	LOD350	LOD400	LOD500	备注
车辆段及综合基地	某建筑单体工程	建筑工程	雨篷	规格尺寸	▲	▲	▲	—
				材质	○	▲	▲	
				定位	○	▲	▲	
				施工信息（施工时间、施工影像、施工单位、验收单位、验收人等）	—	○	▲	
			台阶	规格尺寸	▲	▲	▲	—
				材质	○	▲	▲	
				定位	○	▲	▲	
				施工信息（施工时间、施工影像、施工单位、验收单位、验收人等）	—	○	▲	
			夹层	规格尺寸	▲	▲	▲	—
				材质	○	▲	▲	
				定位	○	▲	▲	
				施工信息（施工时间、施工影像、施工单位、验收单位、验收人等）	—	○	▲	
			天窗	规格尺寸	▲	▲	▲	—
				材质	○	▲	▲	
				定位	○	▲	▲	
				生产信息（生产厂商、出厂日期、验收人、采购价格等）	—	△	▲	
				施工信息（施工时间、施工影像、施工单位、验收单位、验收人等）	—	○	▲	
			地沟	规格尺寸	▲	▲	▲	—
				材质	○	▲	▲	
				定位	○	▲	▲	
				施工信息（施工时间、施工影像、施工单位、验收单位、验收人等）	—	○	▲	
			坡道	规格尺寸	▲	▲	▲	—
				材质	○	▲	▲	

表 C.0.8（续）

单位、分部、分项工程			模型构件	模型信息	LOD350	LOD400	LOD500	备注
车辆段及综合基地	某建筑单体工程	建筑工程	坡道	定位	○	▲	▲	—
				施工信息（施工时间、施工影像、施工单位、验收单位、验收人等）	—	○	▲	
			建筑设备	规格尺寸	▲	▲	▲	—
				材质	○	▲	▲	
				定位	○	▲	▲	
				生产信息（生产厂商、出厂日期、验收人、采购价格等）	—	△	▲	
				施工信息（施工时间、施工影像、施工单位、验收单位、验收人等）	—	○	▲	
			家具	规格尺寸	▲	▲	▲	—
				材质	○	▲	▲	
				定位	○	▲	▲	
				生产信息（生产厂商、出厂日期、验收人、采购价格等）	—	△	▲	
				施工信息（施工时间、施工影像、施工单位、验收单位、验收人等）	—	○	▲	
			卫生器具	规格尺寸	▲	▲	▲	—
				材质	○	▲	▲	
				定位	○	▲	▲	
				生产信息（生产厂商、出厂日期、验收人、采购价格等）	—	△	▲	
				施工信息（施工时间、施工影像、施工单位、验收单位、验收人等）	—	○	▲	
			大型设备吊装孔	规格尺寸	▲	▲	▲	—
				定位	○	▲	▲	
			预留孔洞	规格尺寸	▲	▲	▲	—
				定位	○	▲	▲	
			预埋铁件	规格尺寸	▲	▲	▲	—
				定位	○	▲	▲	

表 C.0.8（续）

单位、分部、分项工程				模型构件	模型信息	LOD350	LOD400	LOD500	备注
车辆段及综合基地	某建筑单体工程	建筑工程		预留套管	规格尺寸	▲	▲	▲	—
					定位	○	▲	▲	
				栏杆	规格尺寸	▲	▲	▲	—
					材质	○	▲	▲	
					定位	○	▲	▲	
					生产信息（生产厂商、出厂日期、验收人、采购价格等）	—	△	▲	
					施工信息（施工时间、施工影像、施工单位、验收单位、验收人等）	—	○	▲	
				扶手	规格尺寸	▲	▲	▲	—
					材质	○	▲	▲	
					定位	○	▲	▲	
					生产信息（生产厂商、出厂日期、验收人、采购价格等）	—	△	▲	
					施工信息（施工时间、施工影像、施工单位、验收单位、验收人等）	—	○	▲	
		装饰装修工程	室内装饰装修工程	吊顶龙骨	规格尺寸	▲	▲	▲	—
					材质	○	▲	▲	
					生产信息（生产厂商、出厂日期、验收人、采购价格等）	—	△	▲	
					施工信息（施工时间、施工影像、施工单位、验收单位、验收人等）	—	○	▲	
				天花板	规格尺寸	▲	▲	▲	—
					材质	○	▲	▲	
					生产信息（生产厂商、出厂日期、验收人、采购价格等）	—	△	▲	
					施工信息（施工时间、施工影像、施工单位、验收单位、验收人等）	—	○	▲	
				墙面铺装	规格尺寸	▲	▲	▲	—
					材质	○	▲	▲	
					生产信息（生产厂商、出厂日期、验收人、采购价格等）	—	△	▲	
					施工信息（施工时间、施工影像、施工单位、验收单位、验收人等）	—	○	▲	

表 C.0.8（续）

单位、分部、分项工程				模型构件	模型信息	LOD350	LOD400	LOD500	备注
车辆段及综合基地	某建筑单体工程	装饰装修工程	室内装饰装修工程	地面铺装	规格尺寸	▲	▲	▲	—
					材质	○	▲	▲	
					生产信息（生产厂商、出厂日期、验收人、采购价格等）	—	△	▲	
					施工信息（施工时间、施工影像、施工单位、验收单位、验收人等）	—	○	▲	
				标识牌	规格尺寸	▲	▲	▲	—
					材质	○	▲	▲	
					生产信息（生产厂商、出厂日期、验收人、采购价格等）	—	△	▲	
					施工信息（施工时间、施工影像、施工单位、验收单位、验收人等）	—	○	▲	
				无障碍设施	规格尺寸	▲	▲	▲	—
					材质	○	▲	▲	
					生产信息（生产厂商、出厂日期、验收人、采购价格等）	—	△	▲	
				装饰构件	施工信息（施工时间、施工影像、施工单位、验收单位、验收人等）	—	○	▲	—
					材质	○	▲	▲	
					生产信息（生产厂商、出厂日期、验收人、采购价格等）	—	△	▲	
					施工信息（施工时间、施工影像、施工单位、验收单位、验收人等）	—	○	▲	
			室外装饰装修工程	墙面铺装	规格尺寸	▲	▲	▲	—
					材质	○	▲	▲	
					生产信息（生产厂商、出厂日期、验收人、采购价格等）	—	△	▲	
					施工信息（施工时间、施工影像、施工单位、验收单位、验收人等）	—	○	▲	
				地面铺装	规格尺寸	▲	▲	▲	—
					材质	○	▲	▲	
					生产信息（生产厂商、出厂日期、验收人、采购价格等）	—	△	▲	
					施工信息（施工时间、施工影像、施工单位、验收单位、验收人等）	—	○	▲	

表 C.0.8(续)

单位、分部、分项工程				模型构件	模型信息	LOD350	LOD400	LOD500	备注
车辆段及综合基地	某建筑单体工程	装饰装修工程	室外装饰装修工程	标识牌	规格尺寸	▲	▲	▲	—
					材质	○	▲	▲	
					生产信息(生产厂商、出厂日期、验收人、采购价格等)	—	△	▲	
					施工信息(施工时间、施工影像、施工单位、验收单位、验收人等)	—	○	▲	
				装饰造型	规格尺寸	▲	▲	▲	—
					材质	○	▲	▲	
					生产信息(生产厂商、出厂日期、验收人、采购价格等)	—	△	▲	
					施工信息(施工时间、施工影像、施工单位、验收单位、验收人等)	—	○	▲	

注:1. 车辆段及综合基地的建筑单体包括但不限于综合维修中心、物资总库、培训中心、生产房屋、辅助生产房屋(生活、办公)、动力房屋、配套设施。
2. 综合维修中心配备生产房屋、仓库和必要的办公、生活房屋,其中生产房屋宜合建为维修综合楼,办公房屋宜与车辆段办公房屋合建为综合办公楼,食堂、浴室等生活房屋应与车辆段同类型设施合并。
3. 生产房屋应包括但不限于运用及检修库、停车列检库(棚)、双周/三月检库、联合检修库、运用库、洗车库(棚)、定修库、临修库、大修库、架修库、不落轮璇轮库、调机车库、静调库、吹扫库(棚)、油漆库等。
4. 辅助生产房屋应包括但不限于电器间、制动间、空调检修间、材料备品仓库等。
5. 动力房屋应包括但不限于空气压缩机间、变配电所、给水所、锅炉房、蓄电池间等。
6. 生活房屋包括但不限于乘务员公寓、办公楼、食堂、浴室、职工更衣休息室等。
7. 配套设施包括但不限于汽车停车场、自行车棚、救援办公室等。
8. ▲-应具备的信息;△-宜具备的信息;○-可具备的信息。

C.0.9 装配式混凝土建模对象及模型细度宜符合表 C.0.9 的规定。

表 C.0.9 装配式混凝土建模对象及模型细度

单位、分部、分项工程			模型构件	模型信息	LOD350	LOD400	LOD500	备注
装配式混凝土工程	项目单体	预制构件	预制叠合板	规格尺寸	▲	▲	▲	—
				材质	▲	▲	▲	
				定位	▲	▲	▲	
				生产信息(生产厂商、出厂日期、验收人、采购价格等)	—	△	▲	
				施工信息(施工时间、施工影像、施工单位、验收单位、验收人等)	—	○	▲	

表 C.0.9（续）

单位、分部、分项工程			模型构件	模型信息	LOD350	LOD400	LOD500	备注
装配式混凝土工程	项目单体	预制构件	预制剪力墙内墙	规格尺寸	▲	▲	▲	—
				材质	▲	▲	▲	
				生产信息（生产厂商、出厂日期、验收人、采购价格等）	—	△	▲	
				施工信息（施工时间、施工影像、施工单位、验收单位、验收人等）	—	○	▲	
			预制梁	规格尺寸	▲	▲	▲	—
				材质	▲	▲	▲	
				定位	▲	▲	▲	
				生产信息（生产厂商、出厂日期、验收人、采购价格等）	—	△	▲	
				施工信息（施工时间、施工影像、施工单位、验收单位、验收人等）	—	○	▲	
			叠合梁	规格尺寸	▲	▲	▲	—
				材质	▲	▲	▲	
				定位	▲	▲	▲	
				生产信息（生产厂商、出厂日期、验收人、采购价格等）	—	△	▲	
				施工信息（施工时间、施工影像、施工单位、验收单位、验收人等）	—	○	▲	
			预制空调板	规格尺寸	▲	▲	▲	—
				材质	▲	▲	▲	
				定位	▲	▲	▲	
				生产信息（生产厂商、出厂日期、验收人、采购价格等）	—	△	▲	
				施工信息（施工时间、施工影像、施工单位、验收单位、验收人等）	—	○	▲	
			预制楼梯	规格尺寸	▲	▲	▲	—
				材质	▲	▲	▲	
				定位	▲	▲	▲	
				生产信息（生产厂商、出厂日期、验收人、采购价格等）	—	△	▲	
				施工信息（施工时间、施工影像、施工单位、验收单位、验收人等）	—	○	▲	

注：▲-应具备的信息；△-宜具备的信息；○-可具备的信息。

C. 0. 10 钢结构建模对象及模型细度宜符合表 C. 0. 10 的规定。

表 C. 0. 10 钢结构建模对象及模型细度

单位、分部、分项工程	模型构件	模型信息	LOD350	LOD400	LOD500	备注
钢结构工程	钢梁	规格尺寸	▲	▲	▲	—
		定位	○	▲	▲	
		生产信息（生产厂商、出厂日期、验收人、采购价格等）	—	△	▲	
		施工信息（施工时间、施工影像、施工单位、验收单位、验收人等）	—	△	▲	
	钢柱	规格尺寸	▲	▲	▲	—
		定位	○	▲	▲	
		生产信息（生产厂商、出厂日期、验收人、采购价格等）	—	△	▲	
		施工信息（施工时间、施工影像、施工单位、验收单位、验收人等）	—	△	▲	
	钢骨梁	规格尺寸	▲	▲	▲	—
		定位	○	▲	▲	
		生产信息（生产厂商、出厂日期、验收人、采购价格等）	—	△	▲	
		施工信息（施工时间、施工影像、施工单位、验收单位、验收人等）	—	△	▲	
	钢骨柱	规格尺寸	▲	▲	▲	—
		定位	○	▲	▲	
		生产信息（生产厂商、出厂日期、验收人、采购价格等）	—	△	▲	
		施工信息（施工时间、施工影像、施工单位、验收单位、验收人等）	—	△	▲	
	钢结构杆件	规格尺寸	▲	▲	▲	—
		定位	○	▲	▲	
		生产信息（生产厂商、出厂日期、验收人、采购价格等）	—	△	▲	
		施工信息（施工时间、施工影像、施工单位、验收单位、验收人等）	—	△	▲	

表 C.0.10（续）

单位、分部、分项工程	模型构件	模型信息	LOD350	LOD400	LOD500	备注
钢结构工程	钢檩条	规格尺寸	▲	▲	▲	—
		定位	○	▲	▲	
		生产信息（生产厂商、出厂日期、验收人、采购价格等）	—	△	▲	
		施工信息（施工时间、施工影像、施工单位、验收单位、验收人等）	—	△	▲	
	钢支撑	规格尺寸	▲	▲	▲	—
		定位	○	▲	▲	
		生产信息（生产厂商、出厂日期、验收人、采购价格等）	—	△	▲	
		施工信息（施工时间、施工影像、施工单位、验收单位、验收人等）	—	△	▲	
	节点连接板	规格尺寸	▲	▲	▲	—
		定位	○	▲	▲	
		生产信息（生产厂商、出厂日期、验收人、采购价格等）	—	△	▲	
		施工信息（施工时间、施工影像、施工单位、验收单位、验收人等）	—	△	▲	
	节点加劲板	规格尺寸	▲	▲	▲	—
		定位	○	▲	▲	
		生产信息（生产厂商、出厂日期、验收人、采购价格等）	—	△	▲	
		施工信息（施工时间、施工影像、施工单位、验收单位、验收人等）	—	△	▲	
	节点螺栓	规格尺寸	▲	▲	▲	—
		定位	○	▲	▲	
		生产信息（生产厂商、出厂日期、验收人、采购价格等）	—	△	▲	
		施工信息（施工时间、施工影像、施工单位、验收单位、验收人等）	—	△	▲	
	预埋件	规格尺寸	▲	▲	▲	—
		定位	○	▲	▲	
		生产信息（生产厂商、出厂日期、验收人、采购价格等）	—	△	▲	
		施工信息（施工时间、施工影像、施工单位、验收单位、验收人等）	—	△	▲	

表 C. 0. 10（续）

单位、分部、分项工程	模型构件	模型信息	LOD350	LOD400	LOD500	备注
钢结构工程	预留孔洞	规格尺寸	▲	▲	▲	—
		定位	○	▲	▲	
		生产信息（生产厂商、出厂日期、验收人、采购价格等）	—	△	▲	
		施工信息（施工时间、施工影像、施工单位、验收单位、验收人等）	—	△	▲	

注：▲-应具备的信息；△-宜具备的信息；○-可具备的信息。

附录 D　BIM 平台软硬件资源配置

D.0.1　BIM 平台软件资源配置应符合表 D.0.1 的规定。

表 D.0.1　BIM 平台软件资源配置

序号	环境	类别	配置要求
1	服务器	操作系统	①Windows Server 2012 及以上； ②CentOS 7.0 及以上； ③中标麒麟、阿里云、鸿蒙等国产系统
2		数据库	①SQL Server /Oralce/MongoDB； ②MySQL/PostgreSQL； ③AliSQL/TDSQL/Informix/TIDB/Dm/OceanBase/人大金仓/南大通用/GaussDB 等国产数据库

D.0.2　BIM 平台硬件资源配置应符合表 D.0.2 的规定。

表 D.0.2　BIM 平台硬件资源配置

序号	环境	类别	配置要求
1	服务器	处理器	24 核心及以上，2.6GHZ 及以上，L3 缓存 30M 及以上
2		内存	64G 及以上，支持扩容
3		磁盘	2T 及以上，SAS 接口支持热插拔、支持缓存加速技术
4		Raid 卡	提供 Raid
5		显卡	独立显卡，显存 8G 及以上
6		输入输出部件	双万兆网卡（局域网通信推荐千兆及以上）

附录 E　工程周边环境调查表

E. 0. 1　工程周边环境基本情况调查表格式宜符合表 E. 0. 1 的要求。

表 E. 0. 1　工程周边环境基本情况调查

序号	名称	类型	地理位置	与地铁工程的空间关系	修建年代或竣工日期	使用现状	产权人或管理单位	联系电话	调查日期	备注

E. 0. 2 地上建筑物调查表格式宜符合表 E. 0. 2 的要求。

表 E. 0. 2 地上建筑物调查

调查单位：

工程名称			
建筑物名称		序号	
地理位置			
修建年代或竣工日期		竣工图纸情况	
产权人或管理单位 及电话			
建设、勘察、设计、 施工等单位			
使用现状			
地上层数		地下层数	
地面高度		基础埋深（高程）	
结构形式		基础形式	
地基变形允许值		沉降观测值	
备注	（说明资料来源，有无实测、影像等资料）		
与城市轨道交通工程的 空间关系示意图			

调查人：　　　　　　　　校核人：　　　　　　　　调查日期：

E.0.3 地下管线调查表格式宜符合表E.0.3的要求。

表E.0.3 地下管线调查

序号： 调查单位：

工程名称			
管线名称		管线类型、功能	
修建年代或竣工日期		竣工图纸情况	
产权人或管理单位及电话			
建设、勘察、设计、施工等单位			
使用现状（是否破损）		管线规格（横断面形状尺寸、厚度）	
管线材质		管节长度、走向	
埋设方式		埋深（管中心/管底高程）	
施工方法		接口形式	
载体特征（压力、流量、流向）		节（阀）门（或检查井）位置	
特殊要求（允许变形量）		调查工具	
管线周围地层状况（是否存在水囊、周围古井、渗井、暗河和废气管沟情况）			
备注	（说明资料来源，有无实测、影像等资料）		
与城市轨道交通工程空间关系示意图	（各序号管线详见管线现场调查确认表）		

调查人： 校核人： 调查日期：

注：管线调查时应调查涉及施工及施工可能影响范围内的管线。

E. 0. 4 地下管线交底记录表格式宜符合表 E. 0. 4 的要求。

表 E. 0. 4 地下管线交底记录

表： 序号：

工程名称		施工单位	
交底时间		管线产权单位	
交底人		记录人	

交底内容：

一、管线说明

序号	管线名称	材质、规格	埋深	与基坑位置关系

二、有关注意事项

（1）

（2）

（3）

（4）

交底人： 时间：

接收交底人：

注：地下管线探测规定应参照现行行业标准《城市地下管线探测技术规程》（CJJ 61）中的相关规定。

E. 0. 5 地下管线探挖记录表格式宜符合表 E. 0. 5 的要求。

表 E. 0. 5 地下管线探挖记录

工程名称			
探挖位置		探挖时间	
探挖原因			
探挖情况			
探挖照片			
采取措施			
记录人		监理单位	

注：本表格根据现场施工进度进行记录。

附录 F 城市轨道交通工程位移监测表

表 F ________城市轨道交通工程位移监测

监测工程名称： 报表序号： 天气：

本次监测时间： 年 月 日 时 上次检测时间： 年 月 日 时

<table>
<tr><td colspan="4">仪器型号：</td><td colspan="4">仪器出厂序号：</td><td colspan="2">检定日期：</td></tr>
<tr><td rowspan="2">监测点号</td><td rowspan="2">初始值（mm）</td><td rowspan="2">上次累计变化量（mm）</td><td rowspan="2">本次累计变化量（mm）</td><td rowspan="2">本次变化量（mm）</td><td rowspan="2">变化速率（mm/d）</td><td colspan="2">控制值</td><td>监测</td><td rowspan="2">备注</td></tr>
<tr><td>累计变化值（mm）</td><td>变化速率值（mm/d）</td><td>预警等级</td></tr>
<tr><td></td><td></td><td></td><td></td><td></td><td></td><td></td><td></td><td></td><td></td></tr>
<tr><td></td><td></td><td></td><td></td><td></td><td></td><td></td><td></td><td></td><td></td></tr>
<tr><td></td><td></td><td></td><td></td><td></td><td></td><td></td><td></td><td></td><td></td></tr>
<tr><td></td><td></td><td></td><td></td><td></td><td></td><td></td><td></td><td></td><td></td></tr>
<tr><td></td><td></td><td></td><td></td><td></td><td></td><td></td><td></td><td></td><td></td></tr>
<tr><td></td><td></td><td></td><td></td><td></td><td></td><td></td><td></td><td></td><td></td></tr>
<tr><td></td><td></td><td></td><td></td><td></td><td></td><td></td><td></td><td></td><td></td></tr>
<tr><td></td><td></td><td></td><td></td><td></td><td></td><td></td><td></td><td></td><td></td></tr>
<tr><td colspan="10">施工工况：</td></tr>
<tr><td colspan="10">监测结论及建议：</td></tr>
</table>

现场监测人： 计算人： 校核人：

监测工程负责人： 监测单位：

第 页 共 页

注：施工过程中地表、管线、建筑物、边坡沉降、边坡水平位移等监测的监测要求和监测频率应符合现行国家标准《城市轨道交通工程监测技术规范》（GB 50911）的相关规定，现场巡查每天不宜少于 1 次，并应做好巡查记录。

附录 G　应用案例

G. 0. 1　管线迁改 BIM 应用案例

× ×轨道交通工程管线迁改

一、项目概况

工程西起绿水公园站，南至渌水道站，沿线经四个行政区。线路正线长 18. 6km，共设车站 17 座，均为地下站，平均站间距 1. 1km，线路平面图如图 G. 0. 1-1 所示。

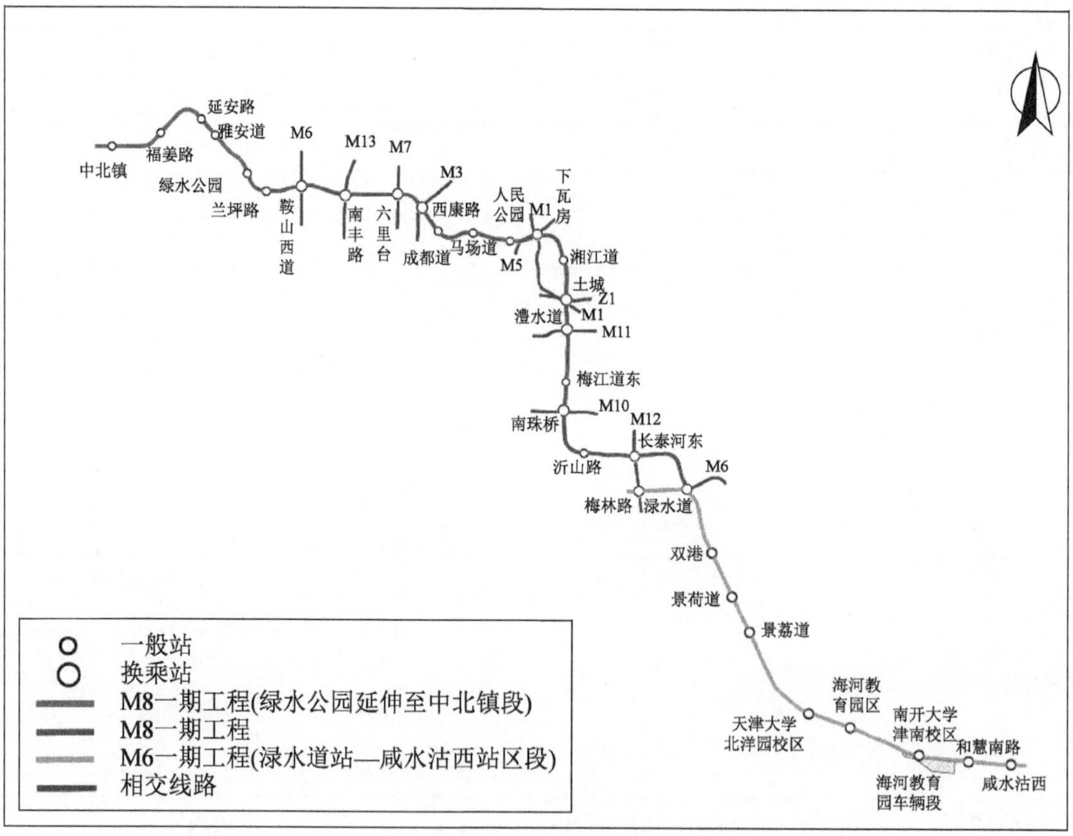

图 G. 0. 1-1　工程线路示意图

本标段（一期 4 标）共 5 站 5 区间，全长 4. 7km，平面图如图 G. 0. 1-2 所示。其中，× ×站为地下五层盖挖逆作法施工 3 线换乘车站，位于大沽南路与琼州道交口东侧，沿琼州道东西向设置。车站东侧（近闽侯路）为35kV变电站、闽侯路37号楼；南侧为汉庭连锁酒店、恒华大厦；西侧（近大沽南路）紧邻××轨道交通1、5号线××站。车站长156.1m，最大开挖深度38.3m，附属设置4个出入口、4组风亭及1、5、8号线三角地换乘区域，车站周边环境复杂、交通繁忙，是全线风险最高、难度最大的车站，车站地理位置如图G.0.1-3所示。

图G.0.1-2　一期4标工程线路示意图

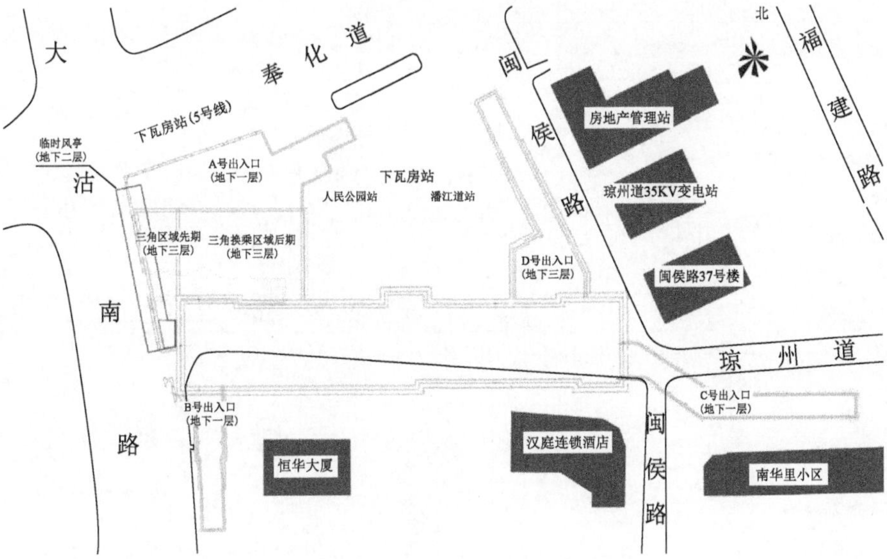

图G.0.1-3　下瓦房站地理位置示意图

二、管线迁改应用实施

（一）准备工作

1. 原状管线施工图收集

以××规划设计研究院出具的管线临时迁改规划为基础，向设计院、各专业管线的产权单位（或迁改单位）收集原状地下管线综合施工/竣工CAD图纸（图G.0.1-4）及单专业管线施工/竣工CAD图纸（图G.0.1-5）。

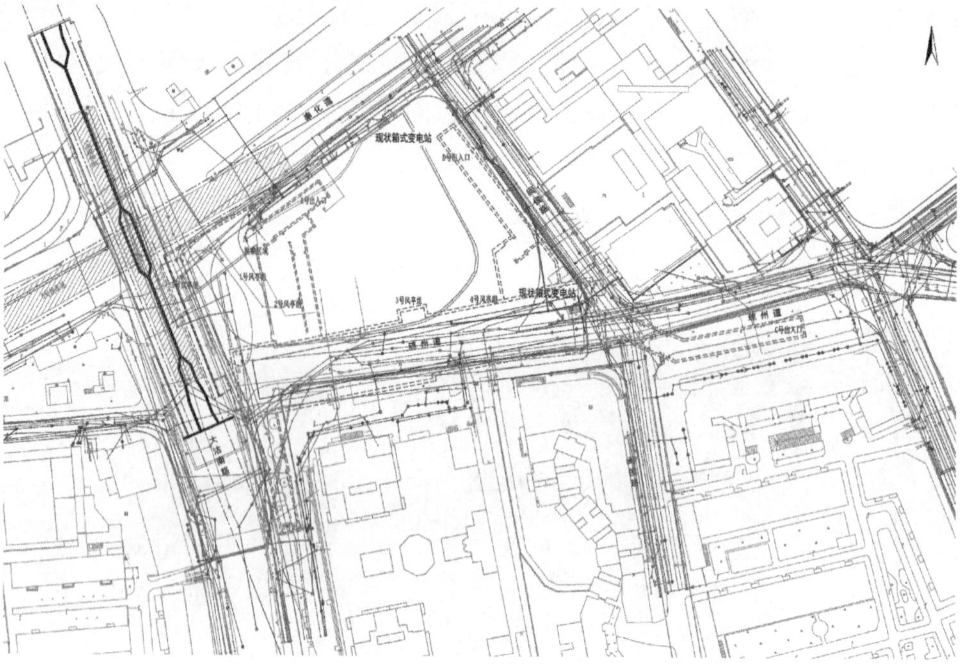

图 G. 0. 1-4　原状地下管线综合施工/竣工示意图

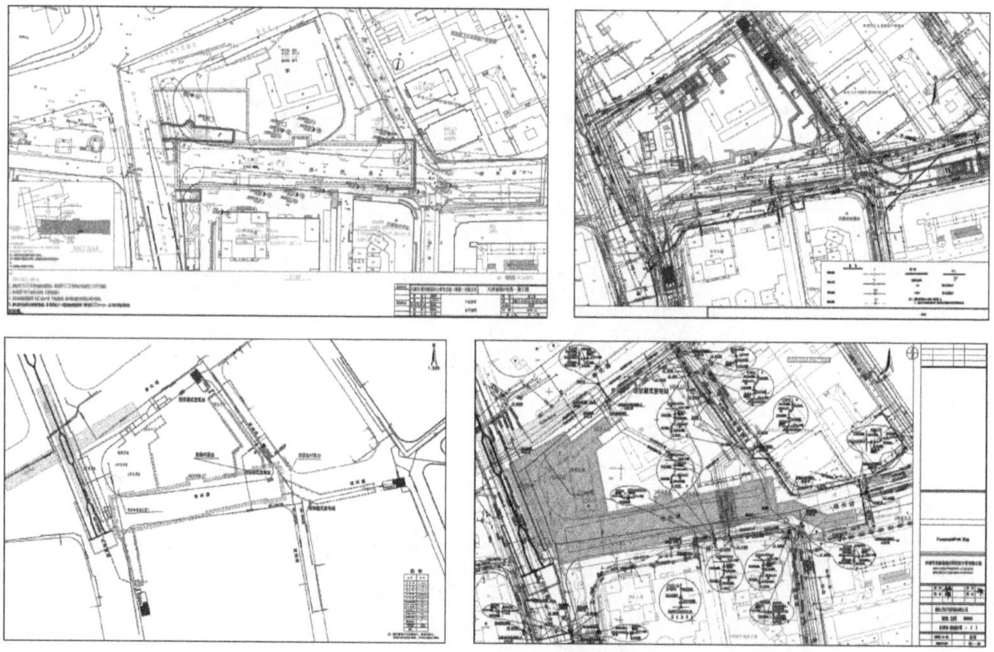

图 G. 0. 1-5　部分地下管线专业施工/竣工示意图

2. 原状管线现场复勘

参照××设计院集团有限公司提供的《××轨道交通一期工程物探总结报告》，综合采用管线探测仪、人工开挖探沟、现场调查等方式对原状地下管线进行现场勘察，如图 G. 0. 1-6 所示。按照附录 E 中表 E. 0. 3 和表 E. 0. 5 形式，填写××站原状地下管线调查表，并记录管线探挖情况（表 G. 0. 1-1），进一步复核和修正原状地下管线施工及竣工图纸。

a)管线探测仪现场探测

b)人工开挖探沟

c)现场调查

图 G. 0. 1-6　管线现场踏勘

表 G. 0. 1-1　× × 站管线探挖记录

工程名称	× × 轨道交通一期工程 4 标（ × × 站）		
探挖位置	琼州道闽侯路管线切改施工区域	探挖时间	2021. 1. 5
探挖情况	本次探挖深度 2m，发现低压燃气管线（100）管埋深 70cm、电力 10kV 埋深 70cm、路灯埋深 50cm、通讯 6 孔排管埋深 1m		
备注			
探挖照片			
采取措施			
记录人		监理单位	

（二）管线建模

1. 原状管线施工图纸资料矫正

将原状管线现场踏勘结果与原状管线施工图进行比对，汇总梳理见表 G. 0. 1-2。

表 G. 0. 1-2　原状管线现场踏勘校核结果记录及纠正

施工区域	管线类别	与图纸是否相符	图纸记录错误及纠正	图纸遗漏管线错误及纠正
大沽南路	供电（保护管）	否	GD3548-GB3550 图内未标注埋深，实际埋深 1.46m	大沽南路路灯电线 10m，已补充路由
	通信（保护管）	否	DX3742-DX3034 及 DX3231-DX3187 路由向西南方向偏移 1m	—
	给水	是	—	—
	雨水	是	—	—
	燃气（低压）	否	TR3330-TR3332 标注埋深 1. 1m，实际埋深 0. 98m	—
琼州道	供电（保护管）	是	—	—
	通信（保护管）	否	—	DX3277 向南至恒华大厦补充 2 孔通信管，埋深 0. 6m
	给水	否	SP3519-SP3509 管段为废弃状态	—
	雨水	是	—	—
	污水	是	—	—
闽侯路	供电（保护管）	否	37 号楼门前至变电站处 10kV 电缆标注埋深 0. 6m，实际埋深 0. 4m	37 号楼门前至变电站处发现 2 根电缆，埋深 0. 4m
	通信（保护管）	是	—	—
	给水	否	SP3381-SP3387 标注埋深 0. 63m，实际埋深 0. 78m	—
	雨水	是	—	—
	污水	是	—	—
	燃气（低压）	是	—	—

2. 原状管线 CAD 图纸处理

对矫正后的原状管线综合 CAD 施工图进行图纸处理，对图中各地下管线和管道附件图例、文字标注等元素信息按专业和图层进行拆分和统一处理，并可以按需分类导出各专业地下管线 CAD 图纸文件（图 G. 0. 1-7）。

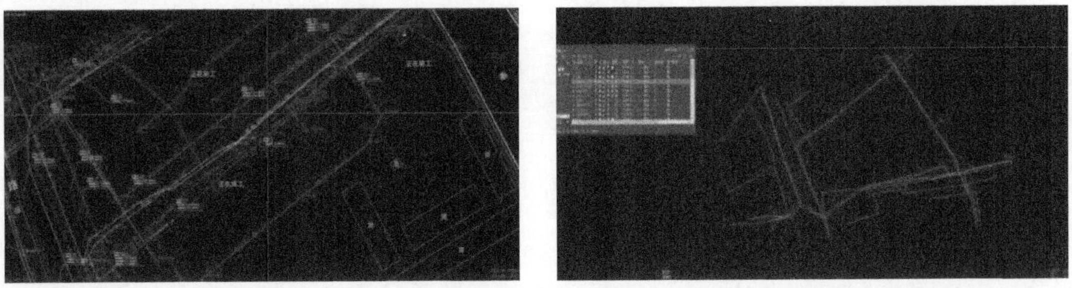

a)图层处理　　b)单专业原状地下管线筛选图

图 G. 0. 1-7　原状管线 CAD 图纸处理示意图

3. 模型构件库建立

根据现场实际管线、施工场地情况，创建并逐步完善各类管线、管井等管道附件及临建设施等的模型构件库，如图 G. 0. 1-8 所示。

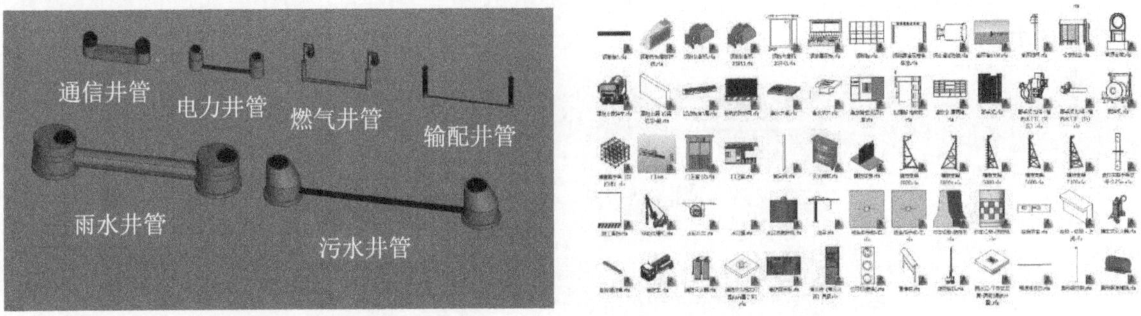

a)管线模型构件　　b)临建设施模型构件

图 G. 0. 1-8　模型构件库

4. 原状管线及其他模型创建

（1）原状管线模型创建

采用管线建模软件，导入原状管线 CAD 图纸，并批量化提取图纸图层及数据信息，实现原状管线快速建模（图 G. 0. 1-9）。

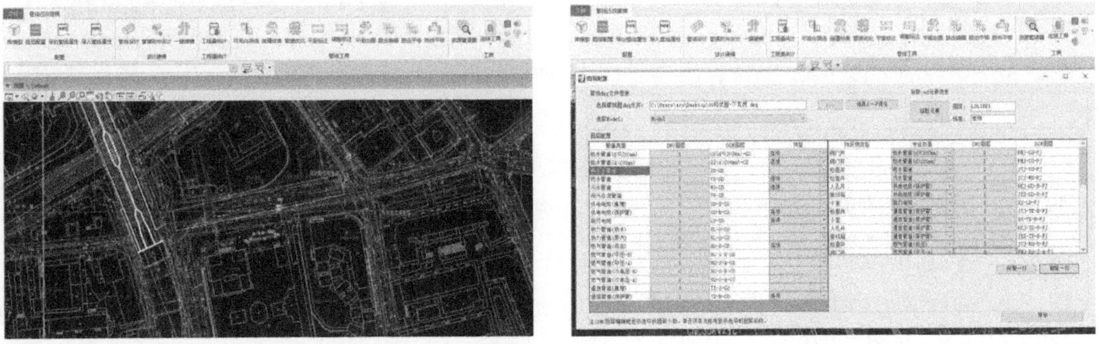

a)图纸导入　　b)数据提取

图　G. 0. 1-9

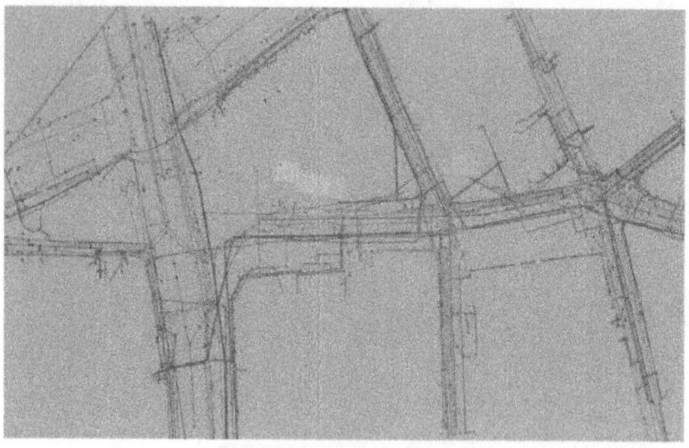

c)原状管线模型俯视图

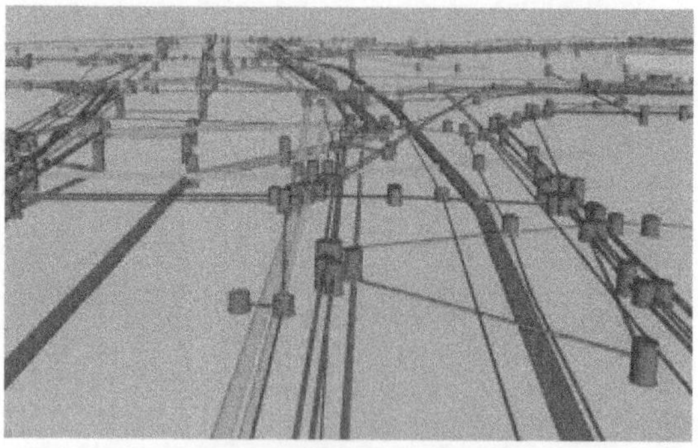

d)原状管线模型局部俯视图

图 G. 0. 1-9　原状管线模型创建

（2）其他相关模型创建

根据项目其他相关技术资料及前期准备工作，完成临建场地布置模型、车站围护结构及结构模型、周边环境倾斜摄影模型的创建，如图 G. 0. 1-10 所示。由于城市轨道交通工程多位于城市中心或人口稠密区，高层建筑较多，本项目采用无人机倾斜摄影完成周边环境快速建模。

a)临建场地布置模型

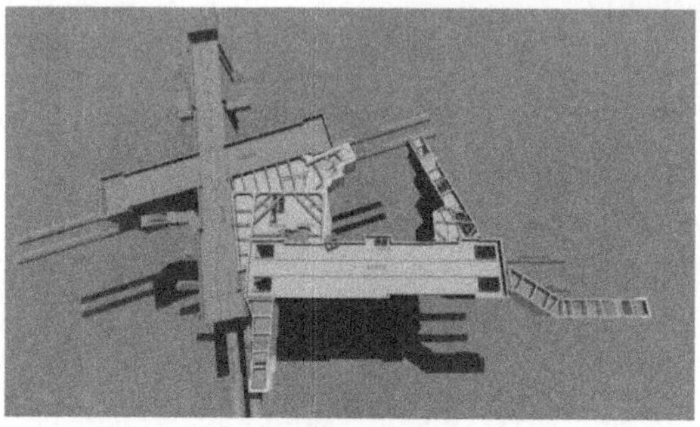

b)车站围护结构及结构模型

c)周边环境倾斜摄影模型

图 G. 0. 1-10　其他相关模型

（3）迁改管线模型创建

以原状管线 BIM 模型为基础，通过软件自身内置管线间距、埋深、曲率半径等规范及技术要求，按照划定分期迁改的施工区域范围，通过管线建模软件，实现管线迁改路由的初步自动布设；考虑到现场实际施工条件和部分管线迁改带来的成本较高、工作量较大的问题，继续采用手动调整方式，对管线路进行局部调整，完成一期迁改管线模型的创建（图 G. 0. 1-11）。完成后，以一期迁改管线模型为基础，进行二期、三期迁改管线模型的创建。

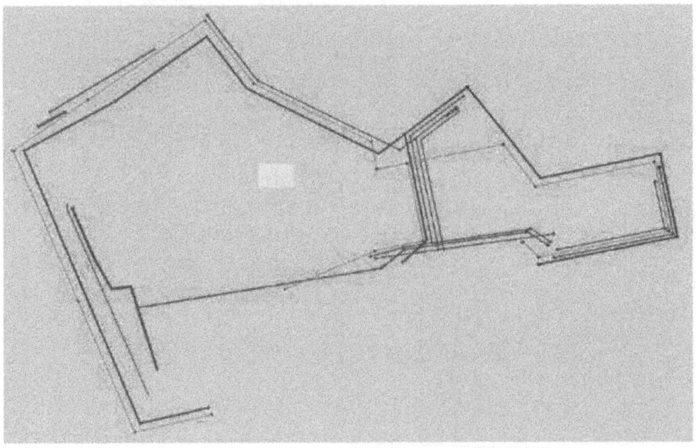

图 G. 0. 1-11　部分专业一期迁改管线模型俯视示意图

（三）碰撞检查

1. 模型总装

以一期迁改管线模型为例，将一期迁改管线（含一期迁改新增与一期迁改保留）、临建场地布置、车站围护结构、周边环境倾斜摄影等模型在管线建模软件中进行总装，如图 G. 0. 1-12 所示。

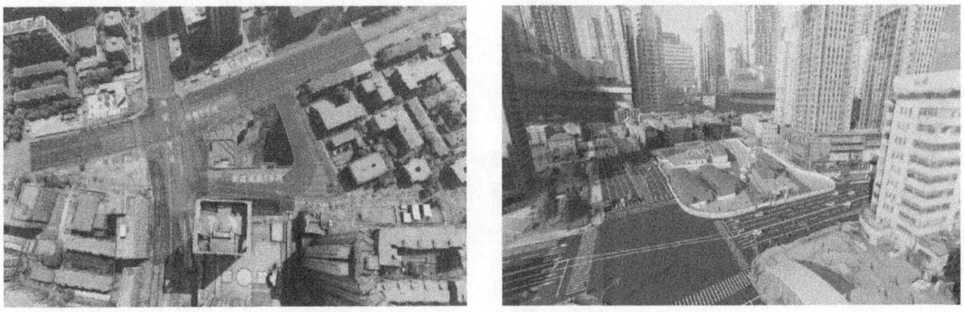

图 G. 0. 1-12　模型总装效果图

2. 碰撞检查

基于总装后的综合模型，着重对一期迁改管线、周边环境、车站围护结构模型之间设置碰撞规则，进行碰撞检查，标记、导出碰撞点位，并形成碰撞检查分析报告，如图 G. 0. 1-13所示。

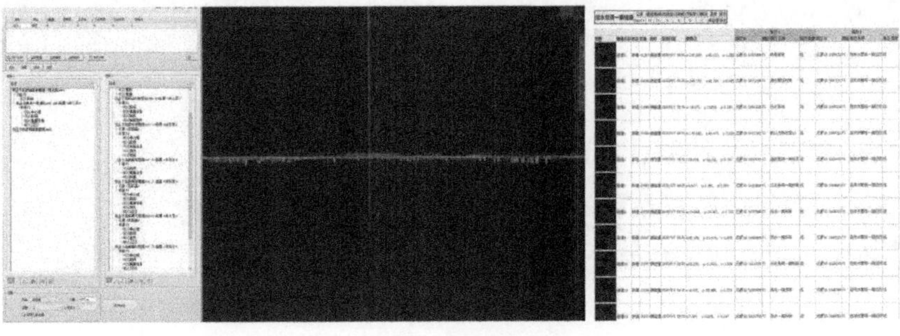

图　G. 0. 1-13

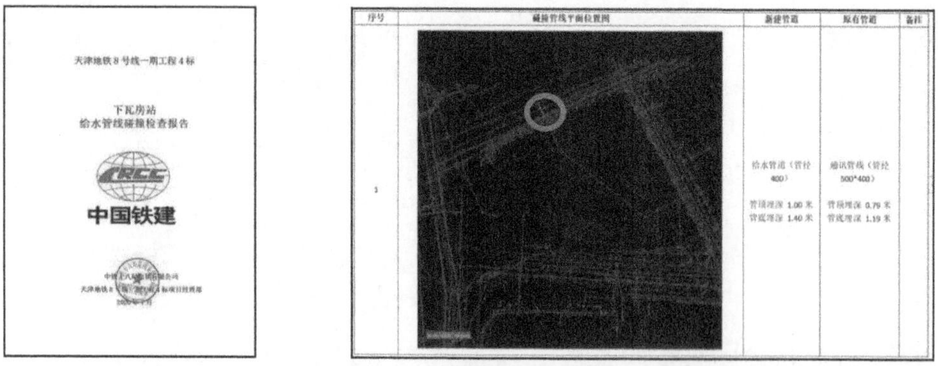

图 G. 0. 1-13　碰撞检查示意图

3. 现场复核

基于碰撞报告标记的碰撞点位，与产权单位、施工队一起进行现场复核，根据现场施工条件做好现场复核记录（图 G. 0. 1-14），为各专业管线迁改路由、埋深、间距调整优化排除不利因素干扰。

图 G. 0. 1-14　现场复核

（四）迁改方案验证与优化

通过对碰撞报告中碰撞点位进行逐一校核，进一步对各专业管线的迁改路由、高程、埋深、间距等进行管线综合优化，如图 G. 0. 1-15 所示，验证管线迁改方案的可行性，并据此进一步优化管线迁改方案。

a)通信管线迁改原路由　　b)通信管线迁改路由优化

图　G. 0. 1-15

c)低压燃气管线迁改原路由

d)低压燃气管线迁改路由优化

图 G. 0. 1-15　一期管线迁改方案验证与优化模型示意图

（五）可视化成果输出

1. 进度模拟

站点各专业管线编制进度计划表，根据车站施工总体进度安排，以“月”为单位进行管线拆改进度编排，如图 G. 0. 1-16 所示。

下瓦房站一期迁改进度计划

序号	管线名称	2020年7月	2020年8月	2020年9月	2020年10月	2020年11月	2020年12月	2021年1月	2021年2月	2021年3月	2021年4月	2021年5月	2021年6月	2021年7月	2021年8月
1	雨污水管线迁改														
2	给水管线迁改														
3	通信管线迁改														
4	燃气管线迁改														
5	热力管线迁改														
6	10kV供电管线迁改														
7	35kV供电管线迁改														
8	路灯管线迁改														

图 G. 0. 1-16　施工总体进度安排

进度模拟模型包括车站围护结构、车站结构、各专业迁改管线等模型，尽量采用低精度，且能展示模型尺寸、空间关系和专业类别的轻量化模型。

在进度模拟软件中将模型与进度计划关联，如图 G. 0. 1-17 所示。根据进度推演，同一地点、不同专业管线应分时段施工，当模拟中发现有施工冲突情况时对管线施工进度做出调整，进而优化进度编排。

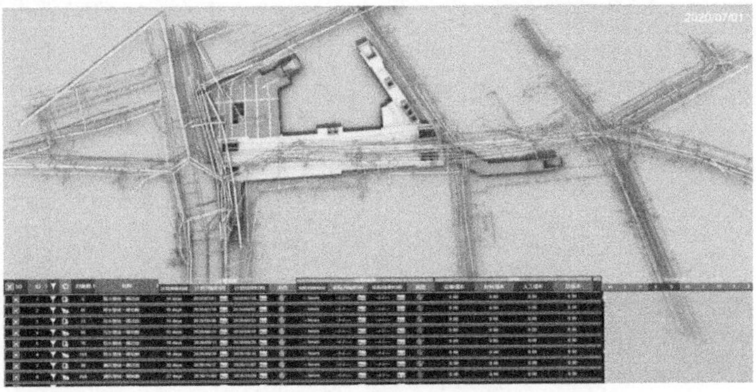

图 G. 0. 1-17　进度模拟

2. 关键工艺模拟

对管线迁改施工中复杂节点、关键工艺进行梳理，详见表 G.0.1-3，宜采用 BIM 可视化手段进行工艺模拟，重点表达施工工序、工艺技术要点、安全技术措施等要素。

表 G.0.1-3　管线迁改关键工艺模拟

序号	类型	关键点
1	复杂节点	管线原位悬吊保护、支托保护
2	管道接驳	管道切割、封堵、焊接

3. 方案汇报

综合管线模型、进度模拟和工艺模拟视频等，制作管线迁改汇报材料，采用三维可视化形式阐述管线迁改概况、迁改方案、方案问题、优化方案，复杂节点、关键工艺模拟视频，迁改整体进度安排，便于理解，辅助传统二维方案汇报、审核（图 G.0.1-18）。

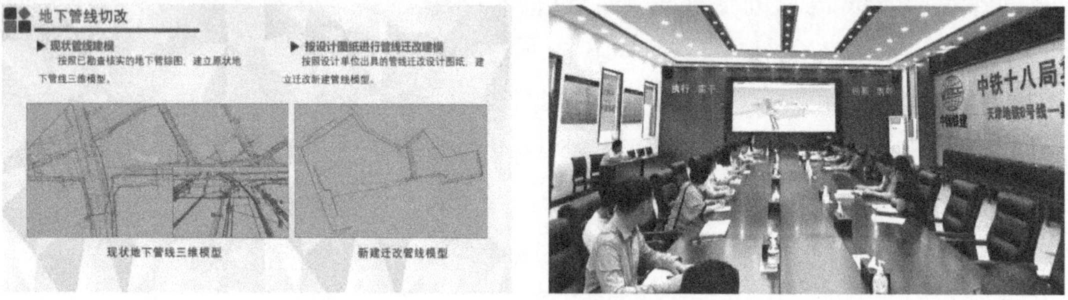

图 G.0.1-18　方案汇报

4. 二维出图

在管线建模软件的二维视图中对管线模型进行详细信息标注，包含管线类型、尺寸、材质、埋深，关键节点坐标定位等，据此出具二维图。对于复杂节点，可创建大样图、剖面图、三维轴测图等辅助平面二维图纸表达，如图 G.0.1-19 所示。

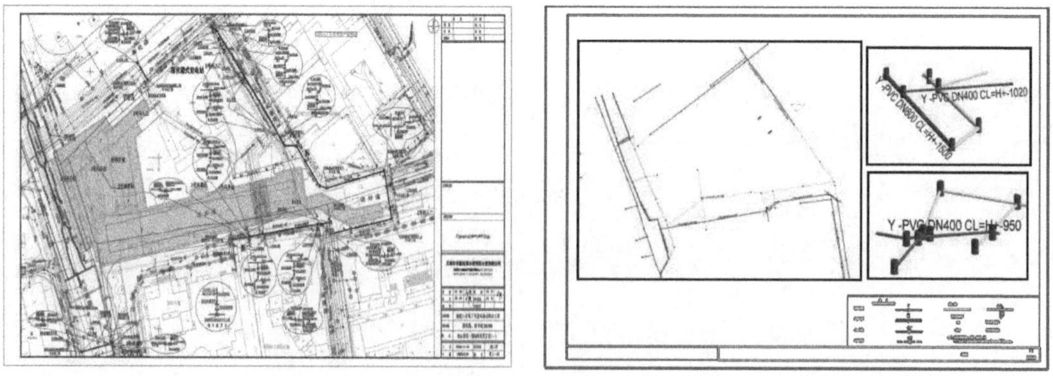

图 G.0.1-19　二维图纸示意

5. 可视化交底

综合利用三维图纸、图片、模型、动画和二维码等形式（图 G.0.1-20），对项目管理人员及施工队人员开展施工技术交底和施工安全交底。

a)对项目管理人员开展交底

b)对施工队人员开展交底

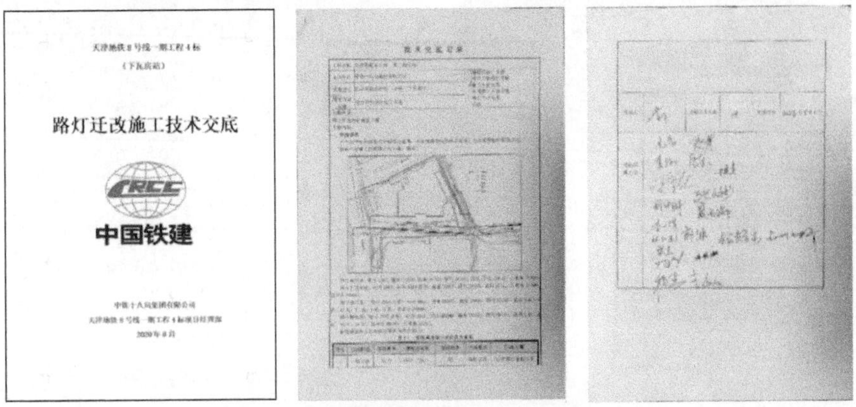

c)三维图纸和图片的施工技术交底书

图 G. 0. 1-20　技术交底示意图

（六）管线迁改施工

按照优化调整后的管线路由，指导管线迁改施工，并进行迁改过程记录。下面举例说明使用地下管线模型进行管线路由规划，指导管线迁改施工。

1. 雨污合流管线迁改

××站琼州道 DN1000 雨污合流管线位于车站主体结构上方，妨碍车站主体结构施工。将琼州道 DN1000 雨污合流管线自琼州道与大沽南路交口至琼州道与福建路交口段切断废弃，延基坑外侧 3m 人行道上新建 DN1000 迁改雨污合流管线，新建 DN1000 迁改雨污合流管线与大沽南路、福建路、闽侯路管线相连通，保障此区域内排水通畅（图 G. 0. 1-21）。

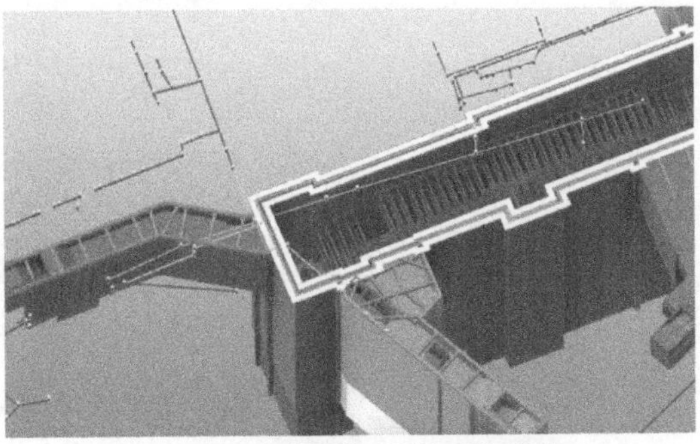

a)原状雨污合流管线及周边环境模型

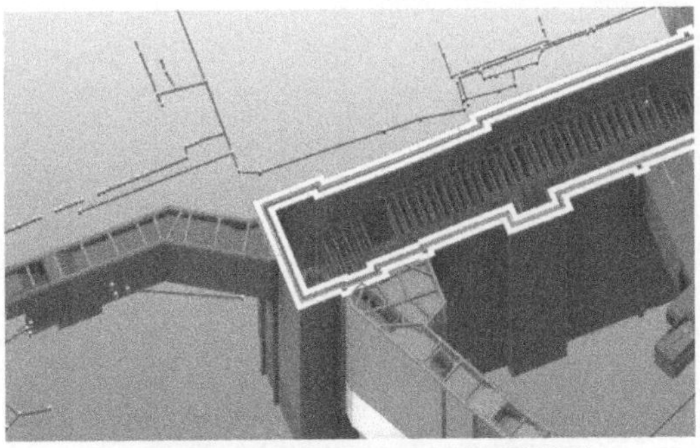

b)迁改后雨污合流管线及周边环境模型

图 G. 0. 1-21　雨污合流管线迁改

2. 燃气管线迁改

××站DN200低压燃气管线位于车站主体西侧端头井及三角地附属结构处，南北方向布置，影响车站主体结构及三角地附属结构施工。将大沽南路DN200低压燃气管线自B号出入口处截断，新建DN200燃气管线自大沽南路B号出入口绿化带内经过大沽南路道路中心位置与既有燃气管线主管道相连接（图G.0.1-22）。

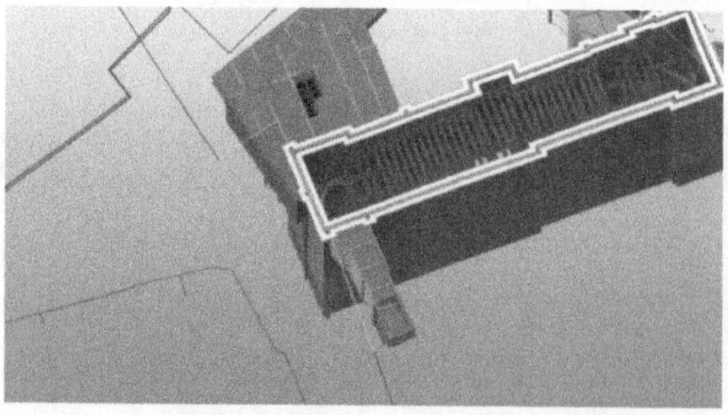

a)原状燃气管线及周边环境模型

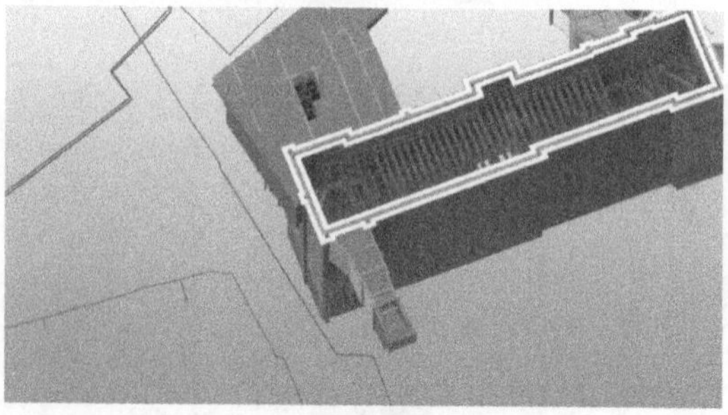

b)迁改后燃气管线及周边环境模型

图G.0.1-22 燃气管线迁改

3. 供电管线迁改

××站琼州道、闽侯路10kV供电管线位于车站主体结构及D号出入口上方。将位于车站结构上方的10kV供电管线自琼州道与大沽南路路口至琼州道变电站之间切断，新建10kV供电管线自琼州道与大沽南路交口经过大沽南路道路、奉化道道路、闽侯路人行道至琼州道变电站（图G.0.1-23）。

a)原状供电管线及周边环境模型

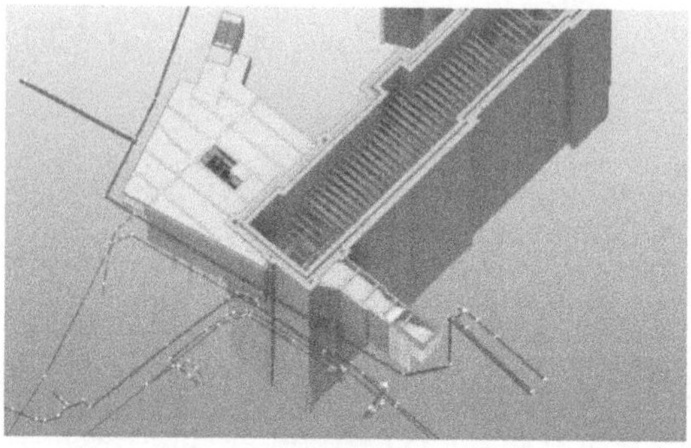

b)迁改后供电管线及周边环境模型

图G.0.1-23 供电管线迁改

（七）竣工模型

管线迁改施工完成后，将现场实际迁改情况与管线模型进行复核，并在管线模型内添加必要的施工信息，生成竣工模型。经现场校核后，进行模型细度和属性信息核查，管线模型属性信息应包含专业、规格尺寸、材质、埋深、定位、生产类信息、施工类信息以及施工过程影像等资料（图G.0.1-24）。

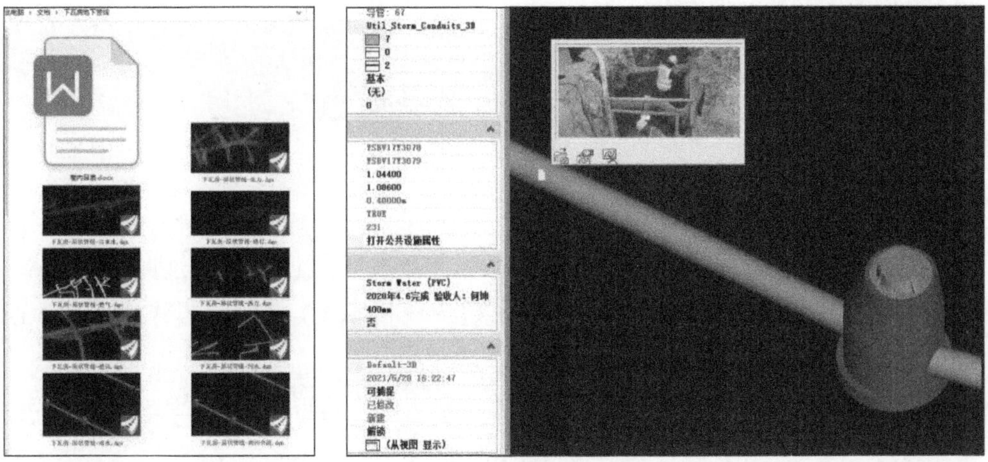

图 G. 0. 1-24　管线竣工模型示意图

(八) 成果归档

整理地下管线三维模型，建立归档目录，进行地下管线模型成果归档和其他材料成果归档。地下管线 BIM 应用成果归档主要包含内容见表 G. 0. 1-4。

表 G. 0. 1-4　地下管线迁改 BIM 应用成果归档目录

序号	成果名称	内容	格式
1	模型文件	原状管线模型、分期迁改管线模型、场布模型、倾斜摄影模型、车站主体及附属结构模型	DGN、RVT 等
2	图纸及变更	原状管线 CAD 图纸、原管线迁改方案 CAD 图纸、优化后管线迁改 CAD 图纸、变更图纸	DWG 等
3	施工方案	各专业管线迁改/原位保护施工方案文档	DOC 等
4	技术及安全交底	技术/安全交底类文档	DOC、PPT、MP4 等
5	调查及交底表	地下管线调查记录表及现场交底表	DOC 等
6	施工照片、视频	现场记录影像资料	JPG、MP4 等
7	施工日志	现场施工记录文档	DOC 等
8	会议记录	管线迁改汇报材料、会议记录文件及影像资料	DOC、PPT、MP4 等

三、应用总结及成效

本项目采用地下管线 BIM 自动化识图建模，形成快速的三维可视化模型，节约了建模时间和人工成本，减少了前期施工策划时间。

通过管线迁改 BIM 应用，减少了“错漏碰缺”等管线问题，提前规避管线迁改施工中不可预见的问题，减少返工及现场处理问题时间，提高了施工作业效率。

通过 BIM 应用形成地下管线数字化交付成果，建立了施工可追溯、信息可查询的工程数字资产，为智慧城市提供精确的地下管线布设情况。

G.0.2　交通疏解 BIM 应用案例

××轨道交通工程交通疏解

一、项目概况

××轨道交通工程项目含一站一区间和一市政下穿通道，××站为起点站，为该市轨道交通工程在建最长车站；盾构区间双线累计全长 1410.3m，如图 G.0.2-1 所示。

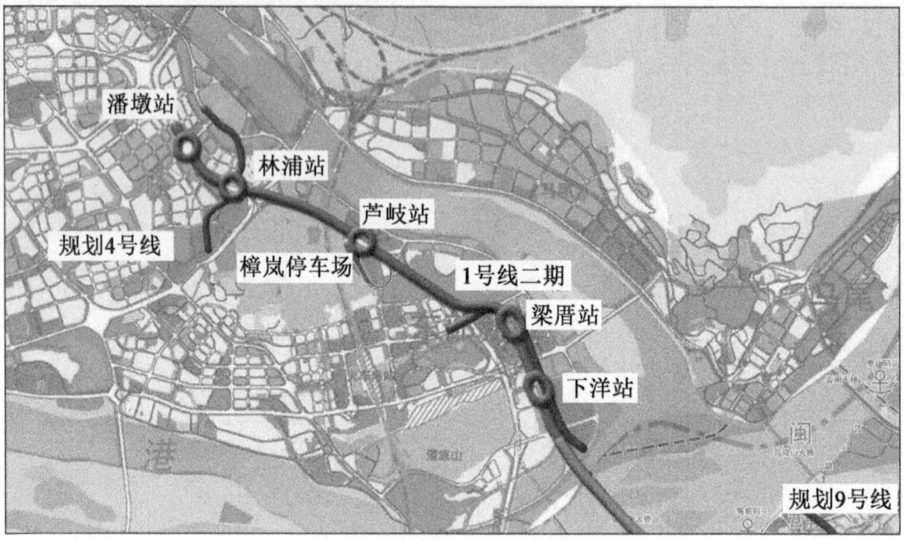

图 G.0.2-1　工程线路示意图

本标段××站为地下三层，邻近市会展中心区域，车站周边环境复杂、交通繁忙，如图 G.0.2-2 所示。

图 G.0.2-2　××站周边环境

二、交通疏解应用实施

（一）准备工作

1. 技术材料整理

收集场地布置总平面图图纸、交通疏解方案及施工进度计划，如图 G. 0. 2-3 所示。

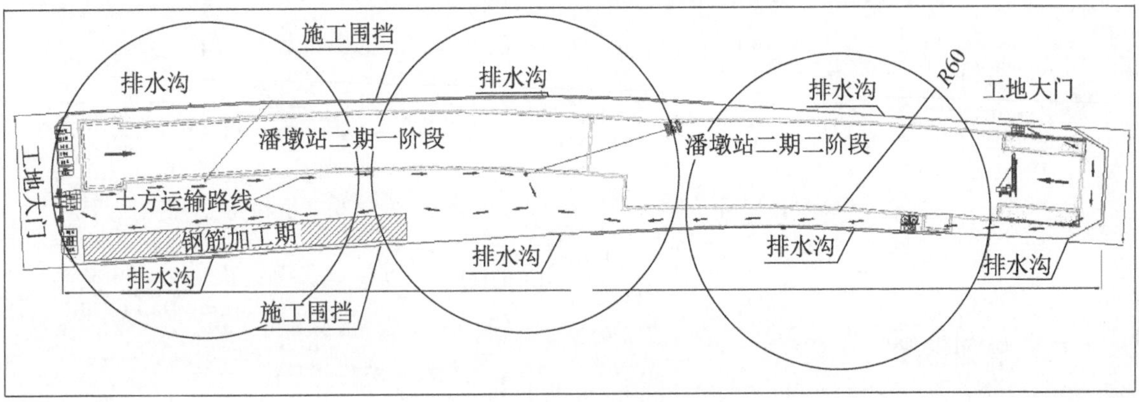

a)场地布置总平面图

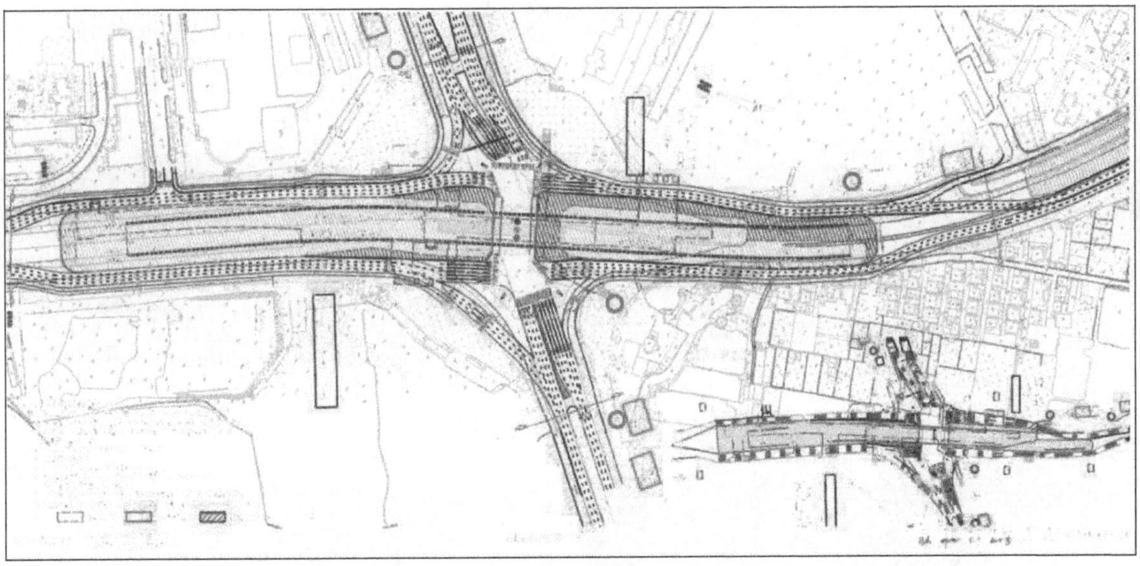

b)交通疏解方案

图 G. 0. 2-3　× ×站交通疏解 CAD 图纸

2. 模型构件库建立

根据现场实际场地布置、道路情况，创建、完善各类临建设施、交通设施等模型构件库，如图 G. 0. 2-4 所示。

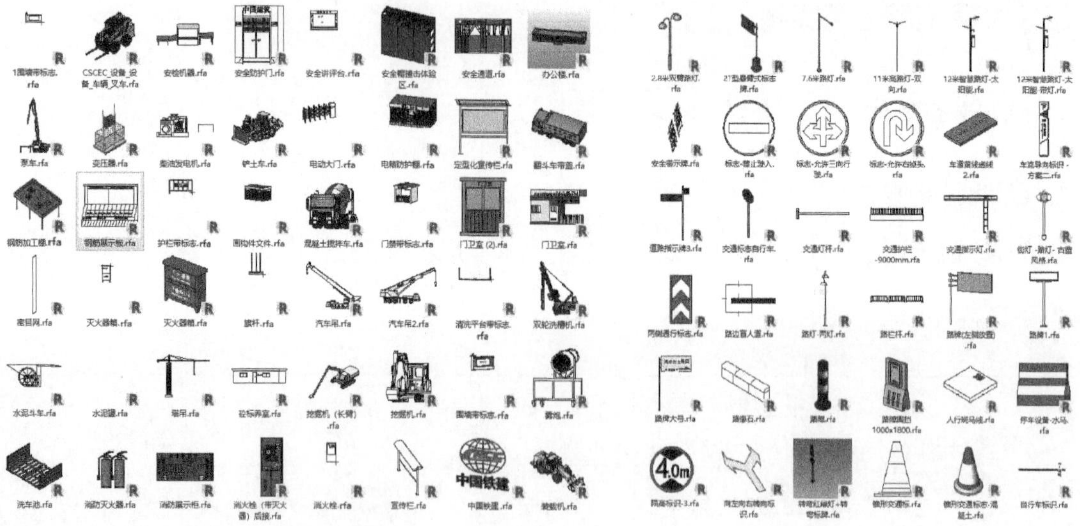

a)临建设施模型构件　　b)交通设施模型构件

图 G. 0. 2-4　模型构件库

（二）模型创建

1. 原状道路及各期导行道路模型

运用建模软件，参考 CAD 图纸及现场实际情况对道路、人行道及交通设施进行建模，如图 G. 0. 2-5 所示。

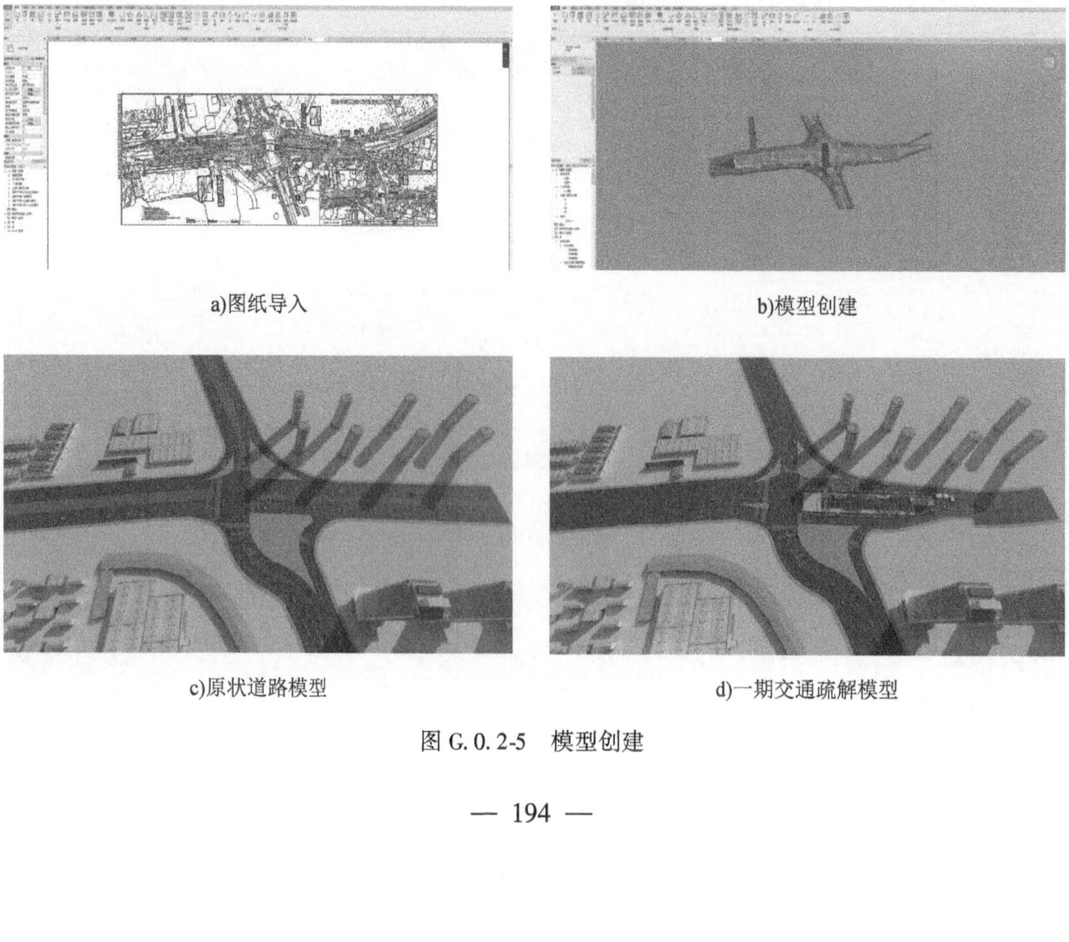

a)图纸导入　　b)模型创建

c)原状道路模型　　d)一期交通疏解模型

图 G. 0. 2-5　模型创建

2. 其他相关模型

根据技术资料及前期准备工作，完成临建场地布置模型、车站主体结构模型、倾斜摄影模型创建，如图 G. 0. 2-6 所示。

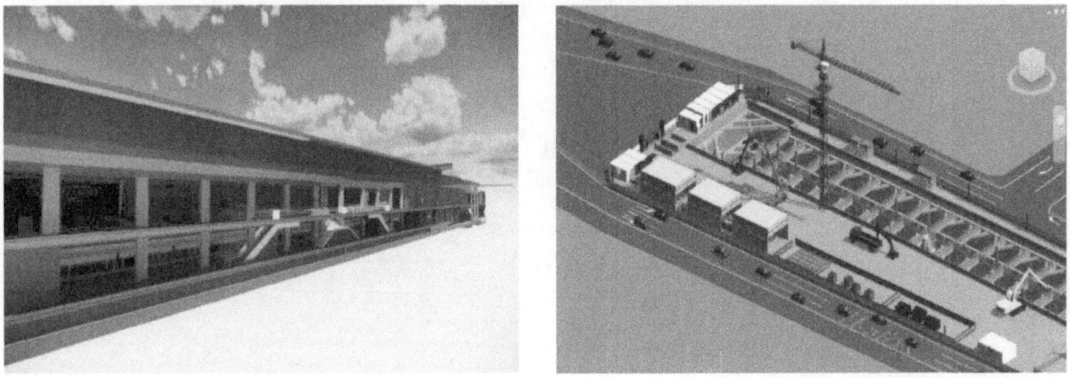

a)车站结构模型　　b)车站围护结构模型

图 G. 0. 2-6　其他模型创建示意图

(三) 车流量分析

1. 模型总装

将地下管线、临建场地布置、车站主体结构、倾斜摄影等模型进行总装，如图 G. 0. 2-7 所示。

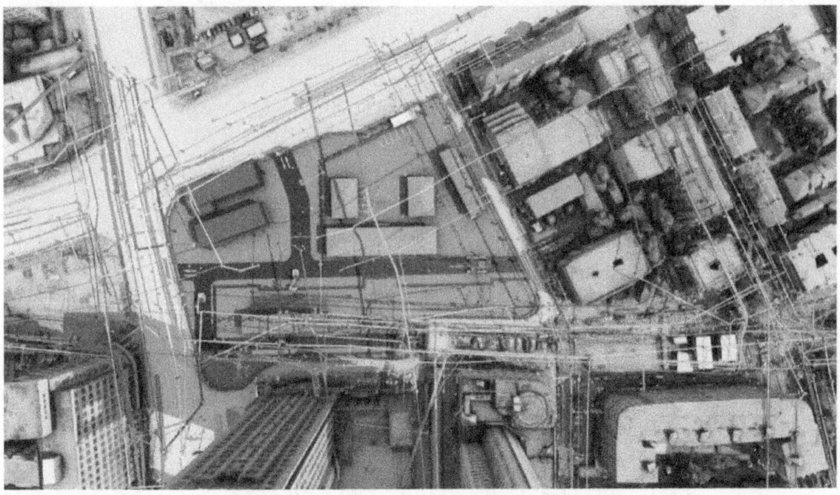

图 G. 0. 2-7　模型总装

2. 车流量分析

基于总装后的综合模型，对主要交通疏解道路的车流量进行统计分析，如图 G. 0. 2-8 所示。

图 G. 0. 2-8　车流量分析

（四）可视化成果输出

1. 方案汇报

综合模型、视频，制作交通疏解汇报材料，采用三维形式阐述交通疏解概况、导行方案、方案问题、优化方案、各时间段导行道路情况，便于理解，辅助方案汇报、审核，如图 G. 0. 2-9 所示。

图 G. 0. 2-9　方案汇报

2. 交底

综合利用三维图纸、图片、模型、动画视频、二维码等形式，开展施工技术交底（图 G. 0. 2-10）、施工安全交底。

图 G. 0. 2-10　方案技术交底

(五) 交通导行施工

该站邻近市会展中心区域的繁华路口，车道流量大，重大会议繁多，交通疏解任务重，先后经历一期交通疏解、二期一阶段交通疏解、二期二阶段交通疏解、三期三阶段交通疏解、三期四阶段交通疏解等多次交通导改，如图 G. 0. 2-11 ~ 图 G. 0. 2-15 所示。

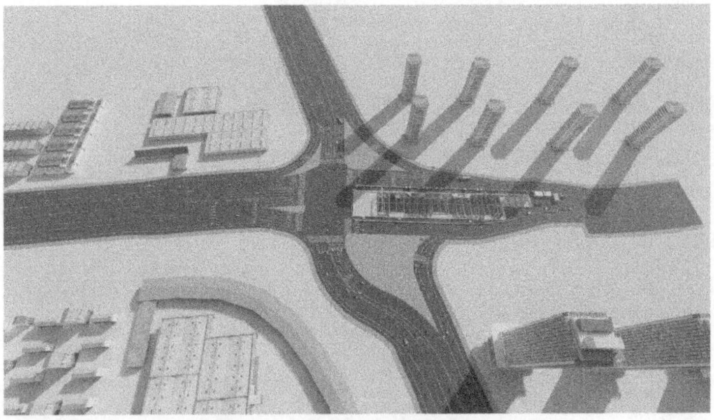

图 G. 0. 2-11　一期交通疏解

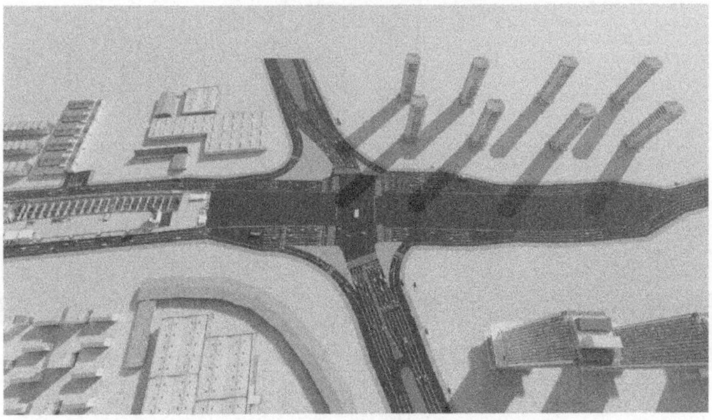

图 G. 0. 2-12　二期一阶段交通疏解

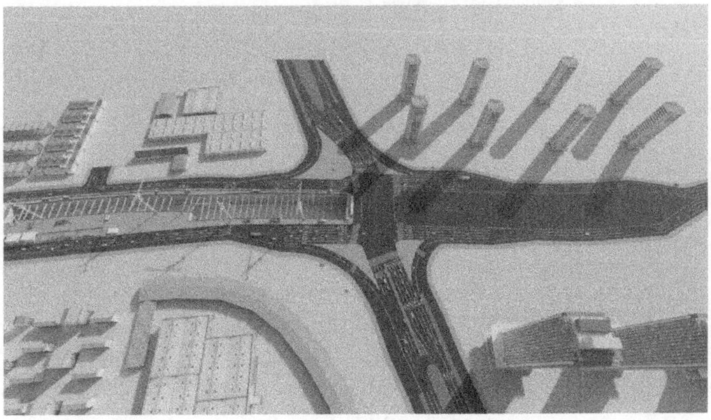

图 G. 0. 2-13　二期二阶段交通疏解

图 G. 0. 2-14　三期三阶段交通疏解

图 G. 0. 2-15　三期四阶段交通疏解

（六）成果归档

整理交通疏解三维模型，建立归档目录，进行交通疏解模型成果归档和其他材料成果归档。交通疏解 BIM 应用成果归档主要包含内容见表 G. 0. 2-1。

表 G. 0. 2-1　交通疏解 BIM 应用成果归档

序号	成果名称	内容	格式
1	模型文件	原状道路模型、各期导行模型、场地布置模型、倾斜摄影模型、车站主体及附属结构模型	DGN、RVT 等
2	图纸及变更	原状道路 CAD 图纸、交通疏解方案 CAD 图纸、变更图纸	DWG 等
3	施工方案	交通疏解施工方案文档	DOC 等
4	技术交底	技术/安全交底类文档	DOC、PPT、MP4 等
5	施工照片、视频	现场记录影像资料	JPG、MP4 等
6	施工日志	现场施工记录文档	DOC 等
7	会议记录	交通疏解汇报材料、会议记录文件及影像资料	DOC、PPT、MP4 等

三、应用总结及成效

本项目通过 BIM 技术进行交通道路车流量分析，在三维模型上进行交通组织的预演与分析，形象地反映出车与路、与周边环境的关系，给管理人员提供了决策的依据，辅助管理人员编制导改方案，提升了施工策划的效率。

通过交通疏解 BIM 应用，提前还原施工导改后的道路样貌，在项目实施早期检查出设计错误与冲突，整个过程直观便捷，方便了施工单位在项目施工阶段与业主沟通汇报。

G. 0. 3　基坑土建施工 BIM 应用案例

××轨道交通工程基坑土建施工

一、项目概况

××轨道交通工程××站为地下五层双柱三跨矩形框架结构，附属共设 4 个出入口及 4 组风亭，以及 1 号线、5 号线换乘区域。基坑长 156. 1m，标准段宽 27. 27m，端头井宽 30. 7 ~31. 2m，基坑开挖最大深度 38. 3m，基坑围护结构采用 1. 4m、1. 5m（大里程端）厚地下连续墙，深 66m/69. 5m，车站主体结构采用盖挖逆作法施工（图 G. 0. 3-1）。

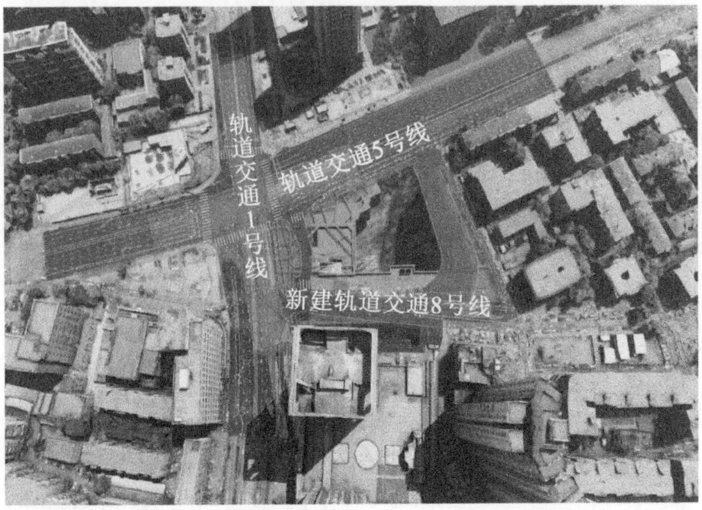

图 G. 0. 3-1　轨道交通下瓦房站平面布置图

二、基坑土建施工应用实施

（一）准备工作

1. 技术材料整理

（1）向××城市规划设计研究院、设计院收集围护结构及基坑设计 CAD 图纸

（图 G. 0. 3-2）及地质勘察报告（图 G. 0. 3-3）。

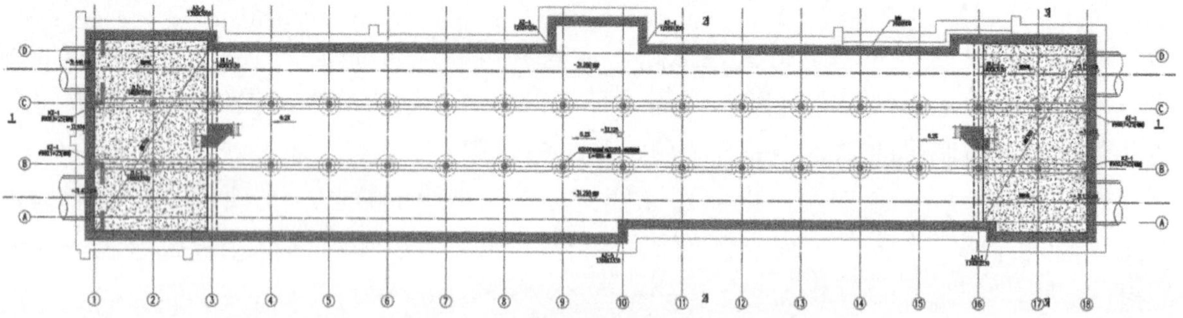

图 G. 0. 3-2　围护结构设计图纸

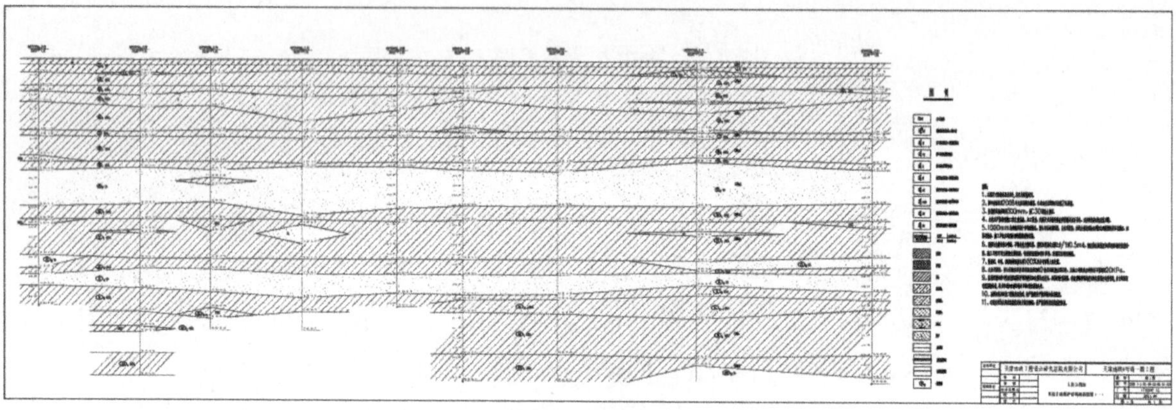

图 G. 0. 3-3　地勘报告

（2）获取基坑开挖及支护施工方案（图 G. 0. 3-4）。

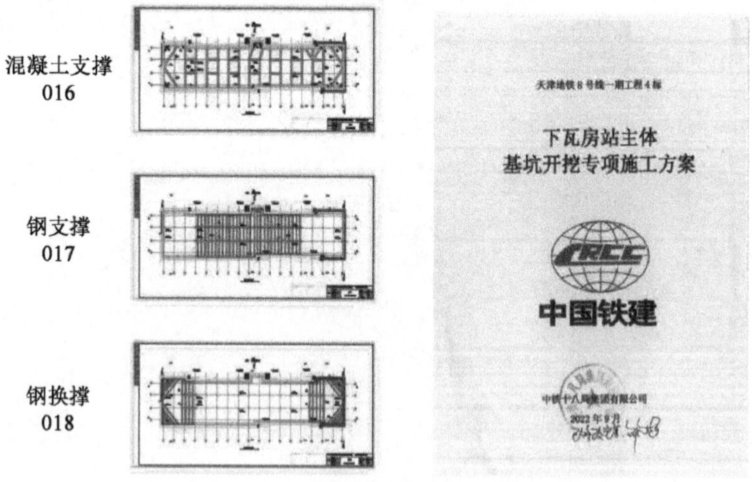

图 G. 0. 3-4　坑开挖及支护施工方案

（3）获取施工场地总平面布置图（图 G. 0. 3-5）。

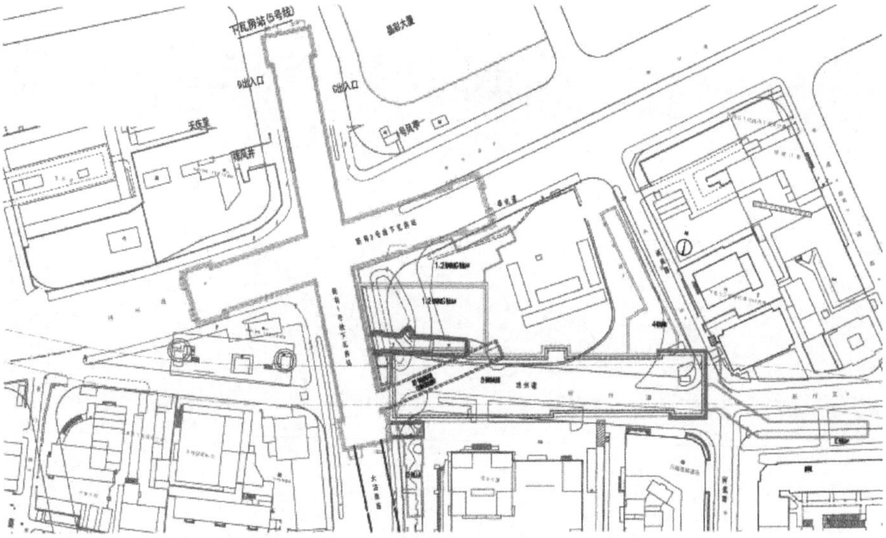

图 G. 0. 3-5　施工场地总平面布置图

2. 工程周边环境基本情况调查

（1）对工程周边环境基本情况进行调查，见表 G. 0. 3-1。

表 G. 0. 3-1　工程周边环境基本情况调查表

风险分类	风险源名称	风险点基本状况描述	风险等级
环境风险	1 号线××站	紧贴 8 号线××站，地下 2 层，底板埋深 15. 3m；距 8 号线车站主体围护边水平净距 0. 38m	Ⅱ级
	1 号线区间	与主体基坑最近距离约 10. 3m，<0. 7*H*	Ⅰ级
	5 号线××站	地下 3 层，与主体基坑最近距离 42. 7m，<2. 0*H*	Ⅳ级
	恒华大厦	最高地上 28 层，地下 2 层，桩基础，桩长 45m，距车站主体最近距离为 15. 52m，<0. 7*H*	Ⅲ级
	南华里沿街房屋	基础资料暂缺，距车站主体最近距离为 19. 84m，<0. 7*H*	Ⅲ级
	35kV 变电站	地上 1 层，条形基础，距离车站主体最近距离为 19. 84m，<0. 7*H*	Ⅱ级
	闽侯路 37 号楼	6 层民房，筏板基础，距车站主体围护边线最近距离为 7. 57m，<0. 7*H*	Ⅱ级
	汉庭连锁酒店	主楼最高为地上 37 层，裙楼为地上 4 层，主楼和裙楼地下室刚接，均为地下 2 层，基础类型为桩基，桩长 42m/20m，汉庭连锁酒店距车站主体最近距离 8. 45m，<0. 7*H*	Ⅲ级
	1 号线临时风道	地下三层风道转换孔和地下一层临时风道紧贴主体基坑	Ⅱ级

注：*H* 为基坑深度。

（2）了解施工影响范围内的建（构）筑物、道路及管线情况，如图 G. 0. 3-6 所示。

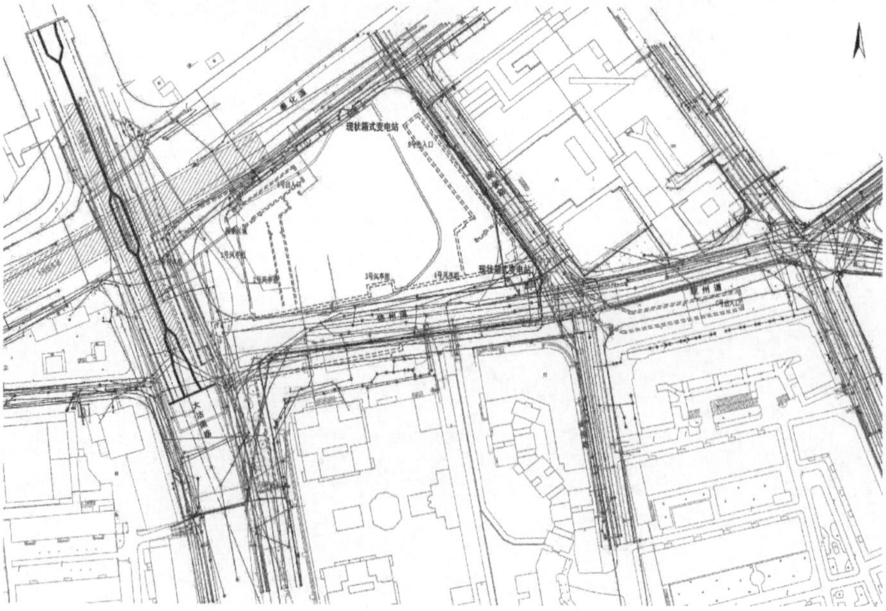

图 G. 0. 3-6　周边环境情况

（二）模型创建

1. 地质模型

创建三维地质模型，如图 G. 0. 3-7 所示。

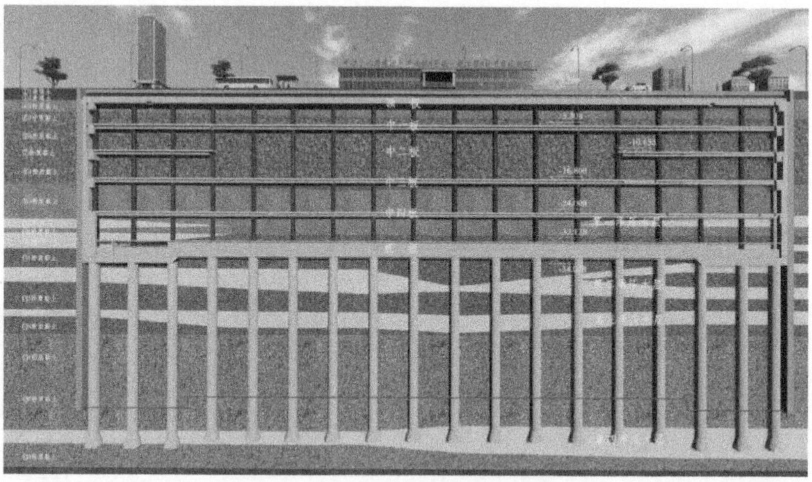

图 G. 0. 3-7　三维地质模型

2. 场地布置模型

创建场地布置模型，如图 G. 0. 3-8 所示。

3. 围护结构模型

创建围护结构模型，如图 G. 0. 3-9 所示。

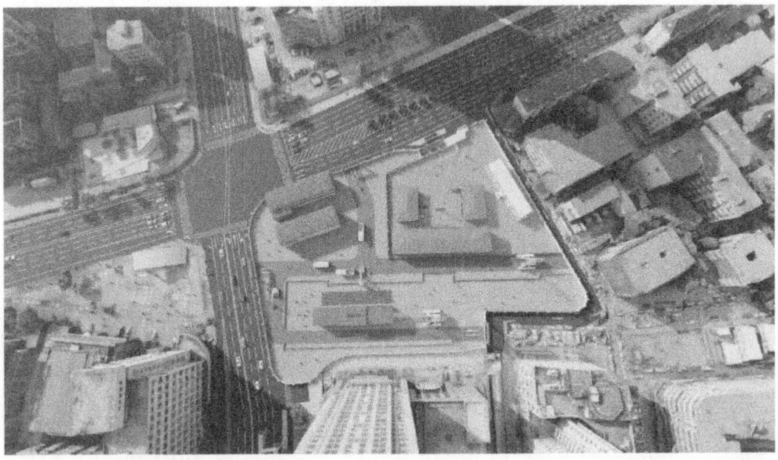

图 G. 0. 3-8　场地布置模型

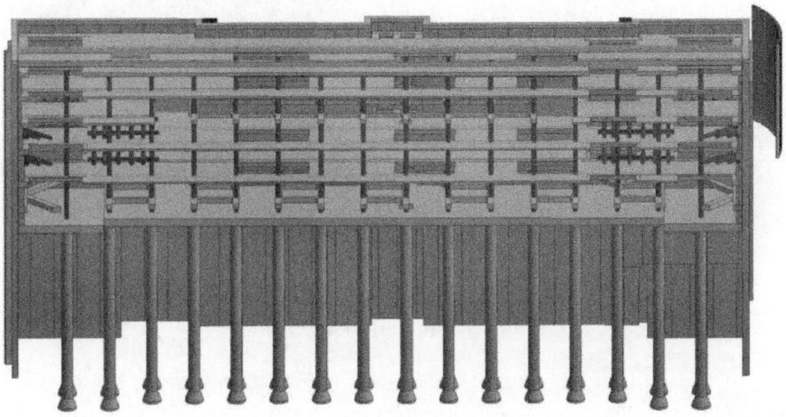

图 G. 0. 3-9　围护结构模型

4. 基坑土方模型

创建基坑土方模型，如图 G. 0. 3-10 所示。

图 G. 0. 3-10　基坑土方模型

5. 其他相关模型

根据项目其他相关技术资料及前期准备工作，完成钢支撑、混凝土支撑模型、施工机械等其他相关模型创建，如图 G. 0. 3-11 所示。

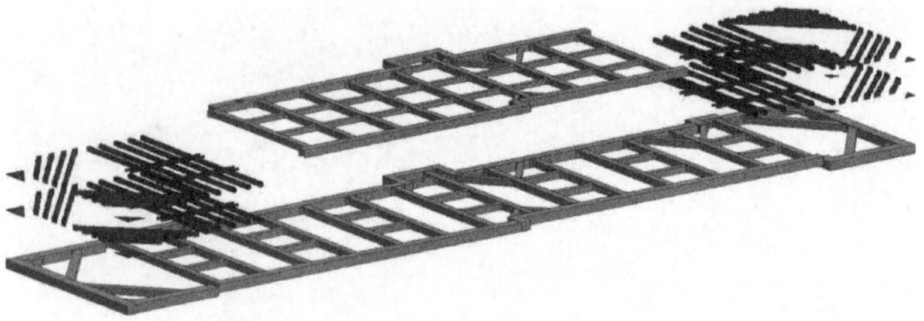

a)钢支撑、混凝土支撑模型

b)施工机械模型

图 G. 0. 3-11　其他相关模型

（三）碰撞检查

1. 模型总装

将一期迁改（含一期迁改新增和一期迁改保留）管线、临建场地布置、三维地质、车站结构及围护结构、基坑土方等模型进行总装（图 G. 0. 3-12）。

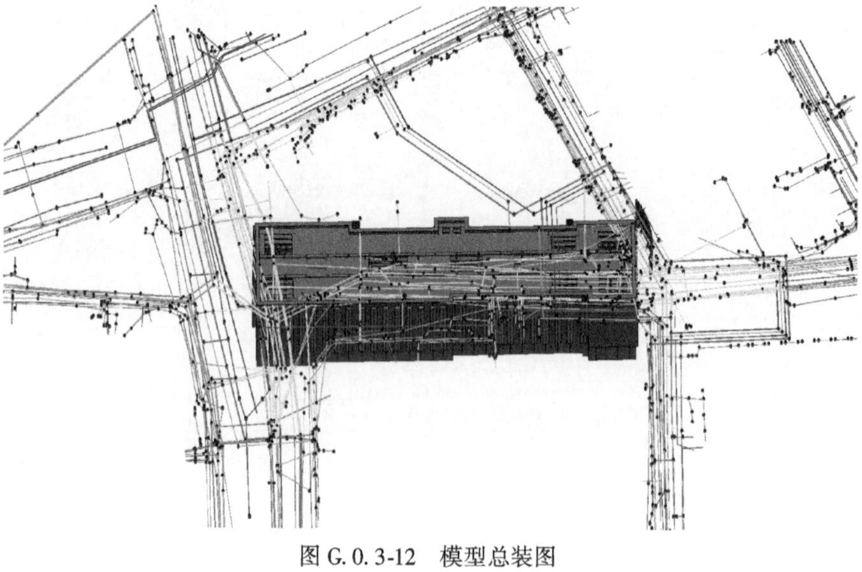

图 G. 0. 3-12　模型总装图

2. 碰撞检查

（1）将围护结构模型和支撑体系模型在软件中进行碰撞分析，如图 G. 0. 3-13 所示。

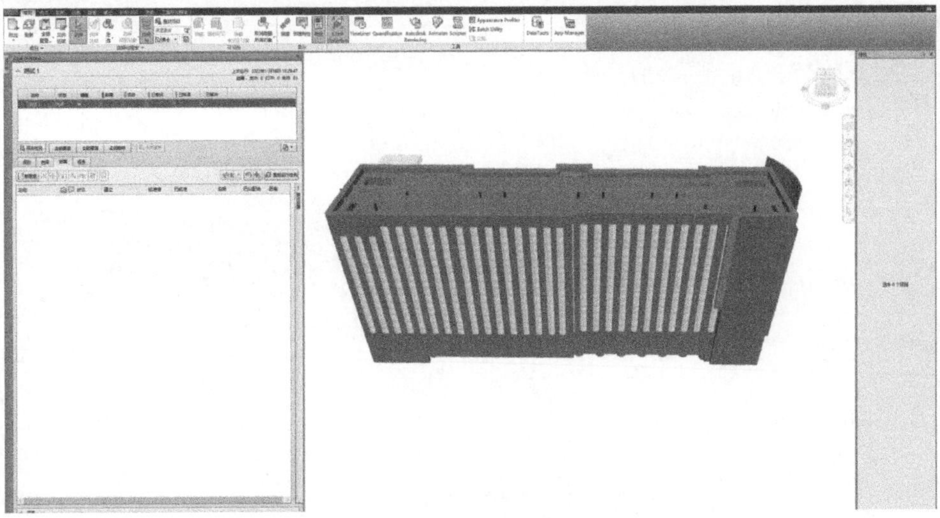

图 G. 0. 3-13　碰撞分析（1）

（2）将围护结构和施工影响范围内的周边道路、周边建（构）筑物、周边管线进行碰撞分析，如图 G. 0. 3-14 所示。

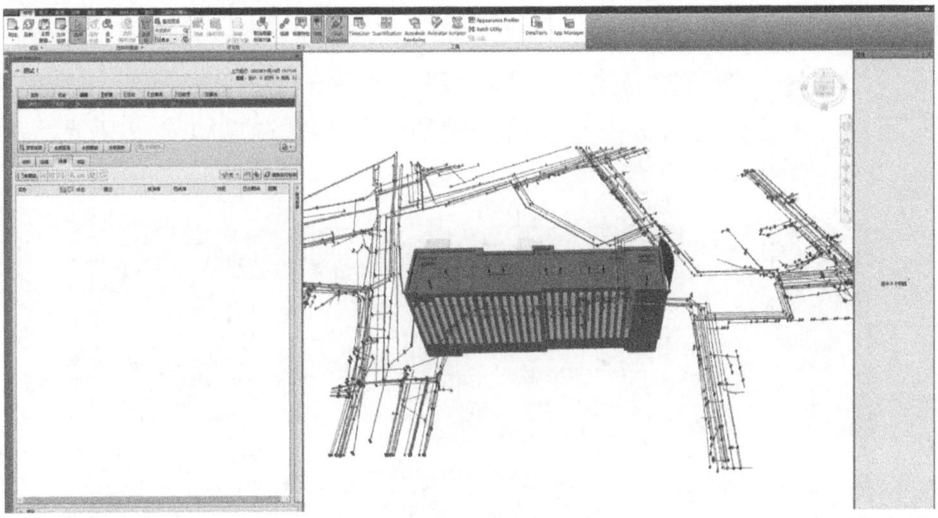

图 G. 0. 3-14　碰撞分析（2）

（3）基于总装后的综合模型，对周边管线、周边环境、车站结构及围护结构模型之间设置碰撞专业、碰撞规则，进行总装后各专业间碰撞检查，标记、导出碰撞点位，形成碰撞检查分析报告，如图 G. 0. 3-15 所示。

（四）围护结构施工进度模拟

1. 施工进度编排

根据基坑开挖及支护施工方案编制进度计划表，根据车站施工总体进度安排，以“月”为单位进行基坑开挖及支护施工进度编排。

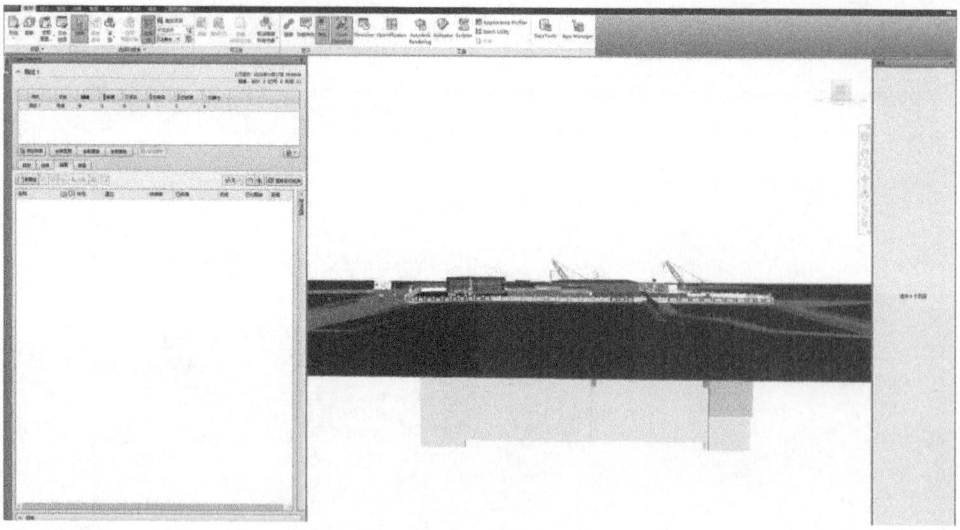

图 G. 0. 3-15　模型总装碰撞分析

2. 模型准备

进度模拟模型包括车站地质模型、围护结构、车站结构、土方开挖模型，尽量采用低精度的模型，能展示模型尺寸、空间关系和专业类别的轻量化模型即可。

3. 施工进度模拟

在进度模拟软件中将模型与进度计划关联，如图 G. 0. 3-16 所示。根据进度推演，同一地点、不同开挖面应分时分段施工，当模拟中发现有施工冲突情况时对开挖施工进度做出调整，进而优化进度编排。

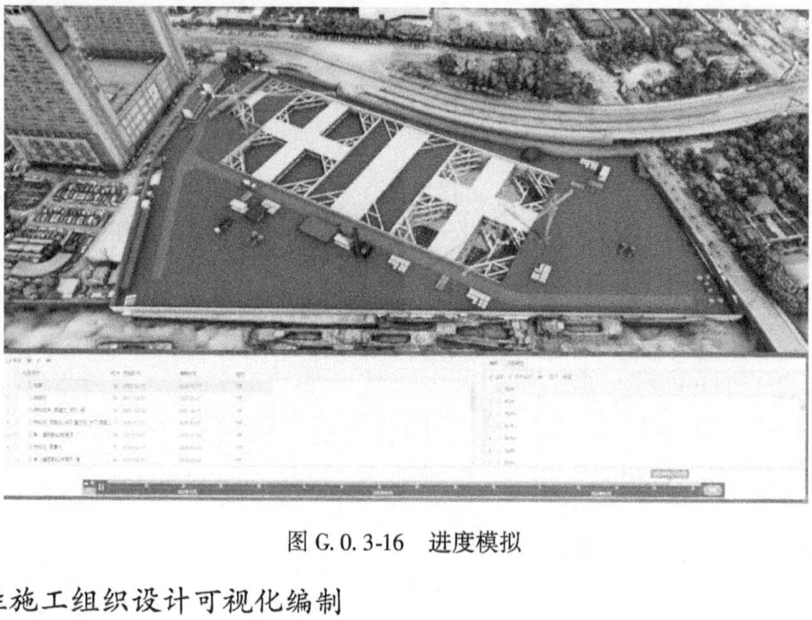

图 G. 0. 3-16　进度模拟

4. 实施性施工组织设计可视化编制

根据围护结构模型，进行项目实施性施工组织设计可视化编制，如图 G. 0. 3-17 所示。

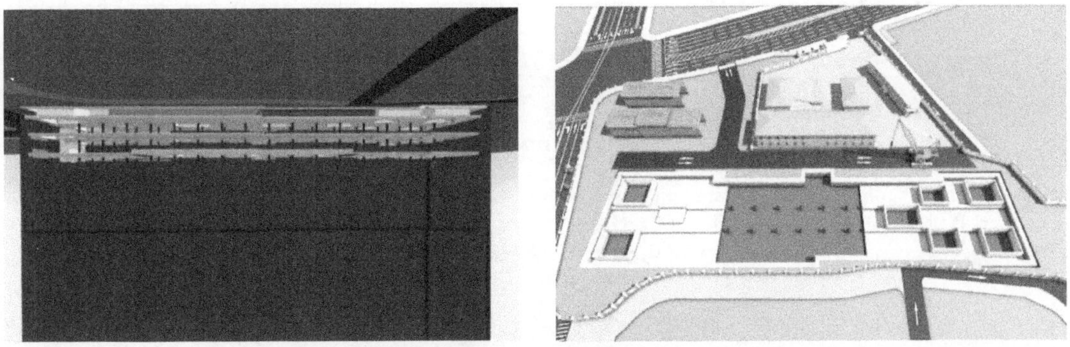

图 G. 0. 3-17　实施性施工组织设计可视化编制

根据优化后的围护结构方案实时调整施工进度计划，对年度、季度、月度施工计划进行目标分解，将不同精度要求的进度计划结合基坑支护模型，实现施工进度计划可视化，如图 G. 0. 3-18 所示。

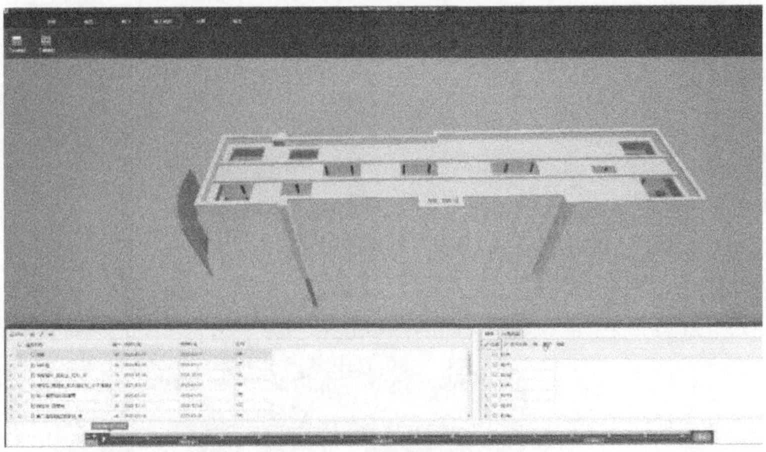

图 G. 0. 3-18　施工进度计划可视化

（五）基坑土方开挖施工工序模拟

本车站基坑开挖施工顺序及施工模拟应用见表 G. 0. 3-2。

表 G. 0. 3-2　盖挖逆作法基坑开挖施工顺序及施工模拟

序号	施工工序	施工模拟
1	基坑开挖至第一道钢筋混凝土板撑下	

表 G. 0. 3-2（续）

序号	施工工序	施工模拟
2	施工第一道钢筋混凝土板撑	
3	覆土回填，地面硬化，场地布置恢复	
4	基坑开挖至第二道钢筋混凝土板撑下	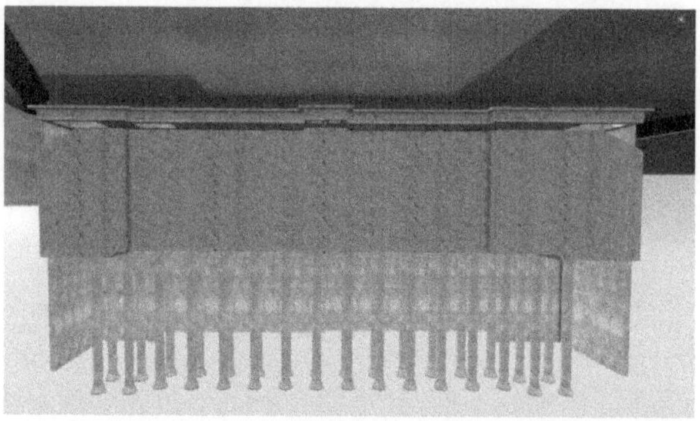
5	施工第二道钢筋混凝土板撑	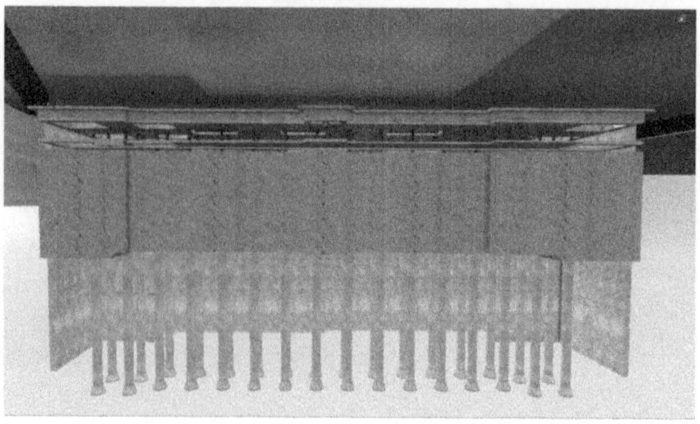

表 G. 0. 3-2（续）

序号	施工工序	施工模拟
6	基坑开挖至第三道钢筋混凝土板撑下	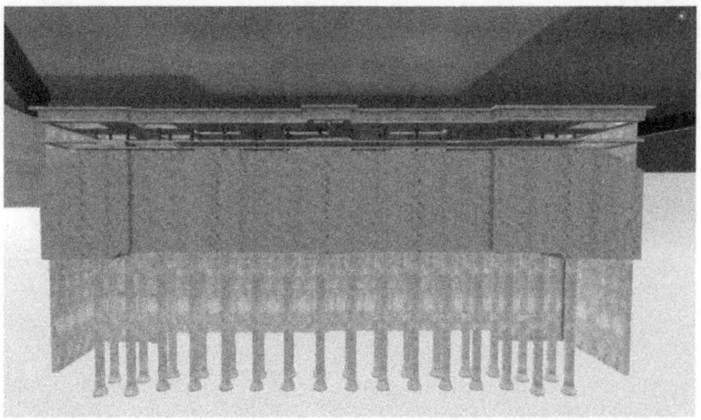
7	施工第三道钢筋混凝土板撑	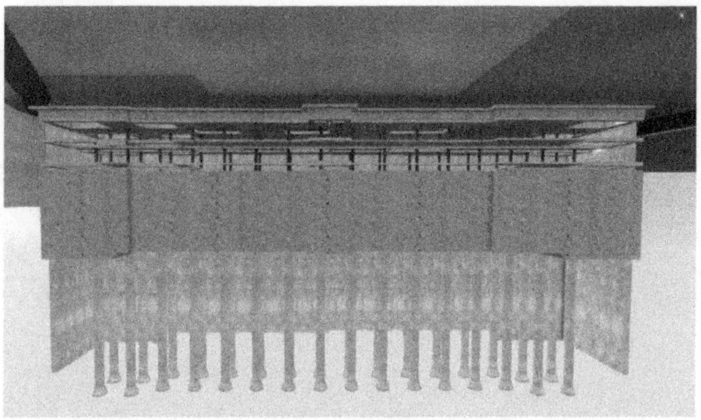
8	施工第一道混凝土支撑	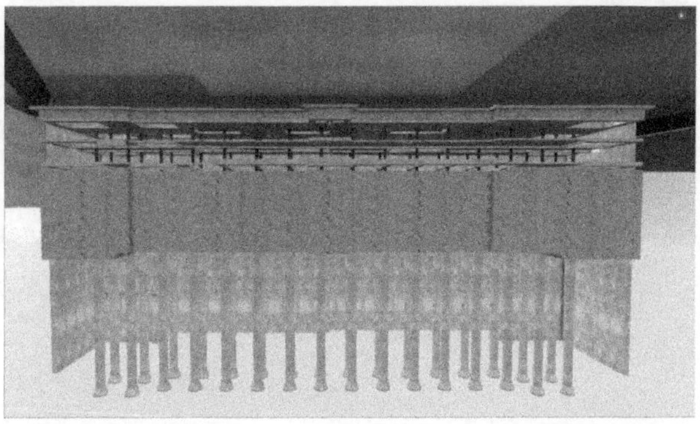
9	基坑开挖至第一道临时钢支撑下	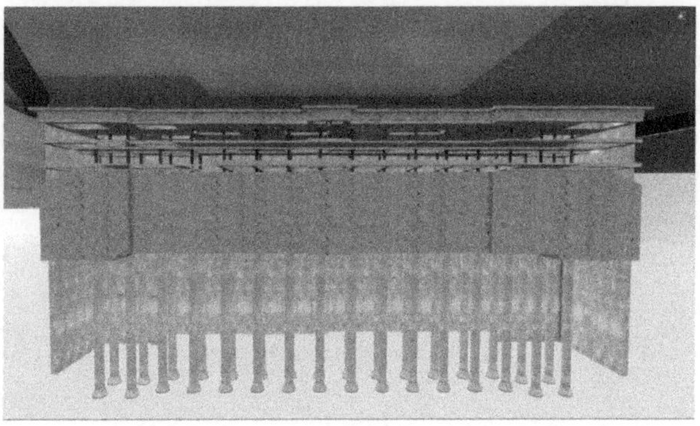

表 G.0.3-2（续）

序号	施工工序	施工模拟
10	施工第一道钢支撑	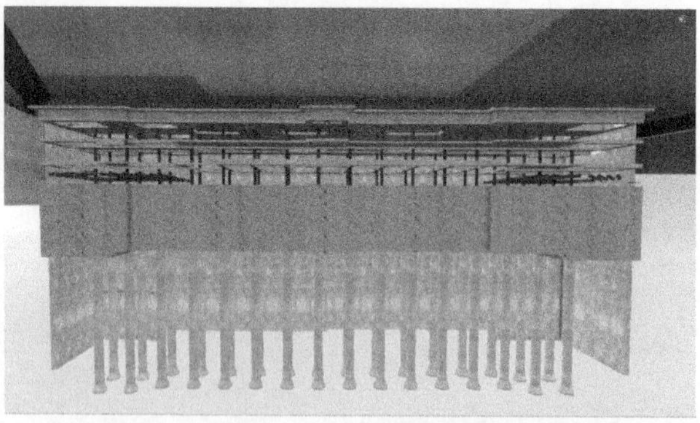
11	基坑开挖至第四道钢筋混凝土板撑下	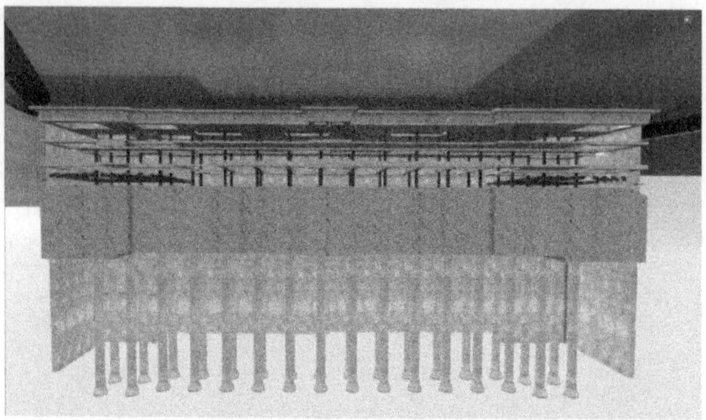
12	施工第四道钢筋混凝土板撑	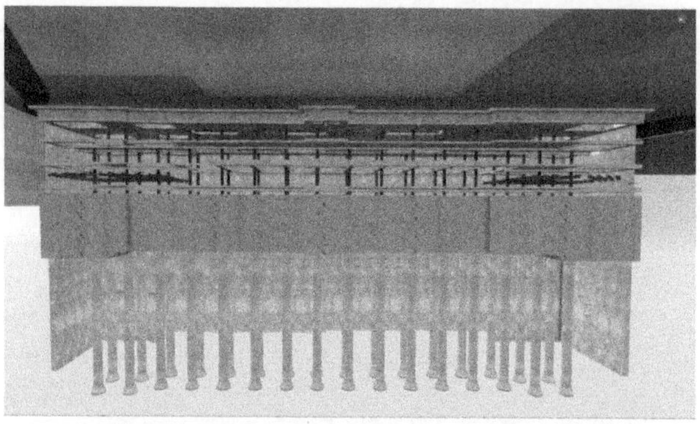
13	基坑开挖至第二道临时钢支撑下	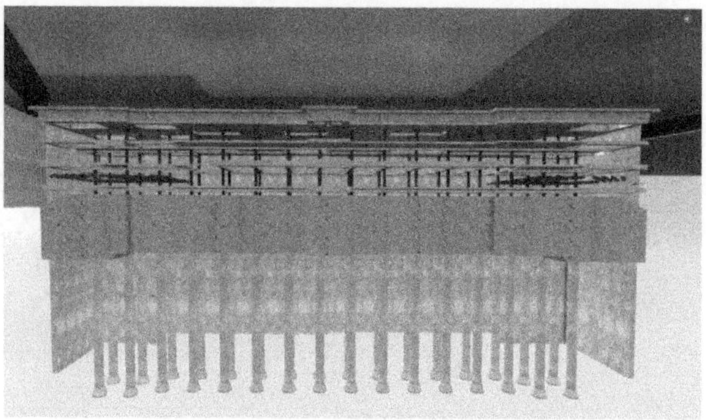

表 G. 0. 3-2（续）

序号	施工工序	施工模拟
14	拆除第一道临时钢支撑，施工第二道临时钢支撑	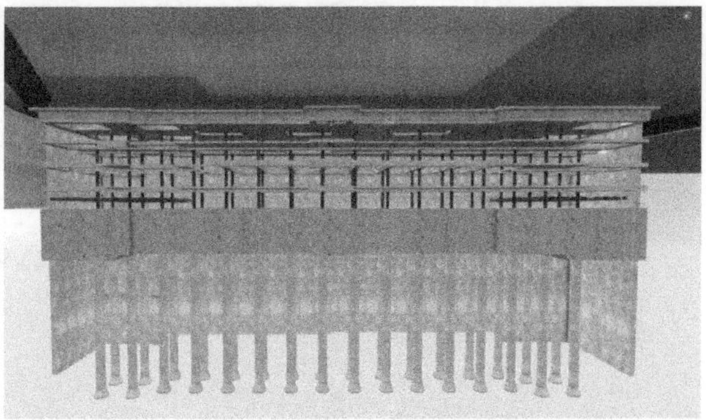
15	基坑开挖至第五道钢筋混凝土板撑下	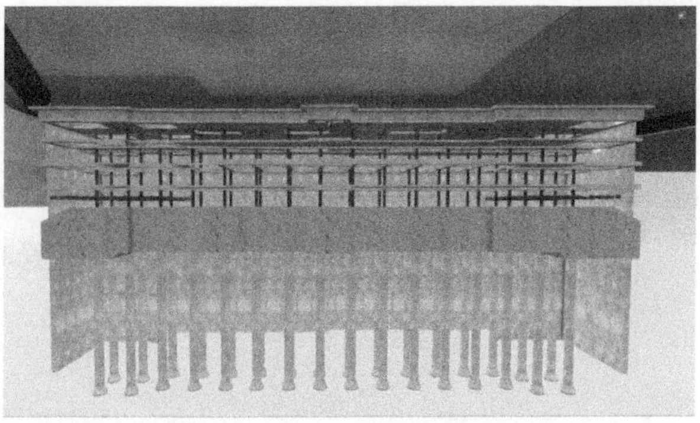
16	施工第五道钢筋混凝土板撑	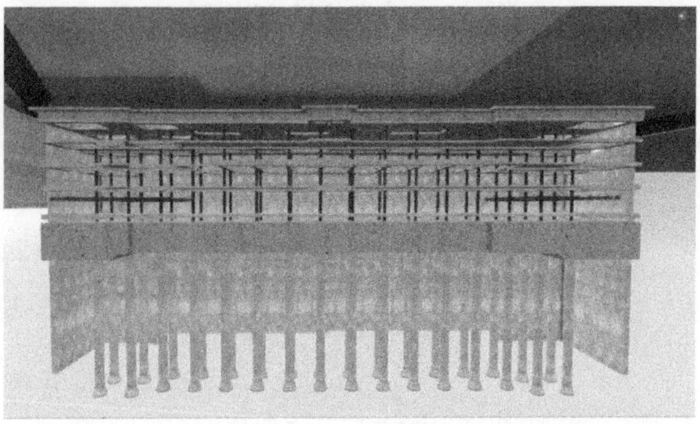
17	拆除第二道临时钢支撑，基坑开挖至第二道混凝土支撑下	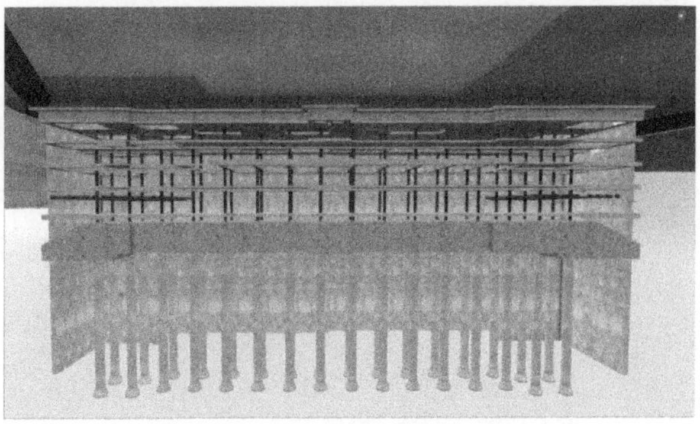

表 G. 0. 3-2（续）

序号	施工工序	施工模拟
18	施工第二道混凝土支撑	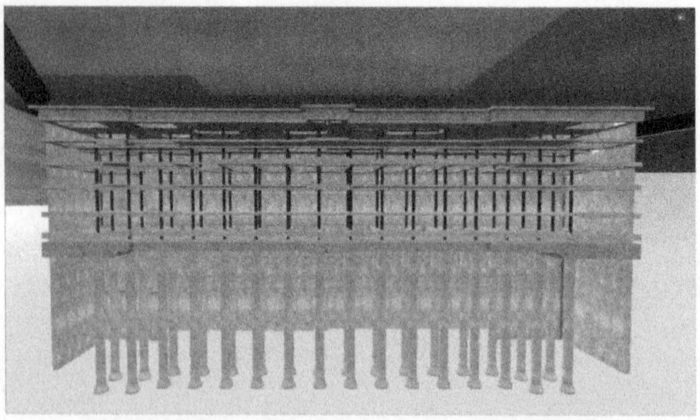
19	基坑开挖至坑底	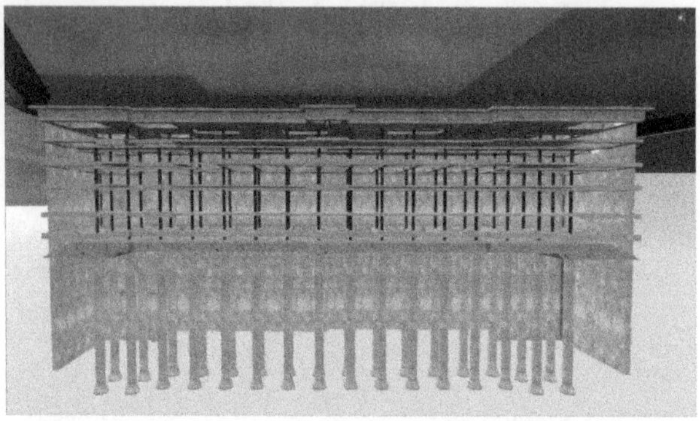
20	施工基坑混凝土垫层及防水层	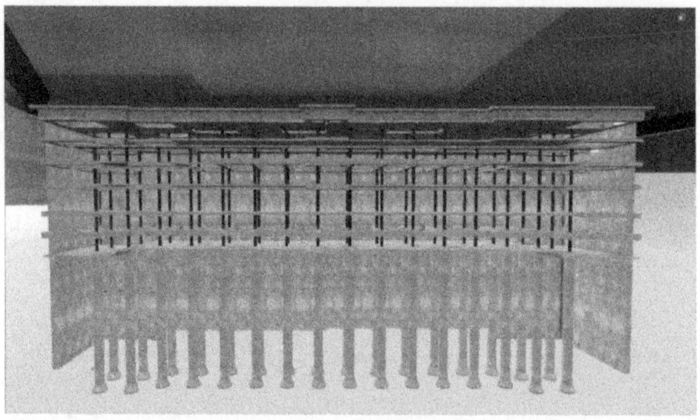
21	施工主体结构底板	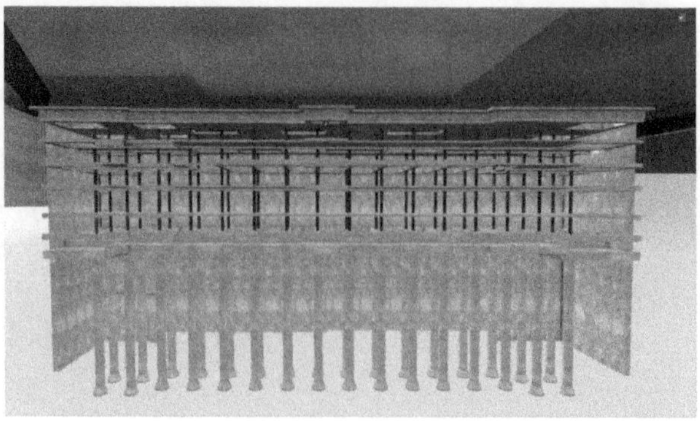

表 G. 0. 3-2（续）

序号	施工工序	施工模拟
22	施工主体结构侧墙，拆除混凝土支撑	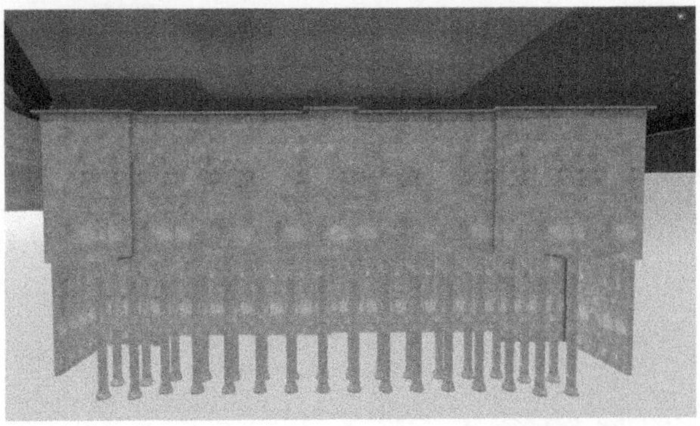

（六）成果归档

整理基坑模型，建立归档目录，进行基坑模型成果归档和其他材料成果归档。基坑土建施工 BIM 应用成果归档包含主要内容见表 G. 0. 3-3。

表 G. 0. 3-3　地铁基坑土建施工 BIM 应用成果归档目录

序号	成果名称	内容	格式
1	模型文件	地质模型、围护结构模型、场地布置模型、倾斜摄影模型、车站主体及其他附属结构模型	DGN、RVT 等
2	图纸及变更	围护结构及基坑设计图纸、施工场地总平面布置图、基坑监测点布置图及变更图纸等	DWG 等
3	施工方案	车站基坑开挖施工方案、基坑监测方案等	DOC 等
4	技术及安全交底	技术/安全交底类文档	DOC、PPT、MP4 等
5	调查及交底表	工程周边环境基本情况调查表、基坑调查记录表及现场交底表	DOC 等
6	施工照片、视频	现场记录影像资料	JPG、MP4 等
7	施工日志	现场施工记录文档	DOC 等
8	会议记录	基坑汇报材料、会议记录文件及影像资料	DOC、PPT、MP4 等

三、应用总结及成效

本项目通过开展基坑土建施工 BIM 应用，对施工重难点环节、重大危险源等进行模拟演示，提前预知了安全质量风险隐患，并据此提前制定安全质量防范措施，有效地规避了风险。通过对复杂技术方案的施工过程进行施工进度模拟，将人、材、机等各种资源进行了优化分配。通过碰撞检查，提前规避了基坑施工中的问题，节约了时间和成本，提高了施工作业效率。

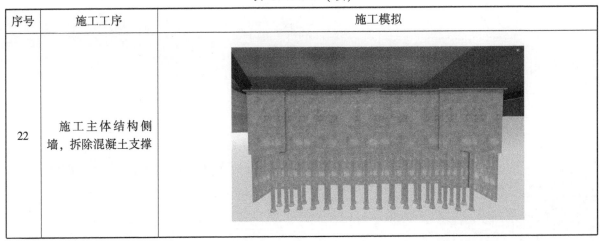

本指南用词说明

1　为便于在执行本指南条文时区别对待，对要求严格程度不同的用词说明如下：

1）表示很严格，非这样做不可的：

正面词采用“必须”，反面词采用“严禁”。

2）表示严格，在正常情况下均应这样做的：

正面词采用“应”，反面词采用“不应”或“不得”。

3）表示允许稍有选择，在条件许可时首先应这样做的：

正面词采用“宜”，反面词采用“不宜”。

4）表示有选择，在一定条件下可以这样做的，采用“可”。

2　条文中指明应按其他有关标准执行的写法为“可按……执行”或“应符合……的规定”或“应按……执行”。

引用的标准规范名录

1 《城市工程管线综合规划规范》(GB 50289)
2 《建筑基坑工程监测技术标准》(GB 50497)
3 《城市轨道交通工程监测技术规范》(GB 50911)
4 《建筑信息模型应用统一标准》(GB/T 51212)
5 《建筑信息模型施工应用标准》(GB/T 51235)
6 《建筑信息模型设计交付标准》(GB/T 51301)
7 《地下铁道工程施工标准》(GB/T 51310)
8 《工程测量通用规范》(GB 55018)
9 《基础地理信息数据库建设规范》(GB/T 33453)
10 《城市地下管线探测技术规程》(CJJ 61)
11 《水运工程施工信息模型应用标准》(JTS/T 198-3)
12 《公路工程施工信息模型应用标准》(JTG/T 2422)